歷代職官表

四部備要

史部

中華書局據武英殿本校刊

桐鄉陸費逵總勘

杭縣高時顯 吳汝霖輯校

杭縣丁輔之監造

欽定歷代職官表卷五十五

各省駐防將軍等官表

	駐防將軍
三代	
秦	
漢	將屯將軍
後漢	右校尉
三國	
晉	
宋齊梁陳	
北魏	防主
北齊	
後周	
隋	軍府郎將 驃騎府郎將 鷹揚郎將
唐	十二軍將軍 統軍 折衝都尉
五季	
宋	總管 鈐轄司 都總管 都統制
遼	諸路兵馬統署 司都統署
金	明安
元	宣慰司元帥
明	

副都統	協領
副主防	
軍府副將軍騎將府軍副郎將	
十二軍將副將軍別將果毅都尉	
總管鈐轄司副總管副都統制	同統制
諸路兵馬統署司副統署	

城守尉	防守尉	佐領
防主		團主
		團校尉
路分都監	州府都監	
		穆昆
萬戶府		
都指揮使		千戶

防禦	驍騎校
	隊正
	百戶

各省駐防將軍等官

國朝官制

直隸

保定府城守尉一人防禦四人驍騎校四人

滄州城守尉一人防禦四人驍騎校四人

寶坻縣防守尉一人防禦二人驍騎校一人

東安縣防守尉一人防禦二人驍騎校一人

采育防守尉一人防禦二人驍騎校一人

霸州防禦尉一人防禦二人驍騎校一人

固安縣防守尉一人防禦二人驍騎校一人

雄縣防守尉一人防禦二人驍騎校一人

良鄉縣防守尉一人防禦二人驍騎校一人

謹案以上俱稽察九處駐防旗務大臣所屬故列於熱河密雲山海關

三處副都統之前

熱河副都統一人協領兼佐領五人佐領十五人防禦二十人驍騎校二十人

密雲縣副都統一人協領四人佐領十六人防禦十六人驍騎校十六人分駐

古北口防守尉一人防禦二人驍騎校四人昌平州防守尉一人防禦二人驍騎校一人

山海關副都統一人協領兼佐領二人佐領六人防禦八人驍騎校八人分駐

喜峯口防守尉一人防禦二人驍騎校四人冷口防守尉一人防禦二人驍騎校三人玉田縣防守尉一人防禦二人驍騎校二人三河縣防守尉一人防禦二人驍騎校二人順義縣防守尉一人防禦二人驍騎校一人永平府防守尉一人防禦二人驍騎校二人羅文峪防禦一人驍騎校二人

謹案以上三處副都統皆自率所屬專鎮一方別無將軍都統以節制之其張家口都統惟轄察哈爾八旗別見各處辦事大臣表中茲不複載

陝西

西安將軍一人副都統二人協領兼佐領八人佐領三十二人防禦四十人驍騎校四十人

甘肅

寧夏將軍一人副都統一人協領兼佐領五人佐領十九人防禦二十四人步營防禦二人驍騎校二十四人涼州副都統一人協領兼佐領二人佐領六人防禦八人驍騎校八人莊浪城守尉一人佐領四人防禦四人驍騎校四人

謹案各省副都統皆統於將軍惟涼州副都統不屬寧夏將軍節制

江蘇

江寧將軍一人副都統一人協領兼佐領八人佐領三十二人防禦四十人驍騎校四十人分駐京口副都統一人協領兼佐領二人佐領十四人防禦十六人驍騎校十六人

浙江

杭州將軍一人副都統一人協領兼佐領九人佐領二十三人防禦二十人驍騎校三十二人分駐乍浦副都統一人協領兼佐領五人佐領十一人防禦八人驍騎校十六人

湖北

荆州將軍一人副都統二人協領兼佐領十人佐領四十六人防禦五十六人驍騎校五十六人

廣東

廣州將軍一人副都統二人協領兼佐領八人佐領八人防禦三十二人驍騎校三十二人水師營協領一人佐領二人防禦二人驍騎校六人

福建

福州將軍一人副都統一人協領兼佐領八人佐領八人防禦八人驍騎校十六人水師營協領一人佐領二人防禦二人驍騎校六人

四川

成都將軍一人副都統一人協領兼佐領五人佐領十九人防禦二十四人驍騎校二十四人

山東

青州副都統一人協領兼佐領四人佐領十二人防禦十六人驍騎校十六人

兼轄分駐德州城守尉一人防禦四人驍騎校四人

謹案山東駐防未設將軍惟以副都統管領與熱河密雲山海關諸處同例

山西

太原城守尉一人防禦四人驍騎校四人

謹案山西城守尉乾隆二十五年定歸巡撫節制

河南

河南城守尉一人佐領十人防禦十人驍騎校十人

謹案河南城守尉乾隆二十五年亦定歸巡撫節制

歷代建置

謹案戍防險要三代已然然因事而行及期而代特以爲征調之役不以爲設官之制也秦漢以後兵制遞更或隨時以制宜或應機而馭變經畫措置靡所不周而求如

國朝駐防之法者則史籍所傳未之前睹夫綠旗之兵名爲統於標營實則散在塘汛每猝不易集有勁旅爲之坐鎮而後遇有調發乃可以振策卽行綠營之兵騎射不能盡嫻戰鬬亦不能盡勇多相沿積習有八旗爲之矜式而後耳濡目染乃可以相觀漸化

祖宗定鼎之初必以羽林七萃棋布星羅於天下用意至爲深遠且卽三代盛時出車還率雨雪楊柳有道途之感瓜苦栗薪有家室之情故征調可暫不可常惟駐防之制挈孥以往世其廪祿則居處安而人心固又主客異形山川殊勢地非素習未習長驅惟駐防之制世居是土明其道路之夷險識其攻守之緩急則遇事駕輕就熟雖戍兵而無異土人蓋

一舉而數善備焉此誠非自古以來籌兵者之所意及故博稽史籍亦無舊典之可徵然蕭統有言椎輪爲大輅之始層冰爲積水所成古來用武之朝善謀之將亦有窺見此意之一二者謹撫其近似具列於左用備參攷焉

三代未置

謹案周禮夏官曰司險掌九州之圖以周知山林川澤之阻皆有守禁鄭康成註曰國曰固野曰險夏官有掌固掌在國城郭則司險掌畿外阻固也蓋名山大澤不以封凡險奧之區皆隸王室有王官以司其禁戒是亦駐防之意然有司之守非軍旅之鎮也又易祓周禮總義曰詩溥彼韓城燕師所完傳以爲燕安也言王師久屯於外皆安集也則周時王國六師固有分屯調守之事攷小雅有遣戍勞還之詩多述其載離寒暑則當時鄉遂六師不過有事征遣無事歸耕與駐防之永鎮一方者亦有異今不敢附會古義強相牽合用以見

國朝兵制之善爲三代之所未及也

秦未置

謹案漢書嚴安列傳稱秦使蒙恬將兵戍於北河又使尉佗將卒戍越然皆非久駐之師其統兵之官亦未嘗有特設之制也

漢

(司馬貞史記索隱)孔文祥云邊境有屯兵後因置將屯將軍

謹案章如愚山堂攷索曰漢高祖之世南北二軍不出而民兵散在郡國有事以羽檄召材官騎士以備軍旅文帝始以銅虎符代檄當時各因其地以中都官號將軍將之如魏遫爲北地將軍周竈爲隴西將軍事已而罷是將軍之因地爲名實昉於此然事已而罷則與今駐防將軍迥異至漢書武帝本紀稱元光元年衛尉李廣爲驍騎將軍屯雲中其事亦與秦戍北河等惟司馬貞史記索隱所稱將屯將軍以屯駐邊疆特設此制所將雖亦郡國之兵而坐鎮一方與今駐防將軍尚髣髴

相似也

後漢

（後漢書和帝本紀）永元十一年復置右校尉官（李賢注）東觀記曰置在西河鵠澤縣

謹案漢之五校本衞宿禁旅然每遠出屯戍如鄧鴻以將軍長史率五營士屯雁門朱寵以北軍中候將五營士屯孟津是也班雄以屯騎將五營兵屯長安三輔征西馬賢將左右羽林五校士屯漢陽西河鵠澤亦置右校尉均以禁近親兵分布於巖疆重地與今駐防將軍之制相近

（洪适隸釋）張公神碑監黎陽營謁者豫章南昌李朝伯丞釋曰漢志注云世祖以幽幷州兵騎定天下特於黎陽立營以謁者監之

謹案漢官儀中興以幽冀幷州兵克定天下故於黎陽立營以謁者監之攷光武以幽冀幷兵制勝與唐高祖太原兵同皆所謂自將親兵也謁者以內臣典天子親兵置營黎陽與今之駐防各官相近後漢書馬

武竇固陳訢以黎陽營兵破西羌鄧訓以黎陽營兵防烏丸竇憲以黎陽營兵破匈奴劉尙以黎陽營兵破迷唐度尙以黎陽營兵救零陵然則黎陽營在後漢當與五校並重故必以中謁者典之於外重兵重鎭委任必由禁近也又攷玉海載北邊有變則置度遼官南蠻或叛則置象林兵羌犯三輔則置長安雍二尉鮮卑入寇則置漁陽營永建元年緣邊增步兵陽嘉元年緣海各屯兵而扶風漢陽三百塢魏郡恆山六百一十六塢凡此皆以重兵分屯但主之者未必皆由內臣而因事設屯與廢無常與今各省駐防當有閒也

三國未置

晉未置

謹案晉書溫嶠列傳稱先朝使五校出田今四軍五校有兵者及護軍所統外可分遣三軍出幷屯要害處是亦駐防之意然嶠之所請當時未見舉行特虛有是議而已

宋齊梁陳未置

北魏

（周書鄭偉列傳）魏恭帝二年進位大將軍除江陵防主都督十五州諸軍事專戮副防主杞賓王坐除名

謹案北魏六鎮皆在代京之北以屏蔽平城故都各鎮鎮將實近今盛京各處駐防副都統之職故不列於此表惟江陵防主副防主之類則近於今之各省駐防將軍及副都統矣

北齊未置

後周未置

隋

（隋書文帝本紀）開皇十年五月乙未詔曰魏末役車歲動未遑休息權置防府南征北伐居處無定朕甚愍之凡軍人可悉屬州縣墾田籍帳一與民同軍府統領宜依舊式罷山東河南及北方極邊之地新置新府

（馬端臨文獻通攷）隋兵制大約仍周府兵之舊而加潤色諸府之兵有郎將副將防主團主以相統治其外又有驃騎車騎二府皆有將軍後更驃騎曰鷹揚郎將車騎曰副郎將別置折衝果毅此府兵之大略也

謹案周㓜府兵之制然地狹民寡征調頻仍未得盡行其法及隋既平陳始置郎將副將防主團主諸職駐防之制始於是稍詳矣其防主一官爲郎將副將之屬與北魏防主名同實異猶宋之巡檢專制諸州今巡檢則爲雜流末秩也

唐

（新唐書兵志）高祖初起開大將軍府發自太原有兵三萬人及諸起義以相屬得兵二十萬武德初始置軍府以驃騎車騎兩將軍府領之析關中爲十二道曰萬年道長安道富平道醴泉道同州道華州道寧州道岐州道豳州道西麟州道涇州道宜州道皆置府三年更以萬年道爲參旗軍長安道爲鼓旗軍富平道爲元戈軍醴泉道爲井鉞軍同州道爲羽林

軍華州道爲騎官軍寧州道爲揚威軍岐州道爲平道軍豳州道爲招搖軍西麟州道爲苑游軍涇州道爲天紀軍宜州道爲天節軍軍置將副各一人以督耕戰以車騎府統之六年廢十二軍改驃騎曰統軍車騎曰別將居歲餘後十二軍軍置將軍一人軍有防置主一人以檢察戶口勸課農桑太宗貞觀十年更號統軍爲折衝都尉別將爲果毅都尉諸府總曰折衝府凡天下十道置府六百三十四皆有名號而關內二百六十有一皆以隸諸衞凡府三等兵千二百人爲上千人爲中八百人爲下置折衝都尉一人左右果毅都尉各一人長史兵曹別將各一人校尉六人士以三百人爲團團有校尉五十人爲隊隊有正十人爲火火有長

（杜牧原十六衞）外開折衝果毅府五百七十四上府不越一千二百人五百七十四府凡有四十萬人

（陸贄奏議）太宗列置府兵八百所而關中五百舉天下不敵關中則居重馭輕之意也

〔唐會要〕武德三年七月十一日下詔曰周置六軍每習蒐狩漢增八校畢選驍勇今伊洛猶蕪江湖尙梗各因部校序其統屬改換征鐸創造徽章取象天官作其名號於是置十二衞將軍取威名素重者爲之分關內諸府隸焉關內置府二百六十一精兵士二十六萬舉關中之衆以臨四方又置折衝府二百八十通給舊府六百三十三河東道府額亞于關中河北之地人多壯勇故不置府其諸道亦置

〔明季本讀禮疑圖〕案唐諸衞環衞京師以隸外府之兵而十道諸州則分列州鎭謂之折衝章氏所謂府兵雖散在諸道然折衝都尉並遙隸於諸衞是也折衝府雖各在外治兵而官實內任故百官志係於諸衞之後不列於外官之中欲使聯屬於內焉蓋其職與漢都尉同但不似都尉之爲外任官耳上府千二百人中府千人下府八百人蓋所選材力之士而以折衝府統之使得專肄如漢之材官騎士統於都尉而課都試也季冬率屬教戰正指都試非謂練卒歲止一次而已如此則兵皆常練無不可

用之人矣故二十爲兵六十而免中間四十年旣隸戎籍所業在兵時或散罷就田可以不廢生理故志謂府兵之置居無事時耕於野得寓兵於農之大意焉折衝府數會要與陸贄杜牧之說多寡不同意者各據一時所見或所傳聞異詞耳今姑以唐志爲正凡十道置府六百三十四而關內二百六十一皆以隸諸衞也其隸諸衞也左右衞皆領六十府諸衞領五十至四十餘則隸東宮六率李泌以爲東宮六率領六至三蓋十二衞者天子之宿衞也東宮有左右率府擬左右衞司禦率府擬左右領軍衞左右清道率府擬左右金吾衞則太子之宿衞也以此分配則盡六百三十四府而分隸於十二衞與東宮六率矣太子六衞理不可虛以兵分衞則可以府分隸則不可故章氏曰太子管軍非古制也然太子所隸之兵亦必止於其所當番上之府耳其餘固皆隸於十二衞也章氏以爲唐置十六衞外統關內天下諸府番上宿衞者是不知監門千牛四衞不與於領番上之兵也攷之六典十二衞與六率分隸之兵共隸三百一十九府

而左右衛止共領五十府領軍衛六十府其餘或五十府四十九府六率不過五府三府此與唐志李泌所傳之數雖有不同而大略不甚相遠矣然府各有名著爲定額似以二千里上下之府歲立常番而十道之中如劍南嶺南所極之地不止二千里外者亦當在番上之列矣雖番分十二十二月之内始一月上勢必有所不及此不過寓控制遠方之術而已於政未爲盡便也又十道總立六百三十四府而關内一道獨得二百六十一府其餘九道僅總得三百七十三府要之近地府密遠地府疏詳内略外亦恐地遠則勢有所難行歟然而地近則役煩亦可想見矣天下之府凡六百三十四李泌以爲通計六十八萬人而以約番上十二衛及東宫六率如前六典所分三百一十九府約得三十一萬九千人則宿衛之兵當天下府兵之半分爲數番每月更上以後日張說募兵之數約之則京師常有十二萬人足備天子六軍正副之數而番下者亦足以爲州府居守之資此居重馭輕亦治兵之善術也至其有事調發雖當遠府而所隸

之衛皆得與聞焉否則何取於以府隸衛哉故典要云折衝府每歲十一月以衛士帳上於兵部以俟征發天下衛士六十餘萬六十餘萬云者其即李泌六十八萬之數歟以六十餘萬之衆而通謂之衛士可見其皆隸於十二衛矣然兵部者本兵之任也故徵發之數給番之差總制焉又以見十二衛之有所統矣其應番之府而兵先調發則必有代之給番者且二千里內外有衆六十餘萬更番之兵不患其寡餘兵隸在折衝緩急自能相應故雖遠在邊陲兵威亦足遙制觀李泌曰府兵分隸京師諸衛有寇則以符契發付邊將無寇分番宿衛蓋言邊地在京西而當二千里內外者所發之兵固亦應番宿衛之士然亦可見府兵初行但有征調而無久戍矣因調兵而成久戍之例因久戍而淹更番之期府兵之困蓋由於此其法安得而不壞哉

謹案唐之折衝府散在諸道而內領於十六衛關內諸府既如今八旗勁旅拱護京師則諸道折衝府實與今各省駐防相近然攷資治通鑑

稱德宗貞元二年上與李泌議復府兵泌因爲上歷敘府兵自西魏以來興廢之由且言府兵平日皆安居田畝每府有折衝領之折衝以農隙教習戰陣國家有事徵發則以符契下其州及府（胡三省注府者折衝果毅府）參驗發之至所期處將師案閱有教習不精者罪其折衝甚者罪及刺史軍還則賜勛加賞便道罷之行者近不踰時遠不經歲高宗以劉仁軌爲洮河鎮守使以圖吐蕃於是始有久戍之役云云是仍然征調往來不及我

朝駐防之制可經諸久遠也又舊唐書職官志稱至德後大郡要害之地置防禦使以治軍事其名與今防禦同然唐之防禦使實如今之兵備道職掌迥不相侔故不列於表

五季（末置）

宋

（李燾續通鑑長編）凡禁軍之最親近者執戟殿陛宿衛宮省扈從乘輿

號諸班直非諸班直於御前忠佐軍頭司皇城司騏驥院餘軍皆以守京師備征戍而出戍邊或諸州更戍者謂之屯駐非戍諸州而隸於總管者謂之駐泊非屯駐駐泊而以糴賤留便廩給謂之就糧

（武經總要）定州路置本路駐泊馬步軍都部署以下兵官所統定保深祁廣信安肅順安永寧八州軍順安軍今置真定府路駐泊馬步軍都部署以下兵官統真定府磁相邢趙洺六州

（文獻通攷）自唐中葉後營兵在諸鎮每防秋征行大則節將自往小則列校董之禁衞雖設而皆非精練然屯營之處頗雜耕戰五代以來亦有近藩之地更迭戍守者太祖太宗懲累朝藩鎮跋扈盡收兵於京師其邊防外鎮須兵屯守者自京而遣故有駐防屯泊之名其京畿諸州便運路者則有就糧兵焉許挈家屬以往及本州兵皆更迭屯駐代還始復舊所

（柯維騏宋史新編職官志）總管鈐轄司掌總治軍旅屯戍營防守禦之政令都總管以節度使充副總管以觀察以下充舊相重臣亦爲都總管

有禁兵駐泊其地者以駐泊冠之若鈐轄舊以朝官及諸司使以上充官卑資淺則去都字

〔宋史職官志〕路分都監掌本路禁旅屯戍邊防訓練之政令以肅清所部州府以下都監皆掌其本城屯駐兵甲訓練差使之事資淺者爲監押

〔王安石馬正惠公神道碑〕移鄜延路駐泊兵馬都總管兼知延州蜀人於公去皆環以泣公至延州羌方以兵覘邊會上元開門張燈視以無爲而羌不能爲寇

〔讀禮疑圖〕駐泊屯駐皆自禁軍遣然禁軍之中惟上軍爲重故其賜犒特厚軍頭司所掌者駐泊則駐泊重於屯駐而應駐泊者大抵皆上軍也故軍頭司引對焉就糧而代戍者亦禁軍也則與中下軍皆在屯駐之列而不必軍頭司引對矣然太祖時就糧亦有駐泊者豈預於駐泊者卽得爲上軍乎廂軍而屯者常在本州亦謂之屯駐禁軍廂軍皆有指揮其在屯所則總管鈐轄都監監押隨所部而統之兵志載熙寧三年詔所謂上

番軍或就糧軍爲戍當遣者並隸總管司卽其制也

謹案陳傅良謂宋初天下元無禁兵所謂禁兵者皆三司之卒分屯而更戍是以有屯駐駐泊之名而鈐轄都監監押之官所部領者也其三邊之兵間因事宜升爲禁軍則所謂四十四處禁軍是已自元昊叛而西北有保毅王倫叛而東南有宣毅於是列郡稍置禁軍嘉祐中詔東南帥司各置威果凡二十五指揮熙寧案天下廂軍之籍而立教閱之法其後以廂軍團併爲額則兩浙崇節福建保節之類是也教閱之兵因別爲額而隸之將下則兩浙雄節福建廣節之類是也元豐兵令悉以雄節之屬升同禁軍而禁軍始偏天下然則鈐轄總管當如今駐防將軍之比都監監押當如今城守尉防守尉之比以其爲統領禁軍而設故已見提督總兵表內而仍互見於此

(宋史職官志)諸軍都統制副都統制統制統領建炎初置御營司擢王淵爲都統制紹興十一年三大將兵罷諸軍皆冠以御前二字擢其偏裨

爲御前統領官以統制御前軍馬入銜秩高者爲御前諸軍都統制且令仍舊駐劄以屯駐州名冠軍額之上其後與元江陵建康鎮江府興金鄂江池州及平江許浦水軍皆除都統制官卑者稱副都統制又有統制同統制副統制統領同統領副統領

〔王應麟玉海〕建炎元年五月以河北兵爲御營五軍三年四月又更置御前五軍而劉光世所領西兵則謂之巡衛軍在五軍之外是歲又改爲神武軍紹興元年十二月又改爲行營四護軍十一年四月三宣撫司罷乙未乃改其部曲稱某州駐劄御前諸軍

謹案宋所設都統制皆一時權宜不爲經常之制然其結銜帶御前之名而仍以屯駐州名冠軍額之上則與今之八旗駐防都統頗亦相近故已見提督等篇而亦互見於此

遼

〔遼史兵衛志〕衆部族軍衆部族分隸南北府守衛四邊各有司存具如

左北府凡二十九部侍從宮帳奚王府部鎮南境五院部六院部東北路招討司烏威(蒙古語樹林也原作烏隗今改)部東北路統軍司約囉(滿洲語響箭也原作遙里今改正)部伯特(滿洲語無能也原作伯德今改)部敖拉(蒙古語山也原作與里今改)部南冠部北冠部圖嚕(滿洲語腰刀繫也原作圖盧今改)部珠展(蒙古語厚也原作朱者今改)達嚕噶(解見戶部篇)部河西部西北路招討司圖魯卜(蒙古語模樣也原作突里不今改)部阿雅(索倫語好也原作奧衍今改)女直部室韋部西南路招討司納喇(人名係蒙古語日也原作湟剌今從八旗姓氏通譜改正)部烏庫哩(人名係索倫語牛也原作烏古剌今從八旗姓氏通譜改正)部納喇永安(滿洲語沙子也原作越兀今改)部默古斯(蒙古語寡少之寡也原作梅古悉今改)部吉達(滿洲語鎗也原作頡的今改)部鼐奇特(原作匿訖今從八旗姓氏通譜改正)唐古部哈喇(蒙古語黑色也原作鶻剌今改)唐古部黃龍府都署司烏延(滿洲語柔軟也原作隗衍今改)突厥部奧衍突厥部北唐古部五國部烏爾古(蒙古語孳生也原作烏古今改)迪里(索倫語頭也原作敵烈今改)統軍司達嚕(蒙古語琵琶骨也原作迭魯今改)迪里部威烏爾(唐古特語中氣也原作隗烏古今改)部北敵烈部南府凡一十六部鎮駐西南境伊實(解見八旗都統篇)部西南路招討司丕勒(解見八旗都統篇)部達勒達(滿洲語遮蔽也原作迭達今改)達喇(解見盛京將軍等官篇)部丕勒(解見八旗都統篇)達嚕

噶解見戶部篇部伊勒敦滿洲語順便也原作乙典今改女直部西北路招討司卓特解見八旗都統篇部東北路統軍司塔瑪布古德改作鼻古德今改部東北路女直兵馬司伊實阿爾威蒙古語阿爾花紋也威樹林也作原與隗今改部東京都部署司卓特阿爾威部揚珠唐古特語儀表也原作窊瓜今改部刷解見八旗都統篇部哈準滿洲語犂刀也原作曷朮今改部戍倒埸嶺鄂博庫滿洲語沐盆也原作訛俟括今改部屯駐尤胡薩拉噶蒙古語樹枝也原作撒里葛今改部南唐古部色克圖滿洲語小兒聰慧也今從八旗姓氏通譜人名改正部

（遼史百官志）北面軍官遼宮帳部族京州屬國各自為軍體統相承分數迭然攷其可知者如左大將軍府各統所治軍之政令大將軍上將軍將軍小將軍諸路兵馬統署司諸路兵馬都統署諸路兵馬副統署

謹案遼宮帳部族兵分部參列各以其地為部名亦今直省駐防之所由昉其將有大將軍都統署以下諸官稱號均復相近唯遼分置於北面而未嘗遍於南面諸州為少異耳

〔金史兵志〕金興用兵如神無敵當世俗本鷙勁人多沈雄兄弟子姓才皆良將部落保伍技皆銳兵及其得志中國乃以明安穆昆解見八旗都統篇參居漢地迨國勢浸盛罷遼東渤海漢人之襲明安穆昆者漸以兵柄歸其內族然樞府簽軍兼采漢制伐宋之役參用漢軍及諸部族而統以國人

謹案金始制以三百戶爲穆昆穆昆十爲明安繼而諸部來降率用明安穆昆之名以授其首領而部伍其人至海陵天德二年省幷中京東京等路諸節鎮及明安穆昆貞元遷都復徙上京路諸明安處之中都及山東北京河間大定間又遷山東東路八穆昆處之河間又多易置河北山東所屯之舊皆授田給牛使之耕食以蕃衛京國乃大重其權授諸王以明安之號蓋諸明安統率所部散處各路與今各省駐防之制頗爲相近而其以契丹漢人及渤海軍奚軍俱設明安亦有似今蒙古漢軍並列八旗之制也至諸明安穆昆其品秩職掌已詳八旗都統篇此不複舉

元

（元史兵志）世祖混一海內命宗王將兵鎮邊徼襟喉之地而河洛山東據天下腹心則以蒙古特默齊（解見八旗都統篇）軍列大府以屯之淮江以南地盡南海則名藩列郡又各以漢軍及親附等戍焉

謹案元於各路立萬戶府各縣立千戶所各道以宣慰司元帥總之其所統蒙古軍皆國人而特默齊軍則諸部族也其後各處鎮守頗多移徙而所謂蒙古軍特默齊軍者亦無一定之籍矣

明

（明史兵志）太祖爲吳王罷元帥總管萬戶諸官號而覈其所部兵五千人爲指揮千人爲千戶百人爲百戶三十人爲總旗十人爲小旗天下既定度要害地係一郡者設所連郡者設衛大率五千六百人爲衛千一百二十人爲千戶所百十有二人爲百戶所所設總旗二小旗十大小聯比以成軍十三年改大都督府爲五分統諸軍司衛所二十六年定天下都

司衞所共計都司十有七留守司一內外衞三百二十九守禦千戸所六

十五及成祖在位二十餘年多所增改其後措置不一

謹案明各衞所之兵有從征有歸附有讁發其從征者係諸將所部兵

既定其地因以留戍頗與今駐防之制相近而諸軍司衞所分統於五

軍都督府征調則統於諸將事平則散歸各衞亦猶存唐府兵遺意然

各都指揮使多由世襲無所別擇軍職冒濫爲世所輕其後五軍府如

贅疣弁帥如走卒衞所軍士隱占虛冒至舉天下之兵不足以任戰守

明政不綱莫此爲甚迨我

國家立駐防之制內承

天府之營衞外鞏列服之藩維生養訓練屹如金湯始一變明季諸衞之

陋習洵足以昭一統之業而奠億載之基者矣

欽定歷代職官表卷五十五

欽定歷代職官表卷五十六

提督表

朝代	提督
三代	周軍將
秦	郡尉
漢	都尉中尉
後漢	太守兼都尉中尉
三國	蜀督魏都督軍州事
晉	都督諸軍監諸軍督諸軍
宋齊梁陳	都督諸州諸軍事
北魏	都督諸軍事鎮都大將鎮大將
北齊	都督軍州事軍司
後周	總管防主
隋	總管
唐	都督節度使
五季	副總管
宋	總管鈐轄司都統制
遼	兵馬都總管
金	都總管統軍司使
元	宣慰司都元帥使都元帥府都元帥元帥府元帥
明	都指揮使司都指揮使提督

珍倣宋版印

提督

國朝官制

提督軍務總兵官從一品直隸一人山東一人以巡撫兼山西一人以巡撫兼河南一人以巡撫兼江南一人江西一人以巡撫兼福建二人浙江一人湖廣一人四川一人陝西一人甘肅二人廣東一人廣西一人雲南一人貴州一人

掌統轄本標官兵及分防營汛節制各鎮閱軍實修武備課其殿最以聽於總督直隸提督駐古北口節制馬蘭泰寧宣化天津正定五鎮本標四營山東提督駐濟南府節制兗州登州二鎮本標二營山西提督駐太原府節制太原大同二鎮本標二營河南提督駐開封府節制河北南陽二鎮本標二營江南水陸提督駐松江府節制崇明狼山壽春三鎮本標五營江西提督駐南昌府節制南昌贛州二鎮本標二營福建水師提督駐廈門節制金門海壇南澳臺灣四鎮本標五營陸路提督駐泉州府節制福寧汀州建寧漳州四鎮本標五營浙江水師提督駐寧波府節制黃巖

定海温州處州衢州五鎮本標五營湖廣水陸提督駐常德府節制襄陽宜昌鎮筸永州四鎮本標四營四川提督駐成都府節制川北重慶建昌松潘四鎮本標五營陝西提督駐固原州節制延綏興漢河州三鎮本標五營甘肅甘州提督駐甘州府節制西寧寧夏涼州肅州四鎮本標五營安西提督駐烏魯木齊迪化城本標五營廣東提督駐惠州府節制左翼右翼碣石潮州高州瓊州南澳七鎮本標五營廣西提督駐柳州府節制左江右江二鎮本標五營雲南提督駐大理府節制臨元開化騰越鶴麗昭通普洱六鎮本標五營貴州提督駐安順府節制安籠古州鎮遠威寧四鎮本標四營初提督帶左都督右都督銜者正一品帶都督同知銜者從一品帶都督僉事署都督事者正二品乾隆十八年省都督等銜定爲

從一品

歷代建置

謹案提督之官自有明始然不爲一定之官稱且不設員額亦不常置

蓋古者天子寄軍政於六鄉居則以田警則以戰所謂入使治之出使長之素信者與衆相得也周之六鄉在國以比長閭胥族師黨正鄉大夫爲稱其在軍也則以五長兩司馬卒長旅帥師帥軍將爲號爲兵者皆平居之民爲將者皆平居之吏故曰邊境有事左右之官皆將帥也漢承秦制郡都尉專司兵事而兵始有常將然都尉亦以文臣爲之則兵民之事雖分而主兵者固不分文武魏晉以降督軍州者多加將軍郎將之號而當時中朝清望官亦頗以加軍號爲重知將軍等號元非專爲統兵而設嗣是總管節度殊名同實唐末之節度使多用武人至宋而總管鈐轄或領以文臣而武臣實司其事蓋自有長募屯駐之兵而始有營伍之制既有營伍卽不得不置將帥以專領之然其初偏裨以下雖漸漸專用武臣而大帥則仍多以地方官兼之自宋都副總管文武並置元置元帥萬戶等府則守臣不復得與兵事而文與武始截然爲二矣夫司馬世官亦以命氏後世兵皆常聚師多世守文武之途

既分而緩帶輕裘者或不嫺行陣卽如宋崇寧中以湯景仁等提舉各路弓箭手後仍改用武臣則以前所置文臣不能親詣邊塞衝冒寒暑之故然則省會內地邊陲要區屯兵以衛民生立將以統營伍實亦因時之政矣第明制提督既不常設而自總兵以下凡統兵之官亦俱無品級無定員且多充以勳戚都督等官大率童騃驕恣軍政紊如我

朝奄有區宇詰戎飭伍各省特設水師陸路提督以統綠旗兵旅自畿輔海甸達於雪山炎徼星羅碁置腹地則兼以巡撫承以總兵副將參將遊擊都司守備千總把總之屬各有員額品秩而總督實節制之文武相維分標協理我

皇上制治保邦勤關

宸慮邊防屯戍往往增設兵伍又以武臣俱有分猷宣力之責

特命倣文臣之例量職定制各給養廉以優贍其身家規畫尤爲盡善茲故撮論其概而總兵以下其說亦略具於此云

三代

〈周禮夏官〉凡制軍萬有二千五百人爲軍軍將皆命卿

〈杜佑通典〉三代之制天子六軍其將皆命卿諸侯之制大國三軍次國二軍小國一軍其將亦命卿也

謹案軍將命卿知軍帥不特選置於六官六鄉之吏自卿以下德任者使兼之矣孔穎達云古者用兵天子先用六鄉六鄉不足取六遂六遂不足取公卿采邑及諸侯邦國而章如愚曰古者畿內之兵不出卒有四方之役卽用諸侯人耳或遣上公率王賦亦不過元戎十乘以先啓行而已蓋箴王之制天下大則有方伯小則有連帥其待卒應變如身之使臂各適其事之遠近苟方伯連帥所不能克然後鄉遂之士應之周官之象胥曰王之大事諸侯推此而出軍之法可知也然則諸侯之軍將其於王朝亦有似今之各省設有提督者故著此以見權輿之有自焉

〔國語齊語〕制國五家爲軌十軌爲里四里爲連十連爲鄉五鄉一帥故萬人爲一軍五鄉之帥帥之三軍故有中軍之鼓有國子之鼓有高子之鼓

謹案齊作內政以寓軍令三分其國以爲三軍公將其一高國將其二將兵者已似有專官然仍皆命卿爲之則固用周制也春秋時列國之命將惟齊魯晉楚略可攷見魯之戰於鞍也四鄉並出迨作三軍而三桓各將其一舍中軍而季氏專將一軍仲叔各專一軍之半猶是軍將皆卿也晉始作二軍上軍公自將下軍太子將之閔二年伐東山皋落氏則太子將上軍罕夷將下軍僖十五年韓之戰亦是公將上軍韓簡爲下軍將據此則僖八年里克帥師其御右同韓簡當亦是下軍將知晉初上下二軍無定將矣楚亦爲三軍其軍將出於臨時擇人城濮之役子玉以令尹將中軍子西以司馬將左邲之役沈尹將中軍而令尹孫叔敖不爲軍帥鄢陵之役則子反以司馬將中軍子重以令尹將左

軍皆無一定之制其後齊景公召司馬穰苴以爲將軍將兵扞燕而將兵者始有特設之官然事已則罷不爲定制逮乎戰國趙李牧爲北邊良將常居代雁門以備北寇此當爲後世大將備邊之所自始爾

〈春秋左氏傳〉吳徐承率舟師自海入齊

謹案江漢湯湯武夫洸洸此水戰之始嗣後吳楚交戰率用舟師越亦有習流之士越王句踐常命范蠡舌庸率師沿海泝淮以絕吳路而徐承之率舟師入海當亦爲今水師提督所自昉歟

秦

〈漢書百官公卿表〉郡尉秦官掌佐守典武職甲卒

謹案唐李賢云秦每郡有尉一人今以漢書地里志攷之殆未必然樊噲傳噲攻圉都尉劉欬曰圉縣名有尉無都尉又郡都尉至景帝方加蓋衍一都字然沛公爲漢王酈商以將軍爲隴西都尉高后功臣表有醴陵侯越爲河內都尉豈秦固已有都尉而史不具歟又馬端臨曰秦

幷天下列爲三十六郡郡置材官蓋刑法志云漢興踵秦而置材官於郡國則郡置材官固秦法也且不惟材官而已秦騎士李必駱甲見漢書灌嬰傳則秦亦有騎士漢嚴安曰秦使尉屠將樓船之士攻越則秦又有樓船漢材官騎士樓船屬郡都尉卽秦郡尉之職可知矣

漢

（漢書百官公卿表）諸侯王國中尉掌武職如郡都尉郡尉秩比二千石有丞秩六百石景帝中二年更名都尉

（後漢書百官志）武帝又置三輔都尉各一人譏出入邊郡

謹案漢郡國凡百有三置都尉者九十山西自三輔而外郡纔十有三而置都尉三十其餘郡國乃八十有七置都尉者止六十其不置者蓋四十有三也尉與守皆二千石其尊與守等酷吏傳言周陽由爲守視都尉如令爲都尉陵太守奪之治武帝欲以甯成爲郡守公孫弘言成爲濟南都尉其治如狼牧羊不可令治民明守與尉之各有分治矣然

王應麟引漢儀注云邊郡置都尉不治民然則都尉非邊郡當亦治民至若吾丘壽王爲東郡都尉帝以壽王故不復置太守其賜之璽書所謂連十餘城之守任四千石之重者以兼守尉之任也又翟義爲南陽都尉行太守事行縣至宛以事按宛令威震南陽知漢時都尉不特典軍而亦有兼行太守之事者夫漢之太守專制方面幾與今之巡撫等則其兼守尉之任者乃正如今以巡撫兼提督之比也

（錢文子補漢兵志）材官騎士屬郡都尉以歲八月太守都尉令長丞爲會都試水處爲樓船令丞尉亦各統其縣守尉不得專也大抵金城天水隴西安定北地河東上黨上郡多騎士三河潁川沛郡淮陽汝南巴蜀多材官江淮以南多樓船士

謹案漢刑法志曰武帝平百粵內增七校外有樓船皆歲時講肄其實高祖已有樓船之制漢官儀云高祖命天下郡國選能引關蹶張材力武猛者以爲輕車騎士材官樓船當以立秋後講肄課試各有員數平

地用車騎山阻用材官水泉用樓船此皆調民爲兵非有常置之額而歲時講肄及有事調發則皆都尉主之他如惠帝七年發車騎材官詣滎陽太尉灌嬰將文帝三年發中尉材官屬衞將軍軍長安景帝中三年秋中尉不害將車騎材官士屯代高柳武帝元光二年太中大夫李息爲材官將軍將三十萬衆屯馬邑谷中六年韓安國爲材官將軍屯軍於漁陽此則徵京輔郡國之兵而特遣大臣以爲軍將故領材官士者則曰材官將軍領車士騎士者曰車騎將軍領樓船士者曰樓船將軍又有領步士則爲步兵將軍皆事已卽罷其與今之提督職分殊矣

（後漢書百官志）中興建武六年省諸郡都尉幷職太守無都試之役惟邊郡往往置都尉及屬國都尉稍有分縣治民比郡○王國中尉一人比二千石職如郡都尉主盜賊

謹案漢列郡有都尉其在王國則中尉比都尉光武所省特郡都尉而紀乃云罷郡國都尉明衍一國字也

（宋書百官志）光武省都尉後又往往置東部西部都尉

謹案後漢省都尉後每有劇職郡臨時置都尉事訖罷之然終建武之世已不能守前法罷尉省校輒復臨時補置如七年罷長水射聲二校十五年復更增屯騎校九年省關都尉十九年復置函谷關都尉而天下亦往往復置都尉其見於紀者和帝永元十六年復置遼東西部都尉官安帝永初四年初置長安雍二營都尉官順帝陽嘉二年復置隴西南部都尉官桓帝永壽元年初置泰山琅邪都尉官而金城西部都尉隴西南部都尉各有戍守分地益州西部都尉及各屬國都尉俱或領城如太守則視前漢之以都尉行太守事者復加優矣

（馬端臨文獻通攷）光武以幽冀幷州兵定天下始於黎陽立營領兵騎千人以謁者監之號爲黎陽兵其後又以扶風都尉部在雍縣以涼州近羌數犯三輔將兵衞護園陵故俗稱雍營

謹案司馬貞曰邊郡有屯兵後因置將屯將軍如傅寬之以代相國將

屯是也若郡國之騎士材官樓船雖各有員數然俱散在民伍迨光武於黎陽立營則郡國兵之各立營伍實始諸此其後明帝置度遼營其將軍遂爲常守和帝置象林兵安帝置長安雍二營及漁陽營順帝時緣海又稍稍增兵而魏郡趙國河南等塢多置軍屯已略似今制之分標營者則其總帥當亦如今之提督也

三國

（三國蜀志魏延列傳）先主爲漢中王還治成都當得重將以鎭漢川乃拔延爲督漢中鎭遠將軍領漢中太守

謹案魏延以漢中督領太守亦猶魏之以都督領刺史也

（宋書百官志）魏黃初二年始置都督軍州事或領刺史

（南齊書百官志）魏晉世州牧隆重刺史任重者爲使持節都督輕者爲持節督

謹案後漢建武初征伐四方始權置督軍御史事竟而罷建安中魏武

爲相始遣大將軍督之袁紹分沮授所統諸軍爲三都督魏武征孫權還又使夏侯惇督二十六軍則都督之號始此而

國朝初制提督兼都督銜者其名亦昉乎此也魏初置都督類皆與州相近如揚州刺史治壽春都督揚州諸軍事亦治壽春之類其後都督或領刺史亦正沿漢以都尉行太守事之例與今巡撫兼提督銜者亦略相似故與督撫表互見焉

〔文獻通攷〕黄初中復令州郡典兵州置都督尋加四征四鎮將軍之號

謹案漢之雜號將軍皆主征伐事訖皆罷若四征與於漢代四安起於魏初四鎮通於柔遠鎮東西南並後漢置鎮北魏置四平止於撫輯魏置其將軍各一人已似爲額設之官且都督或以兼治民事而四征四鎮將軍但爲典兵之號疑都督者略如今之總督而征鎮將軍或如今之提督然如石苞當魏世拜鎮東將軍旋代王基都尉揚州諸軍事後進征東大將軍俄還驃騎將軍陳騫拜使持節都督淮北諸軍事安東將軍轉都督豫州

諸軍事持節將軍如故又轉都督江南諸軍事徙都督荆州諸軍征南大將軍晉武受禪進車騎將軍則此諸將軍亦第爲方面寵號循資遞進而非專設以爲統兵之定職矣

（三國吳志蔣欽列傳）欽與呂蒙持諸軍節度權襲荆州欽督水軍入沔

謹案欽節度諸軍而復自督水軍則有似今之水師提督者攷吳統軍之帥類稱爲督故有水軍督營都督京下督江夏督諸號蓋吳之邊境有督有監監者監諸軍事之職而督者卽督諸軍之職也

晉

（晉書職官志）都督諸軍爲上監諸軍次之督諸軍爲下使持節爲上持節次之假節爲下○武帝置四中郎將東南西北或領刺史或持節爲之

謹案晉初制都督知軍事刺史治民各舉其職猶仍漢制至惠帝末而總軍者皆兼刺史蓋如今督撫之任並無專典兵事爲武職之員但當時諸州都督類加將軍或中郎將之號則凡持節都督亦有近今之提

督者矣

（晉書謝元列傳）拜建武將軍兗州刺史領廣陵相監江北諸軍事（劉牢之列傳）謝元鎮廣陵多募勁勇號爲北府兵

謹案督諸軍者類兼制數州而兗州別領北府兵又似今提督節制各鎮外之有本標營兵也

宋齊梁陳

（通典）宋有都督諸州諸軍事舊曰監某州諸軍事文帝卽位改監爲都督

謹案魏晉以來有督諸軍者有監諸軍者卽如宋文帝在晉朝以冠軍將軍加授使持節監徐兗青冀四州諸軍事徐州刺史關中平又監司州豫州之淮西兗州之陳留諸軍事前將軍司州刺史仍改都督荆益寧雍梁秦六州豫州之河南廣平揚州之義成松滋四郡諸軍事西中郎將荆州刺史持節如故永熙元年進督北秦幷前七州進號鎮西將

軍又進督湘州俱爲統兵之任其遷進之序亦大略可見則杜氏所謂舊曰監而文帝改爲都督非也嗣齊梁及陳皆仍宋制茲不備著大抵晉宋以後督諸州者統治兵民爲今督撫之任而與提督亦復相近故既入督撫表内而仍互見於此云

北魏

（魏書樂安王範列傳）拜都督五州諸軍事衞大將軍長安鎭都大將子良襲王拜長安鎭都大將雍州刺史（和跋列傳）跋子歸拜使持節冠軍將軍雍城鎭都大將（陸俟列傳）拜龍驤將軍都督洛豫二州諸軍事虎牢鎭大將轉平西將軍安定鎭大將徵還出爲平東將軍懷荒鎭大將又以俟都督秦雍二州諸軍事平西將軍長安鎭大將

（周書閆慶列傳）慶祖提使持節車騎將軍燉煌鎭都大將

謹案魏之鎭大將在諸鎭將之上太和十九年之詔鎭大將與州刺史及品登王公者並列當如今提督而鎭都大將又在鎭大將之上又北

齊書王懷當魏世爲大都督鎮下館堯傑以車騎將軍出爲磨城鎮大都督蓋亦鎮都大將之比其亦如

國朝初制提督之由都督僉事而遞進爲左右都督者歟又周賀拔岳當魏季以假節衞將軍左大都督與右都督侯莫陳悅並爲使持節督諸軍事爾朱天光之副則天光之職正如今總督而岳之左大都督正如今提督也

（北齊書斛律金列傳）金除大司馬高祖出軍襲山後部落以金爲南道軍司（任延敬列傳）天平初拜侍中盧仲延叛以延敬爲大都督東道軍司率都督元整叱列陁等討之（高昂列傳）拜司徒公爲軍司大都督統七十六都督治兵於武牢

謹案杜佑曰漢魏有軍師之官晉避景帝諱改爲軍司凡諸軍皆置之以爲常員卽監軍之職通鑑晉康帝紀殷浩除安西軍司穆帝紀劉惔勸會稽王昱出鎮以己爲軍司胡三省注俱謂軍司卽軍司馬攷晉書庾翼傳殷浩徵命無所就而翼請爲司馬及軍司並不赴則軍司與司馬當各爲一官胡說誤也北魏羊祉

以左軍將軍持節爲梁州軍司與都督西征諸軍事行梁州刺史楊椿討叛氐薛懷吉試守恆農郡以本任爲安東將軍邢巒軍司後又以益州刺史爲征東將軍中山王英軍司後又爲鎮東將軍盧昶軍司畢聞慰以平東將軍爲都督安樂王鑒軍司慕容紹宗爲西南道軍司討李延孫其討蕭淵明也杜弼爲軍司而弼傳又有軍司崔鍾似爲行軍而設非有常員然亦祇監軍之任若斛律金任延敬高昂則專制一道自爲統兵之官此正如吳全琮還右大司馬左軍司之比而非如吳範所謂臣乃陛下之軍師者然金以大司馬爲軍司延敬以侍中爲軍司昂以司徒公爲軍司則正如隋唐以重臣充行軍總管之比其與今之提督又稍不同也此齊書所列然事皆在魏世故仍繫之北魏條下

北齊

（北齊書暴顯列傳）以顯爲水軍大都督

謹案北朝之都督隨事立名自大都督外有京畿大都督京畿南面大

都督防城大都督鎮城大都督諸號其崇庳亦復不一而水軍大都督則如今之水師提督也

後周

（通典）後周改都督諸軍事爲總管則總管爲都督之任

（周書代王達列傳）建德初出爲荆淮等十四州十防諸軍事荆州刺史

（杞王康列傳）建德三年出爲總管利始等五州大小劍二防諸軍事利州刺史（尉遲綱列傳）武成元年除涇州總管五州十一防諸軍事涇州刺史保定二年爲陝州總管七州十三防諸軍事陝州刺史（韋祐列傳）子初位至開府儀同大將軍閻韓防主（魏元列傳）除白超防主轉和州刺史伏流防主

謹案北朝之制有防主有防城大都督則總管州防軍事當卽所謂防主而在防城大都督之上者矣若司馬消難入陳陳宣帝以爲都督安趙九州八鎮車騎將軍此則倣北朝置之不爲定例也

隋

（隋書百官志）州置總管者列爲上中下三等總管刺史加使持節

謹案隋之總管刺史亦沿前代督軍州之舊其後罷郡爲州又罷州置郡幷罷諸總管而有兵處別置都尉領兵與郡不相知其與漢制之守尉分治而以時都試者異矣

唐

（新唐書百官志）大都督府都督一人從二品中都督府都督一人正三品下都督府都督一人從三品掌督諸州兵馬甲械城隍鎭戍糧稟總判府事

謹案唐初緣邊鎭守及襟帶之地沿隋舊制置總管府以統軍戎至德七年改總管府爲都督府其總十州者爲大都督亦兼刺史而不檢校州事蓋專以典軍爲職正如今之提督也

（舊唐書地理志）安西節度使撫寧西域統龜茲焉耆于闐疏勒四國北

庭節度使防制突騎施堅昆部管瀚海天山伊吾三軍河西節度使隔斷羌戎統赤水大斗建康寧寇玉門黑離豆盧新泉等八軍張掖交城白亭三守捉朔方節度使捍禦北狄統經略豐安定遠西受降城東受降城安北都護振武等七軍府河東節度使掎角朔方統天兵大同橫野岢嵐等四軍忻代嵐三州雲中守捉范陽節度使臨制奚契丹統經略威武清夷靜塞恆陽北平高陽唐興橫海等九軍平盧軍節度使鎮撫室韋靺鞨統平盧盧龍二軍榆關守捉安東都護府隴右節度使備羌戎統臨洮河源白水及安人振威威戎莫門寧塞積石鎮西等九軍綏和合川平夷三守捉劍南節度使西抗吐蕃南撫蠻獠統團結營及松維蓬恭雅黎姚悉等八州兵馬天寶平戎昆明寧遠澄川南江等六軍鎮嶺南五府經略使綏靜夷獠統經略清海二軍桂管容管安南邕管四經略使長樂經略使東萊守捉東牟守捉

謹案唐分天下州縣制爲諸道每道置使其邊方有寇戎之地則加以

旌節謂之節度使蓋卽古之持節都督至德以後諸道皆聚兵中原刺史每受節度之號節度又兼領觀察諸使分理郡縣爲今督撫之任而節度之號則固專爲統兵設也故亦互見於此

五季

（新五代史張敬達列傳）清泰二年河東節度使石敬瑭兼大同彰國振武威塞等軍蕃漢馬步軍都總管屯於忻州以敬達爲北面副總管以分其兵明年徙敬瑭鎭天平遂以敬達爲大同彰國振武威塞等軍蕃漢馬

步軍都部署

謹案後唐蕃漢都總管權寄隆重蓋前代都督中外諸軍事之比其下有副都總管明宗嘗爲之俱非復尋常之任而北面副總管則有似今之提督若都部署初第名爲部署同光元年始以元行欽爲之本在招討使之下其後有都部署乃爲行軍之主帥事已輒罷非定制也

宋

(柯維騏宋史新編)總管鈐轄司掌總治軍旅屯戍及營防守禦之政令或一州或一路有兼兩路三路者舊制都總管以節度使充副總管以觀察以下充或文臣知州則管勾軍馬事舊相重臣亦爲都總管有禁兵駐泊其地者以駐泊冠之初名部署慶曆八年改爲總管若鈐轄舊以朝官及諸司使以上充官卑資淺則去都字崇寧中置京畿四輔郡以知州爲都總管仍兼副總管鈐轄靖康中詔四道副總管並通差文武臣建炎分置帥府以諸路帥臣帶都總管官要郡守臣帶兵馬鈐轄次要郡帶兵馬都監並以武臣爲副稱副總管副鈐轄副都監許便宜行軍馬事辟置僚屬依帥臣法遇起兵則副總管爲帥副鈐轄都監各以兵從聽節制

謹案宋初懲五季之弊召諸鎮節度使留之京師分命朝臣出守列郡號權知軍州事軍謂兵事州謂民事也其後文武官參爲知州軍事故諸知府州軍監有兼留守司公事者有兼經略安撫使馬步軍都總管者有兼安撫使馬步軍都總管者有兼安撫使兵馬鈐轄者有兼安撫

使兵馬巡檢者其餘大藩府或沿邊州郡及當一道衝要者兼兵馬鈐轄巡檢或帶沿邊安撫提轄兵甲沿邊溪峒都巡檢蓋亦猶前代督軍州之例則都總管者正如今巡撫兼提督之比而副總管亦如今提督之比也

(王應麟玉海)都統駐劄之地沔州與元金州江陵鄂州池州江州鎮江建康平江許浦水軍又利州有副都統制

謹案都統二字始見晉書庾亮傳而都統之官始於苻秦之少年都統唐之都統或總五道或總三道又有行營都統副都統一時兵與稱謂不一宋初有馬步軍副都總管遇出師征討則加以都統制軍馬之名以總統諸將然不為官稱建炎置御營司擢王淵為都統制名官自此始紹興十一年罷諸將兵乃收其所部為御前諸軍而統制皆以屯駐州名冠軍額之上自是天下有十都統恩數略視三衙權任在帥臣之右初以秩卑者稱副都統制乾道中增制副都統制一人兼領軍事其

後都副鮮並除者則凡屯劄之都統制副都統制亦如今提督之比也

又平江許浦水軍本明州定海水軍舊隸沿海制置使防捍海道乾道八年併歸許浦鎮置副都統制統之則其副都統制固如今之水師提督矣

遼

〔遼史百官志〕南面軍官諸軍兵馬都總管府某兵馬都總管聖宗太平四年見兵馬都總管兵馬都總管府歸聖軍兵馬都總管府南面邊防官五州都總管府耶律蘇色（滿洲語撩草也原作速撒今改）穆宗應曆初爲義覇祥順聖五州都總管山後五州都管司聖宗統和四年見普努寧（原作蒲奴寧从字面改正）爲山後五州都管

謹案遼之都總管北面有東路兵馬都總管府其官曰東路兵馬都總管南面五京各有都總管府官曰某京都總管知某府事又有南京兵馬都總管府其諸府都總管蓋皆如今提督之任也

金

（金史百官志）諸總管府謂府尹兼領者都總管一員正三品掌統諸城隍兵馬甲仗總判府事同知都總管一員從四品掌通判府事惟博索滿洲語山陰也原作婆速今改路同知都總管兼來遠軍事兵馬副都總管一員正五品所掌與同知同○統軍司河南山東陝西益都使一員正三品督領軍馬鎮攝封陲副統軍一員正四品判官一員從五品知事一員從七品知法二員從八品

謹案金天會六年伐宋畢詔遣西南西北二帥以鎮方面而諸路各設兵馬都總管府天德二年改諸京兵馬都部署司爲本路總管府又以博索路統軍司爲總管府若正隆六年置三十二總管則如前代行軍總管之比而非諸都總管之例也

元

（元史百官志）宣慰使司都元帥府秩從二品使三員同知二員副使二員經歷二員知事二員都元帥府都元帥二員副元帥二員經歷知事各

一員元帥府秩正三品達嚕噶齊（解見戶部篇）一員元帥一員經歷知事各一員

謹案元初於北度察遜塔拉（蒙古語察遜雪也塔拉曠野也原作曲先塔林今改）蒙古軍征東等四處立都元帥府置都元帥副元帥副元帥之下又有同知副元帥其宣慰司有邊陲軍旅之事則兼都元帥若世祖至元二十九年以汪惟和爲鞏昌二十四處都總帥亦元帥之職也元又立諸路萬戶府管軍七千以上爲上萬戶府達嚕噶齊一員萬戶一員俱正三品副萬戶一員從三品管軍五千以上爲中萬戶府達嚕噶齊萬戶各一員俱從三品副萬戶一員正四品管軍三千以上爲下萬戶府達嚕噶齊萬戶各一員俱從三品（以上中遞降例之疑當爲正四品）副萬戶一員從四品其官皆世襲有功則陞之與元帥府官又復不同也

明

（明史職官志）都指揮使司都指揮使一人正二品又都指揮同知二人

從二品都指揮僉事四人正三品其屬經歷司經歷正六品都事正七品斷事司斷事正六品副斷事正七品吏目各一人司獄司司獄從九品倉庫草場大使副使各一人行都指揮使司設官與都指揮使司同都司掌一方之軍政各率其衛所以隸於五府而聽於兵部凡都司並流官或得世官都指揮使及同知僉事以一人統司事曰掌印一人練兵一人屯田曰僉書巡補軍器漕運京操備禦諸雜務並選充之否則曰帶俸明初置各行省行都督府設官如都督府又置各衛指揮使司洪武四年置各都衛斷事司以理軍官軍人詞訟又以都衛節制方面職係甚重從朝廷選擇陞調不許世襲八年詔各都衛並改爲都指揮使司凡設都司十有三燕山都衛爲北平都司西安都衛爲陝西都司太原都衛爲山西都司杭州都衛爲浙江都司江西都衛爲江西都司青州都衛爲山東都司成都都衛爲四川都司福建都衛爲福建都司武昌都衛爲湖廣都司廣東都衛爲廣東都司廣西都衛爲廣西都司定遼都衛爲遼東都司河南都衛

爲河南都司行都司三西安行都衛爲陝西行都司大同都衛爲山西行都司建寧都衛爲福建行都司十五年增置貴州雲南二都司後以北平都司爲北平行都司永樂元年改爲大寧都司宣德中增置萬全都司計天下都司凡十有六又於建昌置四川行都司於鄖陽置湖廣行都司計天下行都司凡五

謹案明自罷中書行省設都布按三司分治兵刑錢穀都司序銜在布按二司上則都司實爲一方武職重臣正如今提督之比又明初於各行省置都鎮撫司設官有都鎮撫副鎮撫知事之屬洪武六年罷附著於此

（明史李如松列傳）萬曆十二年爲提督陝西軍務總兵官武臣有提督自如松始也已命盡統遼東宣府大同諸道援軍如松自以權任既重不欲受總督制事輒專行兵科許宏綱等以爲非制尚書石星亦言如松敕書受督臣節度不得自專乃下詔申飭（麻貴列傳）起貴備倭總兵官已

加提督盡統南北諸軍

謹案明京營設有提督自內臣外並用文臣武臣南京有提督操江多領以勳戚若各處巡撫多兼提督軍務則文臣為之其總兵閒有稱提督者如鎮守昌平舊有提督武臣嘉靖三十八年改為鎮守總兵聽總督節制鎮守貴州總兵嘉靖三十二年加提督麻陽等處地方職銜又嘉靖三十七年添設提督狼山鎮副總兵究其職守則仍與諸鎮守總兵副總兵同至李如松為提督而提督始為專設之官然而事權既重不循體制見督帥不肯甲冑庭謁用監司謁督撫儀至其弟如楨出鎮遼東遂欲與總督講鈞禮明代重文輕武而其末流至於如此則其紀綱不立亦可概見也我

朝定制大小相維提督一官既以節制諸鎮而仍受節制於總督其簡用多拔尤於各鎮之中課功稽績量材掄擇所以表率營伍鞏護疆陲非往代所可幾及也

欽定歷代職官表卷五十六

總兵副將表

	總兵
三代	周師帥
秦	郡長史
漢	郡丞長史
後漢	軍營校尉軍司馬
三國	吳前部督
晉	都督司馬
宋齊梁陳	司馬
北魏	四鎮副將 鎮城大都督 左右都督
北齊	鎮將
後周	大都督
隋	都尉行軍司馬
唐	節度使行軍司馬鎮將
五季	節度使行軍司馬
宋	路分都監都鈐轄
遼	兵馬都總管府副總管
金	總管府同知都總管統軍司副總軍
元	宣慰使司都元帥府同知都元帥府副元帥
明	都指揮使司都指揮同知總兵官

副將
周旅帥
別部司馬
晉開府門下督吳偏將軍
南蠻等校尉平越中郎將都督帳下督
寧蠻等校尉平越中郎將
鎮副將鎮城都督
鎮副將
帥都督
副都尉
節度使副使鎮副
路分副都監副鈐轄
兵馬都總管府同知
總管府副都總管
宣慰使司都元帥府副使
都指揮使司都指揮僉事副總兵官

總兵副將

國朝官制

總兵官正二品直隷馬蘭鎮泰寧鎮宣化鎮天津鎮正定鎮各一人山東兗州鎮登州鎮各一人山西太原鎮大同鎮各一人河南河北鎮南陽鎮各一人江南崇明鎮狼山鎮壽春鎮各一人江西南昌鎮南贛鎮各一人福建金門鎮海壇鎮南澳鎮臺灣鎮福寧鎮汀州鎮建寧鎮漳州鎮各一人浙江黃巖鎮定海鎮温州鎮處州鎮衢州鎮各一人湖廣襄陽鎮宜昌鎮鎮筸鎮永州鎮各一人四川川北鎮重慶鎮建昌鎮松潘鎮各一人陝西延綏鎮興漢鎮河州鎮各一人甘肅西寧鎮寧夏鎮涼州鎮巴里坤鎮各一人廣東左翼鎮右翼鎮碣石鎮潮州鎮高州鎮瓊州鎮各一人廣西左江鎮右江鎮各一人雲南臨元鎮開化鎮騰越鎮鶴麗鎮昭通鎮普洱鎮各一人貴州安籠鎮古州鎮鎮遠鎮威寧鎮各一人

各掌其鎮之軍政統轄本標官兵及分防各營協將弁而受成於提督馬

蘭鎮駐遵化州之馬蘭關本標左右二營同城一營分防三營泰寧鎮駐易州之梁各莊本標左右二營分防九營宣化鎮駐宣化府本標中左右三營同城一營分防二協二十有四營天津鎮駐天津府本標左右二營同城一營分防二十有二營正定鎮駐正定府本標左右二營同城一營分防十有一營兗州鎮駐兗州府本標左右二營分防二協十營登州鎮駐登州府本標左右前三營分防二協九營太原鎮駐平陽府本標左右二營同城一營分防一協十有一營大同鎮駐大同府本標中左右前四營分防一協三十有一營河北鎮駐懷慶府本標左右二營分防七營南陽鎮駐南陽府本標左右二營分防七營崇明鎮駐崇明縣本標中左右奇兵四營狼山鎮駐通州本標中左右三營分防五營壽春鎮駐壽州本標中左右三營分防四營南昌鎮駐南昌府本標前後二營同城二營分防十有一營南贛鎮駐贛州府本標中左右三營同城一營分防十有二營金門鎮駐同安縣本標左右二營海壇鎮駐福清縣之海壇汛本標左

右二營南澳鎭駐廣東潮州府之南澳鎭屬兩廣總督及廣東提督節制
本標左右二營臺灣鎭駐臺灣府本標中左右三營同城一營分防三協
三營福寧鎭駐福寧府本標中左右三營分防三營汀州鎭駐汀州府本
標中左右三營分防一營建寧鎭駐建寧府本標中左右三營分防一協
一營漳州鎭駐漳州府本標中左右三營分防七營同城一營黃巖鎭駐
黃巖縣本標中左右三營同城一營分防一協二營定海鎭駐定海縣本
標中左右三營同城一營分防一協二營温州鎭駐温州府本標中左右
三營同城一營分防三協三營處州鎭駐處州府本標中左右三營分防
一協一營衢州鎭駐衢州府本標中左右三營同城一營分防三協三營
襄陽鎭駐穀城縣本標中左右三營同城一營分防一協三營宜昌鎭駐
宜昌府本標中左前後四營分防一協三營鎭筸鎭駐辰州府之鎭筸五
寨司城本標中左右前四營分防二協二營永州鎭駐永州府本標中左
右三營分防三營川北鎭駐保寧府本標中左右三營分防三營重慶鎭

駐重慶府本標中左右三營分防一協五營建昌鎮駐寧遠府本標中左
右三營分防十營松潘鎮駐松潘衛本標中左右三營分防一協七營延
綏鎮駐榆林府本標中左右三營分防三協二十六營同城一營與漢鎮
駐興漢州本標中左右三營同城一營分防一協九營河州鎮駐河州本
標左右二營分防一協十有二營西寧鎮駐西寧府本標中左右前後五
營同城一營分防一協十有二營寧夏鎮駐寧夏府本標左右前後四營
同城一營分防二協十有一營涼州鎮駐涼州府本標中左右前後五營
同城一營分防一協十有九營肅州鎮駐肅州府本標中左右三營同城
一營分防二協十有六營巴里坤鎮駐巴里坤城本標中左右三營分防
一協三營左翼鎮駐東莞縣之虎門寨本標中左右三營分防二協四營
右翼鎮駐英德縣本標中左右三營分防二協三營碣石鎮駐惠州府之
碣石衛本標中左右三營分防一營潮州鎮駐捷勝所本標中左右三營
同城一營分防一協四營高州鎮駐高州府本標左右二營分防三協八

營瓊州鎮駐瓊州府本標左右二營分防六營廣東又有南澳鎮兼屬浙
閩總督及福建水師提督節制本標左右二營分防一協二營左江鎮駐
南寧府本標中左右三營同城一營分防三協五營右江鎮駐泗城府本
標中左右三營分防一協三營臨元鎮駐臨安府本標中左右三營分防
二營開化鎮駐開化府本標中左右三營分防一協一營騰越鎮駐騰越
州本標中左右三營分防二協一營鶴麗鎮駐鶴慶府本標中左右三營
分防一協一營昭通鎮駐昭通府本標中左右前四營分防二營普洱鎮
駐普洱府本標中左右三營安籠鎮駐南籠府本標中左右三營分防四
營古州鎮駐古州本標中左右三營分防二協四營鎮遠鎮駐鎮遠府本
標中左右三營分防二協八營威寧鎮駐威寧州本標中右二營分防二
營

副將從二品 直隸督標一人三屯協河屯協山永協河閒協通州協大名協張家
口協獨石口協各一人山東文登協膠州協臨清協沂州協各一人山西蒲州

協殺虎口協各一人江南督標一人江寧城守營京口協安慶協太湖協各一
人江西九江協袁州協各一人福建督標一人閩安協臺灣協北路協水師協
福州城守營興化城守營延平城守營各一人浙江杭州城守營嘉興協湖州
協紹興協象山協台州協樂清協瑞安協平陽協金華協嚴州協各一人湖廣
督標一人鄖陽協黃州協施南協長沙協洞庭協永順協辰州協靖州協沅州
協永綏協衡州協寶慶協各一人四川督標將軍標各一人阜和協夔州協維
州協各一人陝西將軍標一人靖遠協慶陽協潼關協波羅協神木協定邊協
漢中城守營岷洮協各一人甘肅督標一人永固協永昌協中衛協西大通協
金塔寺協西安協瑪納斯協哈密協各一人廣東督標一人廣州城守營肇慶
城守營惠州協順德協香山協春江協南雄協三江口協龍門水師協羅定協
黃岡協澄海協各一人廣西義寧協平樂協廣遠協潯州協梧州城守營新太
協鎮安協各一人雲南督標一人曲尋協楚雄協永昌協龍陵協維西協各一
人貴州清江協大定協銅仁協都匀協上江協黔西協遵義協平遠協定廣協

各一人

各掌其分地之軍政以整飭行伍參將以下之在其分內者胥隸焉凡副將之爲總督統理營務者曰督標中軍副將其爲駐防將軍統理營務者曰將軍標中軍副將爲河道總督漕運總督統理營務及稽核工汛催護漕船者曰河標中軍副將漕標中軍副將茲河標漕標副將已別具河道漕運總督篇內故不贅列

歷代建置

謹案總兵之官始於明代前此無聞焉副將之名惟見於北魏北齊而自隋以後未有置者今既以古來統軍之將入提督表內因以其副貳者系之此表以誌沿溯之略而歷代異同因革則詳具於左云

三代

〔周禮夏官〕制軍二千五百人爲師師帥皆中大夫五百人爲旅旅帥皆

下大夫

謹案州長之職師田行役之事帥而致之則州長於軍卽爲師帥也黨正之職師田行役以其法治其政事則黨正於軍卽爲旅帥也然師帥旅帥之制周初已具書之牧誓有千夫長百夫長孔安國以爲千夫長卽師帥百夫長卽旅帥蓋師雖二千五百人舉其全數亦得稱千夫長其百夫長孔氏以爲卒帥而鄭康成以全數準之亦卽以爲旅帥也要之夏官所云周禮之正法若量時制事未必盡同齊語二千人爲旅鄉良人帥之吳語百人爲行十行一旌十旌一將軍而注引司馬法曰十人之帥執鈴百人之帥執鐸千人之帥執鼓萬人之將執大鼓其計人制將皆以什數固與周禮異矣周之師帥旅帥實統於將軍其與今之總兵副將統於提督者制亦相近焉

秦

（馬端臨文獻通攷）秦置郡丞以佐守在邊爲長史掌兵馬

謹案秦制郡守治民丞佐之尉典兵而邊郡長史亦掌兵馬其所以佐

守者豈卽其所以佐尉者歟秦之行軍亦有長史如司馬欣爲章邯長史見漢書項籍傳則因事而設不爲定制

漢

〔漢書百官公卿表〕郡有丞邊郡又有長史掌兵馬秩皆六百石○郡尉典武職甲卒有丞秩六百石

謹案錢文子曰漢邊郡太守置長史一人丞一人治兵民當兵行長史知郡長史與丞不並置惟郡尉之丞佐其尉典武職甲卒者乃爲一定之官也

〔漢書高帝本紀顏師古注〕張晏曰材官騎士常以八月太守都尉令長丞會都試課殿最

謹案漢郡守尉行都試之法而丞亦與焉知丞卽不行長史而亦仍佐守典兵馬之事者矣

〔王應麟玉海〕漢初軍制主閑廐而名廐將主輜重而名重將將如林之

帥而名林將將築城之兵而名城將弩則有弩將射則有樓煩將騎則有郎騎將謹畏則謂之愼將勇特則謂之特將車司馬騎司馬各效其用長隊將二隊將三隊將各因其才

謹案將兵者之稱將自周以前有之而著以爲官名則始見於秦漢之際應麟所列其等第當各有差次然俱特將者之專號也他如韓信擊趙輔以張耳曹參攻城略地每與淮陰侯俱雖一時所授不爲常秩而置帥有副亦卽今副將所託始也

（杜佑通典）後漢大將軍驃騎將軍車騎將軍衞將軍其領軍皆有部曲大將軍營五部部校尉一人軍司馬一人其不置校尉部但以軍司馬一人其別營領屬爲別部司馬

謹案後漢省郡都尉幷職太守亦每郡置丞一人其當邊戍者丞爲長史王國之相亦如之然則都尉之丞已隨尉俱廢至諸將軍之號雖不爲統兵而設然其營部之校尉司馬亦有似今之總兵副將者故並著

之

三國

（三國蜀志馬忠列傳）丞相亮開府以忠爲門下督（王平列傳）遷後典軍安漢將軍副車騎將軍吳壹住漢中

謹案王平以將軍副吳壹鎮漢中此如今總兵受提督節制之比至馬忠之爲開府門下督則當如今督標中軍副將之比也

（三國志甘寧列傳）拜折衝將軍爲前部督受敕出斫敵營乃酌酒與其都督（潘璋列傳）拜偏將軍領百校

謹案前部督下有都督此猶今總兵下之有副將而偏將軍者則正如今副將之比也

晉

（晉書職官志）假節爲都督者所置與四征鎮加大將軍不開府爲都督者同

謹案晉驃騎以下及諸大將軍不開府非持節都督者置司馬一人若陶侃傳侃都督江州增置左右長史司馬蓋異數也其後侃旣遜位以後事付右司馬王愆期加督護統領文武知督護乃隨時權設之號而司馬亦如後漢大將軍營之軍司馬矣又張實傳有太府司馬韓璞胡三省曰張氏保據河西有太府司馬太府少府主簿等官蓋都督府爲太府涼州府爲少府也

寧州元康中護羌校尉爲涼州刺史西戎校尉爲雍州刺史南蠻校尉爲（晉書職官志）武帝置南蠻校尉於襄陽西戎校尉於長安南夷校尉於荆州刺史江左省南蠻校尉尋又置於江陵改南夷校尉曰鎭蠻校尉安常時於襄陽置寧蠻校尉武帝又置平越中郎將居廣州

謹案晉護羌等校尉多領以刺史然其秩較卑司馬太守亦得兼之如朱燾以輔國司馬爲南蠻校尉庾翼以西陽太守遷南蠻校尉領南郡太守文處茂以涪陵太守進輔國將軍西夷校尉巴西梓潼二郡太守

是也其官頗近今之副將故著之又晉有西蠻校尉當爲益州刺史觀毛寶傳載其子穆之朱序傳載其父燾所歷職皆西蠻校尉益州刺史可見此亦疑即西夷校尉之互名而志俱不及之疏矣

謹案帳下督蓋如今之督標中軍副將也

(晉書王恭列傳)遣牢之率帳下督顏延先據竹里

宋齊梁陳

(宋書百官志)江左以來諸公領兵者置司馬一人

(宋書明帝本紀)出爲使持節都督徐兗二州豫州之梁郡諸軍事鎮北將軍徐州刺史又徙爲都督雍梁南北秦四川郢州之竟陵諸軍事寧蠻校尉雍州刺史持節常侍將軍如故

謹案宋諸蠻夷校尉大約一如晉制其南蠻校尉孝建中省而護羌及西夷校尉皆不見於志至寧蠻校尉志云晉武帝置與晉志所云安帝置者亦稍不同

（南齊書豫章王嶷列傳）爲都督荊湘八州諸軍事南蠻校尉荊湘二州刺史晉宋之際刺史多不領南蠻別以重人居之至是有二府

謹案齊制凡蠻夷校尉或多領以太守惟護三巴校尉後改刺史其餘則猶是晉宋之舊也梁陳無所改作故不備列

北魏

（魏書穆羆列傳）除虎牢鎮將轉吐京鎮將（陸俟列傳）拜離石鎮將（李恢列傳）拜員外散騎常侍安西將軍長安鎮副將（李元茂列傳）除彭城鎮副將

（北齊書竇泰列傳）神武爲晉州請泰爲鎮城都督參謀軍事（韓軌列傳）神武鎮晉州引爲鎮城都督仍督中軍（庫狄盛列傳）爲高祖親信都督累加中軍將軍爲豫州鎮城都督（步大汗薩列傳）爲秦州鎮城都督（劉豐列傳）魏永安初除靈州鎮城大都督

（周書于謹列傳）太祖臨夏州以爲防城大都督兼夏州長史（獨孤信

列傳〕建明初爲荊州新野鎮將帶新野郡守尋遷荊州防城大都督帶南鄉守〔楊寬列傳〕父鈞北道大行臺恆州刺史懷朔鎮將

謹案魏高陽王澄以北邊鎮將選舉彌輕奏求重鎮將之選蓋魏之鎮將下鎮大將一等鎮副將又下鎮將一等蓋正如今之總兵副將其鎮城都督當如今之副將而鎮城大都督則亦總兵之比也又齊書堯雄傳擒梁鎮將苟元廉知南朝亦有鎮將矣

〔北齊書任冑列傳〕冑解郡爲都督高祖以晉州重要留清河公岳爲行臺鎮守以冑隸之

〔周書賀拔岳列傳〕爾朱天光爲使持節督二雍二岐諸軍事驃騎大將軍雍州刺史以岳爲左大都督又以征西將軍侯莫陳悅爲右都督並爲天光之副

謹案任冑爲都督隸行臺高岳侯莫陳悅爲右都督副節將爾朱天光正如今總兵之屬總督也

北齊

〔隋書百官志〕後齊三等諸鎮置鎮將副將

謹案齊之鎮將副將蓋悉仍魏制若趙郡王叡領山東兵數萬監築長城其還也部分營伍督帥監領強弱相持則其軍官之差次亦大略可見矣

後周

〔通典〕後周有大都督帥都督都督

謹案後周改都督諸軍爲總管則總管爲都督之任而又有大都督帥都督都督蓋俱爲統軍之官而下於總管者正如今總兵副將俱下於提督也

隋

〔隋書百官志〕舊有兵處則刺史帶諸軍事以統之至是別置都尉副都尉都尉正四品領兵與郡不相知副都尉正五品

謹案隋煬帝定令改大都督爲校尉帥都督爲旅帥都督爲隊正知周時都督之名固已微矣若郡有兵處別置都尉副都尉領之雖品秩較卑亦略與今總兵副將相仿也

〔隋書觀王雄列傳〕雄弟達拜給事黄門侍郎時吐谷渾寇邊詔上柱國元楷爲元帥達爲司馬〔蜀王秀列傳〕大將軍劉噲之討西爨也高祖令上開府楊武通將兵繼進秀使嬖人萬智光爲武通行軍司馬

謹案行軍司馬之官始此至唐而始有員額盡卽漢之軍司馬也

唐

〔新唐書百官志〕節度使行軍司馬副使各一人

謹案唐之行軍司馬掌弼戎政居則習蒐狩有役則申戰守之法器械糧糒軍籍賜予皆專焉本軍節使有闕亦以次升授如閻巨源以勝州刺史攝振武行軍司馬屬其帥范希朝入覲遂代爲節度陸長源爲宣武軍行軍司馬汴州政事皆決斷之後代董晉知留後事則其職正如

今之總兵而副使正如今之副將也若節度副大使當時號爲儲帥藩鎮之專橫者每以授其子其甫除方鎮而未賜旄節者亦或稱副大使則非其例矣又唐制凡元帥都統俱有行軍司馬如鄭畋爲京城四面諸軍行營都統以前朔方節度使唐宏夫爲行軍司馬然兵罷則省非定制也

〈舊唐書職官志〉諸鎮上鎮將一人正六品下鎮副一人正七品下中鎮將一人正七品上鎮副一人從七品上下鎮將一人正七品下鎮副一人從七品下

謹案唐諸鎮凡上鎮二十中鎮九十下鎮一百三十五皆爲防邊而設其將副秩亦較卑然原其設官則本於曹魏四鎮將軍之名而與北魏所稱鎮將者其職守略同又列鎮分等差殆亦如今各鎮各協之別故並著於此

（新五代史盧文進列傳）莊宗弟存矩爲新州團練使統山後八軍（王殷列傳）遷靈武馬步軍都指揮使（安重榮列傳）父全勝州刺史振武馬步軍都指揮使重榮爲鎭武巡邊指揮使

謹案五季時之統兵官大率爲行軍而設非有定員若新州團練使之統山後軍以及靈武振武之都指揮使則亦有似今之鎭守協鎭者矣

宋

（宋史職官志）路分都監掌本路禁旅屯戍邊防訓練之政令以肅淸所部

謹案宋建炎三年以要郡守臣帶本路兵馬都監武臣一員充副都監紹興三年罷守臣兼兵職而副都監如故則各路分之都監副都監亦如今總兵副將之比也

（章如愚山堂攷索）都鈐轄副鈐轄宋以朝官及諸司使以上充或一州或一路或兩路三路亦有無都字者建炎中要郡守臣兼兵馬鈐轄以武

臣爲副改諸路都監爲副鈐轄紹興中守臣罷兼兵職副鈐轄改爲路分

都監

謹案宋統兵之官興罷不常其名號亦糅雜今參攷諸書知都鈐轄即

守臣之帶兵馬都監者副鈐轄則各路分之副都監而守臣罷兼兵職

後之設官專典兵職者蓋自副鈐轄改爲路分都監始惟各路分之都

監止一人而猶仍副都監之名不可解也

遼

（遼史百官志）南面軍官諸軍兵馬都總管府某兵馬副總管同知某兵

馬事

謹案遼北面上京路控制諸奚有諸軍都虞候司官曰都虞候亦今總

兵鎮守邊塞者之比附著於此

金

（金史百官志）諸總管府同知都總管一員從四品掌通判府事副都總

管一員正五品所掌與同知同○統軍司副統軍一員正四品

謹案金諸邊將正將常提控部保將輪番巡守邊境副將部將輪番巡守邊境其統轄與內地之將副同亦附著於此

元

（元史百官志）宣慰使司都元帥府同知二員副使二員都元帥府副元帥二員

明

（明史職官志）都指揮使司都指揮同知二人從二品都指揮僉事四人正三品

謹案都指揮同知為都指揮使之貳有如今之總兵則其僉事亦副將之比歟

（明史職官志）總兵官副總兵無品級無定員總鎮一方者為鎮守獨鎮一路者為分守又有提督提調巡視備禦領班備倭等名凡總兵副總兵

率以公侯伯都督充之其總兵挂印稱將軍者雲南曰征南將軍大同曰征西將軍湖廣曰平蠻將軍兩廣曰征蠻將軍宣府曰鎮朔將軍甘肅曰平羌將軍寧夏曰征西將軍交阯曰副將軍徐學聚國朝典彙作平夷副將軍延綏曰鎮西將軍其在薊鎮貴州湖廣四川及儹運淮安者不得稱將軍挂印宣德間又設山西陝西二總兵嘉靖間分設廣東廣西貴州湖廣二總兵爲四改設福建保定副總兵又添設浙江總兵萬曆間又增設於臨洮山海天啓間增設登萊至崇禎時益紛不可紀而位權亦非復當日○鎮守薊州總兵官一人舊設隆慶二年改爲總理練兵事務兼鎮守駐三屯營協守副總兵三人鎮守昌平總兵官一人舊設副總兵又有提督武臣嘉靖二十八年裁副總兵以提督改爲鎮守總兵駐昌平城聽總督節制鎮守遼東總兵官一人舊設駐廣寧隆慶元年令冬月移駐河東遼適中之地調度防禦應援海州瀋陽協守副總兵一人遼陽副總兵舊爲分守嘉靖四十五年改爲協守鎮守保定總兵官一人弘治十八年初設保定副總兵後改爲參將正統九年

復爲分守副總兵嘉靖二十年改爲鎮守三十年改設鎮守總兵官萬曆
元年令春秋兩防移駐浮圖峪遇有警移駐紫荆關以備入援鎮守宣府
總兵官一人舊設駐宣府鎮城協守副總兵一人鎮守大同總兵官一人
舊設駐大同鎮城協守副總兵一人鎮守山西總兵官一人舊爲副總兵
嘉靖二十年改設駐寧武關防秋移駐陽方口防冬移駐偏關協守副總
兵一人鎮守延綏總兵官一人舊設駐鎮城協守副總兵一人鎮守寧夏
總兵官一人舊設駐鎮城協守副總兵一人鎮守甘肅總兵官一人舊設
駐鎮城協守副總兵一人鎮守陝西總兵官一人舊駐會城後移駐固原
分守副總兵一人鎮守四川總兵官一人隆慶五年添設駐建武所分守
副總兵一人鎮守雲南總兵官一人舊設駐雲南府鎮守貴州總兵官一
人舊設嘉靖三十二年加提督麻陽等處地方職銜駐銅仁府鎮守廣西
總兵官一人舊爲副總兵嘉靖四十五年改設駐桂林府鎮守湖廣總兵
官一人舊設嘉靖十年罷十二年復設萬曆八年又罷十二年仍復設駐

省城鎮守廣東總兵官一人舊爲征蠻將軍兩廣總兵官嘉靖四十五年分設駐潮州府協守副總兵一人提督狼山副總兵一人嘉靖三十七年添設駐通州鎮守江南副總兵一人舊係總兵官駐福山港後移駐鎮江儀真二處嘉靖八年裁革十九年復設二十九年仍革三十二年改設副總兵駐金山衞四十三年移駐吳淞鎮守浙江總兵官一人嘉靖三十四年設總理浙直海防三十五年改鎮守浙直四十二年改鎮守浙江舊駐定海縣移駐省城鎮守福建總兵官一人舊爲副總兵嘉靖四十二年改設駐福寧州鎮守山東總兵官一人天啓中增設總督漕運總兵官一人永樂二年設總兵副總兵統領官兵海運後海運罷專督漕運天順元年又令兼理河道

謹案明統兵之官專制者曰總兵次曰副總兵其鎮守地方或遇事增添改革俱本部奏請定奪又如張任學崇禎時巡按河南以諸將不任擊賊上疏請易武階帝壯之下吏兵二部及都察院議諸臣以文吏無

改武職者請仍以監軍御史兼總兵事帝不從命授署都督僉事爲河南總兵官此一時僅見之事蓋明制凡有事征伐則命總兵佩將印統兵以出既旋卽上所佩將印然多充以勳戚其後由行陣出身者或以都督等官擢任兵事其勞效可紀者亦閒不乏人迨其季而臨陣縮朒避賊不擊甚有糜餉玩寇以邀封賞者則軍實替而軍政隳亦非盡由初制之未善也我

國家軍營之制既設提督以統綠旗官兵而總兵原闕

凡有

簡授必慎擇其人

皇上又以向之記名副將請升總兵者多由待衛章京滿洲人員保送而鑾

儀衛之滿洲漢軍人員又有應升總兵定額者是以所用於旗員較多

乃

特命兵部定爲限制析其額數以旗員漢人銓次補用俾澄敘一歸大公又

命各省總督及兼管提督之巡撫於漢人副將內舉其堪勝總兵者書其考

語送部引

見於此見立法求才其難其慎而所以飭營伍重保障之

盛心萬古爲昭矣

欽定歷代職官表卷五十七

欽定歷代職官表卷五十八

參將遊擊等官表

	參將遊擊
三代	周卒長
秦	
漢	亞將騎將行司馬車司馬
後漢	
三國	蜀參軍
晉	西戎等校尉司馬
宋齊梁陳	中郎司馬校尉司馬
北魏	都將別將鎮司馬統軍
北齊	
後周	
隋	
唐	同節度副使馬步軍都虞候馬軍都將兵馬大使都知兵馬使
五季	
宋	諸路將副
遼	兵馬都總管府兵馬判官
金	
元	
明	參將遊擊將軍

都司守備	千總把總
周 兩司 馬	周 伍長
	不更
隊師	材官 挽強 校長 校丞 候
大將 軍候	屯長
魏 裨將 軍部 曲督	魏 部曲 將
牙門 將都 戰帥	都將 督
城大 戍將	軍主 軍副 戍主 戍副 防主 城主
子都 將都 軍士	隊主
	烽帥
開府 督武 候	鎮將 鎮副 戍主 戍副 防主 防副
兵馬 使 押牙 牙將	鎮將 鎮副 戍主 戍副
牢城 遏後 指揮 使	踏白 將 踏白 副
諸路 部將 隊將	諸路 訓練 官
	諸府 鎮都 軍司 都指 揮使 諸防 刺州 軍轄 諸府 州兵 馬鈐 轄
	總把
都司 守備	把總

參將遊擊等官

國朝官制

參將正三品 直隸八人山東九人山西十有四人河南五人江南十有一人江西六人福建十有四人浙江七人湖廣十有三人四川八人陝西九人甘肅十有二人廣東十有六人廣西六人雲南十有二人貴州七人〇遊擊從三品 直隸二十有三人山東八人山西七人河南三人江南二十有七人江西六人福建四十有一人浙江二十人湖廣三十有二人四川二十有二人陝西二十有八人甘肅四十有三人廣東二十有八人廣西十有一人雲南十有八人貴州二十有五人〇都司正四品 直隸五十有八人山東十有二人山西二十有七人河南六人江南二十有三人江西二十有四人福建十有七人浙江二十有五人湖廣二十有一人四川三十人陝西三十有八人甘肅四十有四人廣東三十有五人廣西十有九人雲南十有六人貴州二十有二人〇守備正五品 直隸六十有六人山東二十有一人山西二十有七人河南十有七人江南五十有七人

江西十有五人福建六十有六人浙江五十有三人湖廣五十有三人四川四十有二人陝西四十人甘肅六十有九人廣東八十人廣西三十人雲南四十有七人貴州五十人〇營千總正六品直隸一百三十有六人山東四十有七人山西六十有四人河南二十有八人江南一百四人江西三十有二人福建一百四十有一人浙江一百七人湖廣一百三十有四人四川一百二人陝西六十有三人甘肅一百三十有七人廣東一百七十人廣西六十有七人雲南九十有七人貴州一百十有六人〇把總正七品直隸三百十有四人山東一百人山西一百三十有七人河南六十有一人江南二百十有七人江西九十有四人福建二百八十有三人浙江三百九人湖廣二百七十人四川一百九十有九人陝西一百三十有三人甘肅二百九十有八人廣東三百二十有四人廣西一百八十有一人雲南三百一人貴州二百三十有三人

各掌其防汛之軍政練飭營伍以聽於其長凡參將之爲提督及巡撫統理營務者稱提標若撫標中軍參將遊擊之爲總兵統理營務者稱鎮標

中軍遊擊都司之爲副將統理營務者稱協標都司其參將以下爲河道總督漕運總督所屬幷各門衞守禦所官俱散見各表此不贅入又直隸設有外委把總三百二十有九人山東一百二十人山西二百十有八人河南六十有七人江南三百三人江西九十有四人福建四百六十有三人浙江三百九人湖廣二百七十人四川二百九十有四人陝西二百六十有二人甘肅四百六十有五人廣東三百九十有四人廣西一百八十有一人雲南三百一人貴州二百六十有一人幷著於此

歷代建置

謹案參將以下等官稱號名秩並自明始定前此惟漢有遊擊將軍之稱而統兵專征其職頗重與今制不同參將併無其名惟蜀志諸葛亮以馬謖爲參軍當爲後世參軍之號所由昉而亦不以將稱至都司守備千總把總之稱創自明初前無所因而今之都司與明都指揮司又不同茲故取歷代以來職任相近者各爲比附以見梗概云

三代

（周禮夏官）制軍百人爲卒卒長皆上士二十五人爲兩兩司馬皆中士五人爲伍伍皆有長

謹案族師之職作民而師田行役則合其卒伍簡其兵器以鼓鐸旗物帥而至則族師於軍固爲卒長推此而閭胥之爲兩長比長之爲伍長可知後世之偏裨牙將分領卒伍者實權輿於此矣

（國語齊語）制國五家爲軌故五人爲伍軌長帥之十軌爲里故五十人爲小戎有司之所乘里有司帥之四里爲連故二百人爲卒連長帥之十連爲鄉故二千人爲旅鄉良人帥之

謹案齊制二百人爲卒與周禮之百人爲卒不同而因人置帥衆寡以等則正如今千總把總之比矣

（春秋左氏傳）晉蒐於緜上新軍無帥使其什吏率其卒乘官屬以從於下軍（孔穎達疏）什吏謂十人長使其軍內十人之長率其步卒車士與

其新軍官屬軍尉司馬之類以從於下軍

謹案周書大聚云五戸爲伍以首爲長十人爲什以年爲長尉繚子云軍中之制五人爲伍十人爲什五十人爲屬百人爲閭而晁錯亦云古之制邊縣以備敵使五家爲伍伍有長十家一里里有假士四里一連連有假五百十連一邑邑有假候皆擇其邑之賢材有護習地形知民心者居則習民於射法出則教民於應敵凡所云皆以十爲數則晉之軍制當亦十人置吏也

秦

（馬端臨文獻通攷）秦法凡戰獲一首賜爵一級皆以戰功相君長

（漢書刑法志）秦使民以功賞相長五甲首而隸五家

（錢文子補漢兵志）更卒曰踐更秦爵不更不爲更卒左右不更主領更卒其番上尉主之

謹案秦爵自左庶長以上至大庶長皆卿大夫皆軍將也所將皆庶人

更卒故以庶更爲名大庶長卽大將軍也左右庶長卽左右偏裨將軍也若不更主領更卒番上則尉主之其職當在郡尉之下或卽如今守備千總之屬也

漢

（漢書韓信列傳）令其裨將傳餐（彭越列傳）令校長（顏師古注校之長也）（吳王濞列傳）諸賓客皆得爲校尉行間候司馬（注在行間或爲候或爲司馬也）（陳平列傳）平爲亞將屬韓王信軍廣武（周勃列傳）材官引強（注服虔曰能引強弓弩官也孟康曰如今挽強司馬也）（灌嬰列傳）漢王擇軍中可爲騎將者皆推故秦騎士李必駱甲今爲校尉可爲騎將迺令李必駱甲爲左右校尉將郎中騎兵所將卒得右司馬騎將各一人（注晉灼曰下所謂左右千人之騎）（靳歙列傳）騎千人將（注如淳曰騎將率號爲千人漢儀注邊郡置部都尉千人司馬候也）所將卒得車司馬候各四人騎長十二人（申屠嘉列傳）以材官蹶張遷爲隊帥（陸賈列傳）使一偏將將十萬衆臨越（霍去病列傳）去病騎兵車重與大將軍軍等而亡裨將悉以李敢

等爲大校當裨將（趙充國列傳）以假司馬從貳師將軍（辛慶忌列傳）

少以父任爲右校丞

謹案漢郡國之兵屬都尉中尉而令丞尉亦各統其縣然令丞尉究非主兵之官故撫見於傳者以著其概蓋亞將騎將行司馬及車司馬當如今之參將遊擊之比隊帥或分統材官者當如今都司守備之比其材官挽強亦當就材官中拔取與校長校丞候俱如千總把總之比而裨將偏將大校校尉則固其渾舉之號爾

（漢書武帝本紀）遊擊將軍韓說步兵三萬人出五原（蘇建列傳）以衞尉爲遊擊將軍

謹案遊擊之號始見於此其後歷代有之至唐以爲從五品下武階其與今之遊擊設有員額者正復不同

（後漢書百官志）大將軍營五部部下有曲曲有軍候一人比六百石曲下有屯屯長一人比二百石其不置校尉部但軍司馬一人又有軍假司

馬假候皆爲副貳其餘將軍置以征伐無員職亦有部曲司馬軍候以領兵其職吏部集各一人總知營事兵曹掾史主兵事器械稟假掾史主稟假禁司又置外刺刺姦主罪法

謹案春秋時晉有元候候奄候正漢制餘將軍或有候亦有假候不必大將軍始有也候比六百石當如今都司守備之比其屯長則千總把總之比又漢末有梯秋屯帥張宣見裴松之所引英雄記其亦屯長之屬歟

（後漢書耿弇列傳）光武見弇等皆以爲偏將軍使還領其兵加況耿弇父大將軍與義侯得自置偏裨

謹案大將軍得自置偏裨此一時權宜之事然亦見當時上下相承之制也

三國

（三國蜀志馬謖列傳）諸葛亮以謖爲參軍（王平列傳）拜牙門將裨將

軍屬參軍馬謖先鋒

謹案漢制大將軍府有從事中郎二人職參謀議此參軍之名所自昉也然當軍行亦爲統兵之官則今之參將其亦本諸此歟

（裴松之三國志注）魏略曰郝昭入軍爲部曲督

（三國魏志三少帝本紀）散將王起爲部曲將（李典列傳）太祖以典爲裨將軍（樂進列傳）爲軍假司馬（于禁列傳）太祖使禁別將屯原武遷裨將軍（徐晃列傳）拜裨將軍又拜偏將軍

謹案徐晃以裨將軍進偏將軍則此時之裨將軍當自爲官秩或如今都司守備之比其部曲督當亦如都司守備而部曲將則正如千總把總也至若別將乃別爲一軍如所謂異軍特起者然其後亦遂爲官號則亦如都司守備之比歟

（三國吳志三嗣主列傳）使察戰到交阯（裴松之注）察戰吳官號

謹案察戰之官惟見於此疑亦如監軍之類故附著之

晉

（司馬光資治通鑑）西戎校尉司馬閻纘（胡三省注）武帝置南蠻校尉於襄陽西戎校尉於長安南夷校尉於寧州各有長史司馬

謹案晉西戎等校尉太守及督府司馬皆得兼之則其爲校尉之司馬者或如今參將遊擊之比也

（晉書劉宏列傳）宏遣南蠻長史陶侃爲大都護參軍蒯恆爲義軍督護牙門將皮初爲都戰帥

謹案督護之號蓋創制於此時而牙門將及都戰帥則又略如參將或都司之屬也

（晉書朱伺列傳）少爲吳牙門將陶丹給使吳平徙江夏爲郡將督轉騎部曲督

謹案朱伺以郡將督轉騎部曲督則郡將督當亦如今守備千總之屬也

宋齊梁陳

（宋書百官志）四夷中郎校尉皆有長史司馬參軍

（宋書謝晦列傳）行至安陸延頭爲戍主光順之所執

謹案戍主戍副宋齊以下咸有其官當時又有防主城主城大戍將諸號蓋俱如今守備千總之屬也

北魏

（魏書穆羆列傳）離石都將郭洛頭（尉元列傳）遣子都將于沓千劉龍駒等步騎五千將往赴擊太和初出爲使持節鎮西大將軍開府統萬鎮都將一年徵爲使持節侍中都督南征諸軍事征西大將軍大都將（孔伯恭列傳）遣子都將侯汾等率騎五百在水南奚昇等五百餘騎在水北（沈文秀列傳）爲南征都將（爾朱天光列傳）爲都將總統肆州兵馬

謹案尉元以鎮西大將軍爲都將又以征西大將軍爲大都將似都將即大帥之任然穆羆爲吐京鎮將而離石都將郭洛頭爲其所轄至以

不能攝下自劾則都將又似較卑周書寇儁傳孝昌中置鹽池都將秩比上郡或亦今參將之比其子都將據太和十九年詔書與太守並列固卽今遊擊都司之屬歟

（資治通鑑）梁天監六年魏淮陽鎮都軍主常邕和以城來降

謹案三國志張郃傳郃還陽平衆推爲軍主諸將皆受節度蓋代夏侯淵總攝諸軍也若南北朝凡一軍之首多稱軍主其下亦有軍副則軍主之名微矣此云都軍主又當在諸軍主之上疑亦今都司守備之比也

（魏書李元茂列傳）除振威將軍南征別將（趙遐列傳）初爲軍主景明初爲梁城戍主後假平東將軍爲別將延昌中假前將軍爲別將防捍西荆又爲別將隸蕭寶夤東征淮堰（劉思祖列傳）屢爲統軍南征

謹案北朝多別將之目故摭此數條以著其概若統軍則行軍之官疑不常置也

（北齊書神武帝本紀）養於鎮獄隊尉景家長得給鎮爲隊主鎮將段長常奇神武貌（慕容儼列傳）魏河間王元琛辟儼左廂軍主梁攻東豫州儼督別將鄭海珍與戰斬其軍主朱僧珍軍副秦太（杜弼列傳）遷北豫州驃騎大將軍府司馬左遷下灌鎮司馬

謹案杜弼以督府司馬遷鎮司馬則鎮司馬當如今參將遊擊之比而隊主或如今千總把總之屬歟

（周書叱羅協列傳）魏末冀州刺史以協爲統軍委以守禦（賀拔勝列傳）父度拔爲武川軍主懷朔鎮將楊鈞召補統軍（李檦列傳）事爾朱榮以兼別將拜討逆將軍（于謹列傳）曾祖婆魏懷荒鎮將祖安定平涼郡守高平郡將謹除積射將軍加別將（宇文貴列傳）夏州刺史源子雍以貴爲統軍後加別將（楊忠列傳）高祖元壽魏初爲武川鎮司馬（李棠列傳）高仲密爲北豫州刺史時東魏遣鎮城奚壽與典兵事仲密但知民務而已

謹案賀拔度拔以軍主補統軍李欄以兼別將拜將軍于謹以將軍加別將宇文貴以統軍加別將知此時之統軍別將已爲一定之號若于安定爲平涼郡守又爲高平郡將高仲密爲刺史與鎭城奚壽與分典兵民之事則正如今各府之有知府而或又有協守分守之比也以上北齊書周書所列其事皆在魏世故仍著於此

北齊

（北齊書祖珽列傳）珽乘馬自出令錄事參軍王君植率兵馬仍親臨戰陣

謹案此錄事參軍乃北徐州刺史屬官也觀此知當時州佐亦間有與統兵之事者矣

後周

（周書齊王憲列傳）子貴白獸烽經爲商人所燒烽帥納貨不言其罪（宇文貴列傳）蜀多盜貴召任俠傑健者署爲遊軍二十四部令其督捕

謹案烽帥之名惟見於此當如今千總把總之比若遊軍捕盜則不過如後世土丁壯丁之校長隨州縣補署者之類爾

隋

(隋書百官志)鎮置將副戍置主副其制官屬各立三等之差又置諸防主副官掌同諸鎮

(隋書楊處綱列傳)授開府督武候事

謹案開府督武候當即如前代大將軍營之有軍候而非如當時之所謂左右武候者也

唐

(新唐書百官志)節度使同節度副使十人館驛巡官四人隨軍四人

謹案唐節度使下有副大使有副使又有同節度副使則同節度副使當如今參將之比也

(舊唐書李光弼列傳)河西節度使王忠嗣補爲兵馬使充赤水軍使(八

王思禮列傳〕父虔威爲朔方軍將思禮隨節度使王忠嗣至河西與哥舒翰對爲押牙及翰爲隴右節度使思禮與中郎周佖爲翰押牙以功除右金吾衛將軍充關西兵馬使兼河源軍使哥舒翰爲元帥充元帥府馬軍都將〔辛雲京列傳〕累官至北京都知兵馬使〔史憲誠列傳〕父周洛爲魏博軍校至兵馬大使〔何進滔列傳〕父默夏州衙前兵馬使進滔客於魏委質軍門爲衙內都知兵馬使〔王重榮列傳〕爲河中馬步軍都虞候〔時溥列傳〕溥徐之牙將詔徵天下兵武寧節度使支詳遣溥與副將陳璠率師赴難

謹案唐節鎮統兵之官名號不一所云副將當即同節度副使之屬其馬步軍都虞候馬軍都將兵馬大使都知兵馬使當如今參將之比衙內都知兵馬使當即今之中軍參將而衙前兵馬使兵馬使押牙牙將當如今遊擊都司之屬也

〔唐六典〕上戍主一人正八品下戍副一人從八品下佐一人史二人中

戍主一人從八品下史二人下戍主一人正九品下史一人

謹案唐之鎭將鎭副掌鎭捍防守總判鎭事其戍主戍副所掌與諸鎭略同蓋亦沿周隋以來之舊制而品秩頗卑當亦如今之千總把總矣

五季

（舊五代史朱珍列傳）以踏白騎士入陳亳間（李思安列傳）副王虔裕爲踏白將

（新五代史牛存節列傳）梁太祖以爲小校還滑州牢城遏後指揮使梁兵攻鄆存節使都將王言藏船鄆西北隅濠中（王檀列傳）爲小校還踏白副指揮使（朱宏昭列傳）少事明宗爲客將（氏叔琮列傳）爲梁騎兵伍長（王峻列傳）漢高祖鎭河東峻爲客將

謹案踏白將副猶漢之所謂材官蹶張也牢城遏後指揮使當如今都司守備之比若客將當如前代之所謂別將也

宋

（王明清揮麈餘話）州郡節察防團刺史召居京師謂之遙授至於一郡則盡行軍制守臣通判名銜必帶軍州其佐曰簽書軍事及節度觀察軍事推官判官之名雖曹掾悉曰參軍著其實於一州官吏使知一州以兵爲本咸知所先也

謹案宋諸路置總管鈐轄都監監押爲將帥官凡州縣有兵馬者其長吏未嘗不兼同管轄蓋知州卽一州之將知縣卽一縣之將也其後分河北等路諸軍若干人爲一將別置將官使之專功訓練而逐州總管以下及諸州知縣皆不得關豫軍旅之事矣

（宋史職官志）諸路將官掌統所隸禁旅律以行陣隊伍金鼓旗幟弓矢擊刺之法而教習訓練之其武藝強者待次遷補以激勸士卒凡兵仗器甲之數廩祿犒設賞罰約束之禁令皆掌焉副將爲之貳若屯戍防邊則受帥司節制遇寇敵則審其戰守應援之事

（文獻通攷）熙寧七年始詔總開封府畿京東西河北路兵分置將副而

鄜延環慶涇原秦鳳熙河又自別將四年詔團結東南路諸軍亦如畿京法總天下爲九十二將鄜延五路又有漢蕃弓箭手亦各附諸將而統隸焉凡諸路將各置副一人東南兵三十人以下惟置單將凡副將皆選內殿崇班以上嘗歷戰陣者充之亦詔監司奏舉又各以所將兵多寡置部將隊將押隊使臣各有差又置訓練官次諸將佐

謹案宋諸路將官專以訓練爲職然屯戍防邊亦有戰守應援之事則其將副當如今參將遊擊之比其部將隊將當如今都司守備之比而訓練官者亦如今千總把總之比也

(司馬光傳家集)州郡自置將以來每將下各有部隊將訓練官等一二十人而州又自有總管鈐轄都監監押設官重複虛糜祿廩欲乞盡罷諸路將官其禁軍各委本州長吏與總管鈐轄等如未置將以前

謹案宋自司馬光乞罷諸路將官乃稍省諸路鈐轄及都監員仍以將官兼都監職事卒不能盡罷將副其後樞密院復建言往時軍士犯法

許將官一面決遣以故事無留滯自州縣官預軍事以來動多牽制今後欲仍舊法及諸軍除轉排補並隸將司州縣毋得輒有所預其非屯駐所在當俟將副巡歷決之餘則委訓練官行焉自是總管等官其於所部士卒有不相統攝殆如路人者而州縣長吏更無論矣

（宋史職官志）諸軍都統制副都統制渡江後大軍又有統制同統制副統制統領同統領副總領其下有正將準備將訓練官部將隊將等名皆偏裨也

謹案宋諸軍統制同統制以下正如今總兵副將以下官之比然宋之屯駐諸州軍其實皆御前軍也故都統制既入提督表內而統制以下則第備著於此云

遼

（遼史百官志）南面軍官諸軍兵馬都總管府某兵馬判官

謹案判官在唐爲節度使僚屬至宋轉而爲府佐在遼則爲總管府行

軍之官其與今之參將亦復相近又遼樞密院都統下有監軍行軍時

又有監戰又有行軍都監幷附著於此

金

〔金史百官志〕諸府鎮都軍司都指揮使一員正七品節鎮軍都指揮使則從七品掌

軍卒差役巡捕盜賊總判軍事仍與錄事同管城隍軍典二人公使六人

凡諸府及節鎮並依此置○諸防刺州軍轄一員掌同都軍兼巡捕仍與

司候同管城壁軍典二人○諸府州兵馬鈐轄一員從六品掌巡捕盜賊

若有盜則總押隨處巡尉併力擒捕司吏二人京兆咸平濟南鳳翔萊密

懿鞏州並依此置惟京兆咸平府置兵馬都鈐轄餘並省

謹案金諸府州指揮使等官所司在巡捕盜賊然各與錄事等同管城

隍則亦今城守汛將領官之比也又金元帥府自元帥副元帥而下

有左右監左右都監或亦如今左右營之比也

元

（元史兵志）國初典兵之官視兵數多寡爲爵秩崇卑長萬夫者爲萬戶千夫者爲千戶百夫者爲百戶世祖修官制萬戶之下置總管千戶之下置總把百戶之下置彈壓○至元十五年定軍民異屬之制先是以李壇叛分軍民爲二而異其屬後平江南軍官始兼民職凡以千戶守一郡則率其麾下從之百戶亦然不便至是令軍民各異屬如初制

謹案自宋置諸路將官而軍民各異其屬至元世祖更制而統軍之官與親民之官遂判然不可復合則其由來者漸矣又元以軍官兼民職其與宋之以文臣知軍州者又復不同

明

（明史職官志）參將遊擊將軍守備把總無品級無定員獨鎮一路者爲分守各守一城一堡者爲守備與主將同守一城者爲協守鎮守薊州總兵官分守參將十一人遊擊將軍六人統理南兵遊擊將軍三人領班遊擊將軍七人坐營官八人守備八人把總一人提調官二十六人鎮守昌

平總兵官分守參將三人曰居庸關參將曰黃花鎮參將曰横嶺口參將遊擊將軍二人坐營官三人守備十人提調官一人鎮守遼東總兵官分守參將五人曰開原參將曰錦義右參將曰海蓋右參將曰寧遠參將曰寬奠堡參將遊擊將軍八人守備五人坐營中軍官一人備禦十九人鎮守保定總兵官分守參將四人曰紫荊關參將曰龍固二關參將曰馬水口參將曰倒馬口參將遊擊將軍二人坐營中軍官一人守備七人把總七人忠順官二人鎮守宣府總兵官分守參將七人曰北路獨石馬營參將曰東路懷來永寧參將曰上西路萬全右衛參將曰南路順聖蔚廣參將曰中路葛峪堡參將曰下西路柴溝堡參將曰南山參將遊擊將軍三人坐營中軍官二人守備三十一人領班備禦二人鎮守大同總兵官分守參將九人曰東路參將曰北東路參將曰中路參將曰西路參將曰北西路參將曰井坪城參將曰新坪堡參將曰總督標左掖參將曰威遠城參將遊擊將軍二人入衛遊擊四人坐營中軍官二人守備三十九人鎮

守山西總兵官分守參將六人曰東路代州左參將曰西路偏頭關右參將曰太原左參將曰中路利民堡右參將曰河曲縣參將曰北樓口參將游擊將軍一人坐營中軍官一人守備十三人操守二人鎮守延綏總兵官分守參將六人曰孤山參將曰東路右參將曰西路左參將曰中路參將曰清平參將曰榆林保寧參將遊擊將軍二人入衛遊擊四人守備十一人坐營中軍官一人鎮守寧夏總兵官分守參將四人曰東路右參將曰西路左參將曰靈州左參將曰北路參將遊擊將軍三人入衛遊擊一人守備三人備禦領班二人坐營中軍官二人管理鎮城都司一人領班都司二人管理水利屯田都司一人鎮守甘肅總兵官分守參將四人曰莊浪左參將曰肅州右參將曰西寧參將曰鎮番參將遊擊將軍四人坐營中軍官一人守備十一人領班備禦都司四人鎮守陝西總兵官分守參將五人曰河州參將曰蘭州參將曰靖寇參將曰陝西參將曰階文西固參將遊擊將軍四人坐營中軍官一人守備八人鎮守四川總兵官協

守參將二人曰松潘東路左參將曰松潘南路右參將遊擊將軍二人守備六人鎮守雲南總兵官分守參將三人曰臨元參將曰永昌參將曰順蒙參將守備二人巡撫中軍坐營官一人鎮守貴州總兵官分守參將二人曰提督清浪右參將曰提督川貴迤西左參將守備七人巡撫中軍官一人鎮守廣西總兵官分守參將五人曰潯梧左參將曰柳慶右參將曰永寧參將曰思恩參將曰昭平參將守備三人坐營官一人鎮守湖廣總兵官分守參將三人曰黎平參將曰鎮筸參將曰鄖陽參將守備十一人把總一人鎮守廣東總兵官分守參將七人曰潮州參將曰瓊崖參將曰雷廉參將曰東山參將曰西山參將曰督理廣州海防參將曰惠州參將練兵遊擊將軍一人守備五人坐營中軍官二人把總四人提督狼山副總兵分守參將二人曰徐州參將曰金山參將遊擊將軍一人守備六人鳳陽軍門中軍官一人把總十三人鎮守浙江總兵官分守參將四人曰杭嘉湖參將曰寧紹參將曰溫處參將曰台金嚴參將遊擊將軍二人總

捕都司一人把總七人分守江西參將一人曰南贛參將守備四人把總六人鎮守福建總兵官分守參將一人曰南路參將守備三人把總七人坐營官一人鎮守山東總兵官備倭都司一人領薊鎮班都司四人又河南守備三人領薊鎮班都司四人

謹案明總督漕運總兵官下有協同督運參將把總等官茲已入漕運總督篇內故不贅列蓋明制自京師達於各府州縣皆立衞所外統之都司內統於五軍都督府凡有征伐則命將統總兵官調衞所軍領之其號令總兵官告都指揮都指揮告指揮指揮告千戶千戶告百戶百戶告總旗總旗告小旗小旗告軍士其初雖參將遊擊把總亦多有充以勛戚都督等官者迨其後而軍官屢增軍實益替馴至末造則猛將疲於援勦懦弁虛糜餉糈而國勢遂不可復支蓋法久必敝亦恃制法者之有以善其用也我

朝加意軍政凡一營一旅之寄亦必量材除授

皇上又諄諭各提鎮大員俾以時攷核其屬以飭勵士伍統攝聯絡武備整
肅真萬年治安無弊之道而豈漢唐以來所能比絜於萬一者乎

欽定歷代職官表卷五十八

欽定歷代職官表卷五十九

河道各官表

	總督河道
三代	
秦	
漢	都水使者
後漢	河隄謁者
三國	魏河隄謁者
晉	都水使者
宋齊梁陳	都水使者 大舟卿
北魏	都水使者
北齊	都水使者
後周	司水中大夫
隋	都水使者 都水監
唐	都水監
五季	都水監
宋	都水監 外監 提舉河渠司 提舉修河司 轉運兼都大制置
遼	都水監
金	都水監 分治監
元	都水監 行監 總治河防使
明	總督河道都御史

河　庫　道　河　道

都提舉官轉運使副兼都水事屯田司安撫司掌塘濼

都巡河官府州長貳提舉河防事

河道提舉司河防提舉司

管河郎中主事及副使司出納參政兵備副使管河

管河同知通判州同州判知縣縣丞主簿巡檢吏目典史
都水長丞
都水長丞河隄員吏
都水參軍河隄員吏
魏都水參軍
都水參軍河隄謁者
都水參軍河隄謁者
都水參軍河隄謁者
都水參事
都水參軍河隄謁者河渠令丞
河渠令丞河隄謁者州司士參軍
轉運判官兼都水事河隄判官長吏兼河隄使
諸埽巡河官散巡河官縣令佐管勾河防事
縣尹兼河防官
知州知縣同知通判州判縣丞主簿吏目典史

牐官

渠長 斗門長

監埽官 監堰官

各閘閘官 提領官 監閘官

河標副將游擊都司守備管理塘務千總把總
魏都監治河岨
彈壓河工千戶

河營參將　葦蕩營參將　游擊　守備　千總　把總
中郎將修治河灘
沿河指揮使收採薪柴使臣
管河指揮

河道各官

國朝官制

河道總督江南一人駐淮安清江浦山東河南一人駐濟寧州並正二品直隸一人以總督兼管

江南河道總督掌黃淮會流入海洪澤湖汕黃濟運南北運河洩水行漕及瓜州江工支河湖港疏濬隄防之事山東河南河道總督掌黃河南下汶水分流運河蓄洩及支河湖港疏濬隄防之事順治初止設總河一人綜理黃運兩河事務駐劄濟寧州康熙十六年以後江南河工緊要移駐清江浦雍正二年以河南武陟中牟等縣隄工緊要設副總河一人駐劄濟寧州總河兼理南北兩河副總河專理北河七年改總河爲總督江南河道副總河爲總督河南山東河道分管南北兩河初南北兩總河並兼兵部尚書右都御史銜乾隆四十八年奉

旨以總河無地方之責況又有由道員陞署及簡擢初任之員嗣後但給與兵部侍郎右副都御史銜著爲令直隸河道總督掌漳衞入運歸海永定河

疏濬隄防之事雍正八年置以直隸總督兼管

河庫道一人河道十一人

河庫道駐劄清江浦掌出納河帑而歲要其成于總督江南淮徐河道駐徐州淮揚河道駐淮安山東運河道駐濟寧直隸永定河道駐固安皆掌專理河務山東兗沂曹兼管黃河道駐兗州河南開歸陳道駐開封彰衞懷道駐武陟直隸通永河道駐通州天津河道駐天津清河道駐保定大廣順河道駐大名皆掌分巡所屬而兼理河務其山東運河道河南二道直隸五道又兼掌河帑之出納

管河同知二十七人通判二十五人州同十人州判二十人縣丞七十三人主簿六十九人巡檢二十五人吏目二人典史四人兼管河務知縣十八人

江南淮徐河道轄銅沛邳睢宿虹桃源同知四人豐蕭碭宿遷運河通判二人二十四汛州同州判各一人縣丞五人巡檢七人（內大灞運河二汛各巡檢二人）主簿十有二人淮揚河道轄山清裏河山清外河山安海防江防同知五人

高堰山盱桃源安清中河揚河揚糧水利通判六人三十八汛州同州判各三人縣丞十有四人主簿十人巡檢八人又西溪司安豐司管河巡檢各一人〇山東運河道轄運河郯沂海贛同知二人泇河捕河上河下河泉河通判五人二十八汛州同州判各三人縣丞九人（內一丞管二汛）主簿十有二人分理泉河州同二人府經歷三人縣丞六人巡檢一人兗沂曹道轄曹單黃河同知一人四汛縣丞一人主簿二人巡檢一人〇河南開歸道轄上南河下南河同知二人儀考商虞通判二人十二汛州判一人縣丞七人主簿四人彰衞懷道轄懷慶黃河開封上北河下北河同知三人彰德河務衞輝鹽河懷慶河務曹儀河務通判四人二十汛縣丞八人主簿十人巡檢二人又林縣管河典史一人〇直隸永定河道轄石景山永定河南岸北岸同知三人三角淀通判一人十五汛州判三人縣丞主簿各五人吏目二人通永河道轄北運河務關同知一人北運河楊村薊運糧河通判二人十三汛州同一人州判四人縣丞三人主簿五人天津河道

轄南運河津軍河間河捕同知二人泊河子牙河通判二人西汛清河故城吳橋管河縣丞各一人東汛景州滄州管河州判各一人天津管河縣丞一人東光交河南皮青靜海獻管河主簿各一人青縣管河巡檢一人清河道轄保定河捕同知一人正定糧馬河通判一人分汛冀州祁州安州管河州判各一人武強隆平寧晉兼管河務知縣各一人清苑蠡高陽新安雄安肅新城管河縣丞各一人保定任唐管河主簿各一人滿完方順橋管河巡檢各一人深澤管河典史一人大廣順河道轄廣大漳廣平河務漳河同知三人分汛永年邢臺沙河南河平鄉廣宗鉅鹿唐山內邱任元城大名魏長垣東明兼管河務知縣十有五人元城大名魏長垣管河縣丞各一人永年成安管河典史各一人凡河務自管河同知以下為專司知縣為兼職各掌汛河隄堰壩牐歲修搶修及挑濬淤淺導引泉流幷江防海防各工程同知通判總理督率州同州判以下分汛防守

牐官四十三人未入流

掌司牐之啓閉以時蓄洩江南十四牐牐官十有一人（内一官管四牐）山東四十八牐牐官三十一人（内一官管一牐者九一官管三牐者四）直隸一人

江南河標副將二人遊擊一人都司三人守備二人管理塘務一人千總八人把總十有六人管理塘務二人河東河標副將一人遊擊二人都司一人守備二人管理塘務一人千總六人把總十有二人

掌催護工程江南河標中軍副將一人其屬中軍都司一人管理塘務一人左右哨千總二人把總五人河標左營副將一人其屬中軍都司一人千總二人把總三人右營守備一人千總一人把總二人蕭營都司一人把總二人河標右營遊擊一人其屬中軍守備一人左右哨千總三人把總四人河東河標中軍副將一人其屬都司一人管理塘務一人千總二人把總四人河標左營遊擊一人其屬守備一人千總二人把總四人河標右營遊擊一人其屬守備一人千總二人把總四人

江南河營參將一人遊擊二人守備二十人千總十有七人把總三十人葦蕩

營參將一人守備二人千總二人把總二人山東黃運河營守備一人千總五人把總二人東昌德州二衞管河守備各一人德州運河南北兩岸管河千總各一人河南豫河懷河二營守備各一人協辦守備各一人千總四人把總三人直隸永定河河營守備一人千總九人把總十有五人

凡河營參將以下皆掌河工調遣及守汛防險之事葦蕩營參將以下掌採葦蘆以供修築隄埽之用江南河營參將轄淮徐營遊擊一人九營守備九人二十一汛千總八人把總十有三人淮揚營遊擊一人十一營守備十有一人二十六汛千總九人把總十有七人葦蕩營參將轄左右營守備千總把總各二人山東黃運河營守備轄七汛千總五人把總二人河南豫河懷河二營守備轄七汛千總四人把總三人直隸永定河營守備轄南北岸淀河三汛千總把總各一人石景山汛千總一人北運河汛千總把總各三人南運河汛千總一人把總八人東淀垈船千總一人西淀垈船把總一人

歷代建置

謹案河自周定王時徙流之後至漢復決屢遣使者塞治嗣後河患罕見未嘗特設官以治之至五代及宋潰溢時聞爲患始大於是宋有外都水使者外都水丞金有都水分監元有行都水監河防使等官明則河道總督與漕臣屢爲分合此卽今總河之沿革特宋金元河患多在兗豫故置監于澶衞滑鄭等州明則全河大勢南趨又會通河既成與大河實相表裏當事者惟以利漕護陵爲急故總河之官置于濟寧所治多在淮徐此又其情形之小異者綜其因革之略漢以後所置都水河隄等官皆在京師所司者乃天下水利凡川澤津梁渠堰陂池之屬無不隸焉並非專事河防今其職已併入工部都水司與河道總督之職較殊但自宋以前防河並無專官而宋金元之都水外監都水行監實今日總河之職掌自漢以來之都水使者都水監又宋金元都水外監都水行監之權輿規制雖屬不同而源流未可概略今故仍互見于

此表焉

三代

（周禮考工記）匠人爲溝洫凡溝必因水勢防必因地理善溝者水漱之善防者水淫之

謹案通典敘都水之官始于舜之命益作虞周禮之林衡川衡然虞衡掌山澤之厲禁而貢其物屬于地官非河渠之職而舜時禹以司空平水土周禮冬官雖亡而考工記匠人掌爲宮室溝洫實冬官之屬是河渠之事實匠人之所兼管也

秦

（杜佑通典）秦漢有都水長丞主陂池灌漑保守河渠

謹案秦漢之都水長丞東漢時改屬郡國是其官設于郡國若今河工同知以下等官也

漢

〔漢書溝洫志〕河決于館陶及東郡金隄泛濫兖豫河隄使者王延世使塞師古曰命其爲使而塞河也

〔漢書平當列傳〕當以經明禹貢使行河爲騎都尉領河隄

〔闕駰十三州志〕成帝時以校尉王延世爲河隄謁者秩千石或名其官爲護都水使者

〔漢書百官公卿表〕太常屬官有均官都水兩長丞大司農屬官有郡國諸倉農監都水六十五官長丞少府屬官有胞人都水均官三長丞水衡都尉屬官有衡官水司空都水農倉又甘泉上林都水七官長丞京兆尹屬官有都水鐵官兩長丞左馮翊屬官有左都水鐵官雲壘長安四市四長丞右扶風屬官有都水鐵官廏廱廚四長丞

〔通典〕武帝以都水官多乃置左右使者以領之劉向爲左都水使者是也又續漢百官志曰劉向領三輔都水

謹案漢百官表太常大司農少府水衡都尉三輔皆有都水長丞蓋太

常掌陵邑其都水主陵邑之水利也大司農掌穀貨其都水主郡國農田之水利也少府掌山海地澤之稅其都水主郡國山海地澤之水利也水衡都尉掌上林苑其都水主苑內之水利也三輔之都水各主其所治邑之水利也而都水使者居京師以領之有河防重事則出而治之卽今總河之任也

〔後漢書循吏列傳〕顯宗詔王景與將作謁者王吳共修作浚儀渠吳用景堨流法水乃不復爲害永平十二年議修汴渠遣景與王吳修渠築隄明年渠成王吳及諸從事掾史皆增秩一等景三遷爲侍御史十五年拜河隄謁者

通典東京凡都水皆罷之併置河隄謁者

謹案漢侍御史秩六百石王吳由侍御史遷河隄謁者則其秩當千石是東漢之河隄謁者卽西漢之都水使者矣

〔後漢書百官志〕少府世祖改都水屬郡國○其郡有鹽官鐵官都水官

者隨其廣狹置令長及丞秩次皆如縣道官無分土

謹案後漢書百官志大司農亦無都水官蓋與少府皆改屬郡國也又後漢水衡都尉官省而上林苑本三輔地太常陵邑罷屬三輔而三輔亦列郡也是不獨大司農少府屬官之都水改屬郡國卽太常水衡三輔之都水官亦皆分屬於其郡矣

（後漢書循吏列傳）汴渠成詔濱河郡國置河隄員吏如西京舊制

謹案兩漢之河隄員吏唐之渠長斗門長卽後世之牐官也

三國

（晉書職官志）漢東京省都水置河隄謁者魏因之

（酈道元水經注）魏景初二年遣都督沙丘部監運諫議大夫寇慈帥五千人歲常修治平河岨

謹案此爲將弁催督河工之始

晉

〔晉書職官志〕都水使者漢水衡之職漢又有都水長丞東京省都水置
河隄謁者及武帝省水衡置都水使者一人以河隄使者爲都水官屬及
江左省河隄謁者置謁者六人
〔通典〕晉武帝省水衡置都水臺有使者一人
謹案漢之水衡都尉掌上林苑蓋周禮林衡水衡之職其屬官雖有都
水而水衡實不掌治水猶太常少府之屬有都水而二官初不掌治水
也魏始以水衡都尉主天下水軍舟船至晉改水衡爲都水使者晉諸
公贊云陳勰有巧思爲都水使者洛陽記云千金堰勰所造則都水掌
河渠明矣宋書百官志云晉懷帝永嘉六年都水使者爰濬出督運則
晉都水又掌漕運兼今總漕之職蓋治河治漕事本相資又晉時其務
尚簡故併以一官掌之梁之大舟卿主舟航河隄隋唐之都水監領舟
檝河渠二署舟檝掌公私轉漕河渠掌修補隄堰皆兼主河漕二務實
與晉時職掌不殊至先天置發運使開元置轉運使而漕務始有專司

於是舟檝署廢都水官始專掌水利於漕務無預矣

〔通典〕後漢晉初都水使者有參軍二人蓋亦丞之職任

〔水經注〕晉泰始三年遣監運太中大夫都匠中郎將樂世帥衆五千餘人修治河灘

謹案晉以中郎將治河此將弁司河工調遣之始

宋齊梁陳

〔宋書百官志〕都水使者一人

〔冊府元龜〕齊置都水臺使者一人

〔隋書百官志〕大舟卿梁初爲都水臺使者天監七年改焉位視中書郎主舟航河隄

〔通典〕梁改都水使者爲大舟卿陳因之

謹案都水臺使者爲晉及宋齊之舊官梁改爲大舟卿而兼掌舟航河隄則宋齊之都水使者亦兼掌河務明矣

〔隋書百官志〕梁都水臺使者一人參軍事二人河隄謁者八人

謹案東漢之河隄謁者卽西京之都水使者也至晉而河隄爲都水之

屬至梁又列于參軍之下則其秩轉卑矣

〔通典〕梁大舟卿有丞陳因之

北魏

〔魏書官氏志〕都水使者第四品中河隄謁者第六品下高祖復次職令

都水使者從第五品

〔通典〕後魏初有水衡都尉及河隄謁者都水使者官至永平二年都水

臺依舊置二使者梁大舟卿有丞後魏北齊又曰參軍

謹案魏都水參軍不載于官氏志蓋其品秩當在河隄謁者之下

北齊

〔隋書百官志〕齊都水臺管諸津橋使者二人參事十人

〔冊府元龜〕北齊有都水臺使者從第五品有丞及參事河隄謁者錄事

船局都津尉丞典作津長等員

後周

（唐六典）周司水中大夫一人

隋

（隋書百官志）都水臺使者及丞二人參軍三十人河隄謁者六十人

（通典）隋開皇二年廢都水臺入司農十三年復置仁壽元年改臺爲監更名使爲監煬帝又改爲使者尋又爲監加置少監又改監及少監並爲令領舟檝河渠二署○河渠署煬帝置令丞各一人

謹案漢之都水丞其後亦曰參軍至隋丞與參軍並置而丞與使者並二人是其品秩相亞煬帝所置之少監卽丞之更名也參軍及河隄謁者爲都水之屬而丞及少監則都水之貳也

唐

（新唐書百官志）都水監使者二人掌川澤津梁渠堰陂池之政總河渠

諸津監署丞一人掌判監事○河渠署令一人丞二人掌河渠陂池隄堰魚醢之事河隄謁者六人掌完隄堰利溝瀆魚捕之事○諸津令各一人丞二人掌天下津濟舟梁𩆓橋凡舟渠之備皆先儗其半𣏌竹𡫳篙所在供焉○州士曹司士參軍事掌津梁舟車

（通典）唐武德八年置都水臺後復爲都水署置令隸將作貞觀中復爲都水監置使者龍朔二年改爲司津監丞咸亨元年復舊光宅元年改都水監爲水衡置都尉神龍元年復爲都水監置使者二人分總其事不屬將作領舟檝河渠二署

謹案唐都水之屬有河渠令丞河隄謁者諸津令而州又有司士參軍掌津梁此卽宋時州縣長吏主河隄之所由起也

（新唐書百官志）每渠及斗門有長一人

五季

（冊府元龜）後唐莊宗同光中諸寺監各只置大卿監

（宋史河渠志）河自周顯德初大決東平之楊劉宰相李穀監治自楊劉迄張秋以沮遏之水患少息

（司馬光資治通鑑）河自楊劉至于博州連年東潰朝廷屢遣使者不能塞顯德元年十一月帝遣李穀詣澶鄆齊按視隄塞役徒六萬三十日而畢

謹案此爲後世河患之始亦爲後世特遣大臣治河之始

宋

（宋史職官志）都水監舊隸三司河渠案嘉祐三年始專置監以領之判監事一人以員外郎以上充同判監事一人以朝官以上充丞二人主簿一人並以京朝官充輪遣丞一人出外治河埽之事或一歲再歲而罷其有諳知水政或至三年置局于澶州號曰外監元豐正名置使者一人丞二人主簿一人使者掌中外川澤河渠津梁隄堰疏鑿浚治之事丞參領之南北外都水丞各一人都提舉官八人監埽官百三十有五人皆分職

涖事元祐四年復置外都水使者五年詔南北外都水丞並以三年爲任

（宋史河渠志）至和二年詔以知澶州事李璋爲總管轉運使周沆權同知澶州內侍都知鄧保吉爲鈐轄殿中丞李仲昌提舉河渠內殿承制張懷恩爲都監而保吉不行以內侍押班王從善代之以龍圖閣直學士施昌言總領其事提點開封府界縣鎮事蔡挺勾當河渠事楊緯同修河決

○熙寧六年始置修濬黃河司將自衛州濬至海口差范子淵都大提舉官吏奉給視都水監丞司行移與監司敵體

謹案自東漢以後至唐末率鮮河患都水之官皆置司京師遙領河渠之務而已五代河患萌芽周顯德初大決楊劉至宋而爲患益甚於是使有都水外監是爲治河之官在外置司之始外監分置南北是爲治河之官分任南北之始然宋時治河六塔二股工役妄興東流北流議論紛起因事置官其名不一故都水監之外又有提舉河渠司都大提舉修河司皆總河之任也

（宋史職官志）元祐七年議回河東流乃詔河北東西漕臣及開封府界提點各兼南北外都水事

（宋史河渠志）元祐七年詔南北外兩丞司管下河埽今後令河北京西轉運使副判官府界提點分認界至內河北仍於銜內帶兼管南北外都水公事

謹案宋都水監之屬有都提舉八人元祐時又令轉運使副皆兼都水事此卽今日河道之職都提舉專司河務熙寧四年程昉都大提舉黃御等河八年都大提舉大名府界金隄范子淵元豐二年董用臣都大提舉導洛通汴元祐五年提舉東流故道李偉此卽今日淮徐淮楊永定河道之比漕臣兼理河務此卽今日兗沂曹等河道之比

（宋史河渠志）塘濼諸水所聚因以限遼河北屯田司緣邊安撫司皆掌之而以河北轉運司兼都大制置

謹案河北轉運使制置塘濼若今直隸總督兼總河之職而緣邊屯田

安撫司掌塘濼若今直隸通永清河大名大廣順四道兼河務之事也

（宋史河渠志）乾德五年詔開封大名府鄆澶滑孟濮齊淄滄棣濱德博懷衞鄭等州長吏並兼本州河隄使開寶五年詔自今開封等十七州府各置河隄判官一員卽以本州通判充如通判闕員卽以本州官充咸平五年詔緣河官吏雖秩滿須水落受代知州通判兩月一巡隄縣令佐迭巡隄防轉運使勿委以他職

謹案宋之河隄判官卽今河工同知以下等專理河務者也開封大名府鄆澶等州長吏各兼本州河隄使卽今知縣之兼理河務者也

（馬端臨文獻通考）天下堰二十一監官各一人渡總六十五處監官各一人皆以京朝官三班使臣充亦有以本處監當兼掌者

（宋史河渠志）乾德八年滑州河決壞靈河縣大堤詔殿前都指揮使韓重贇馬步軍都軍頭王廷義等督士卒丁夫數萬人治之太平興國七年滑州復言房村河決發卒五萬以侍衞步軍都指揮使田重進董其役

謹案此宋以將弁司河務但暫出董役役罷則還與今河營等官常置者不同耳

（宋史河渠志）舊制歲虞河決有司常以孟秋預調塞治之物梢芟薪柴楗橛竹石茭索竹索凡千餘萬謂之春料詔下瀕河諸州所產之地仍遣使會河渠官吏乘農隙率丁夫水工收採備用凡伐蘆荻謂之芟伐山木榆柳枝葉謂之梢

謹案治河之用芻茭爲要漢塞瓠子以薪不屬爲憂宋遣使調賦而官不常置至

國朝置葦蕩營以三品武臣主之今河工員弁於沿河隙地捐資種葦柳小楊備用視所植多寡分別甄敘民種者給以冠帶營官得餘葦十萬束以上者敘其勞不及數者有罰不煩調採而事易集誠良法也

遼

（王圻續文獻通考）遼南面都水監設官曰都水大監都水少監幷監丞

主簿

金

（金史百官志）都水監分治監專規措黃沁河衛州置司監正四品掌川澤津梁舟檝河渠之事少監從五品明昌二年增一員衛州分治丞二員正七品內一員外監分治貞元元年置掾正八品掌與丞同外監分治勾當官四員准備分治監差委正大二年外監東置於歸德西置于河陰〇都巡河官從七品掌巡視河道修完隄堰栽植榆柳凡河防之事分治監巡河官同此其瀘溝崇福上下埽都巡河兼石橋使通濟河節巡官兼長春宮地分河道都巡河官掌提控諸埽巡河官散巡河官黃汴巡河官下六處河陰雄武滎澤原武陽武延津各設散巡河官一員黃沁都巡河官下四處懷州孟津孟州城北各設黃沁散巡河官一員衛南都巡河官下四處新鄉崇福上崇福下衛南淇上散巡河官各一員滑濬都巡河官下四處武城白馬書城教城散巡河官各一員曹甸都巡河官下四處東明西佳孟華陵

城散巡河官各一員曹濟都巡河官下四處定陶濟北寒山金山散巡河官各一員

(金史河渠志)黃河沿河上下凡二十五埽六在河南十九在河北埽設散巡河官一員雄武滎澤原武陽武延津五埽則兼汴河事設黃汴都巡河官於河陰以涖之懷州孟津孟州及城北之四埽則兼沁水事設黃沁都巡河官一員於懷州以涖之崇福上下衞南淇上四埽屬衞南都巡河官則居新鄉武城白馬書城教城四埽屬濬滑都巡河官則處教城曹甸都巡河官則總東明西佳孟華淩城四埽曹濟都巡河官則司定陶濟北寒山金山四埽者也故都巡河官凡六員後又特設崇樞上下埽都巡河官兼石橋使凡巡河官皆從都水監廉舉總統埽兵萬二千人歲用薪百一十萬三千餘束草百八十三萬七百餘束椿杙之木不與此備河之恆制也〇大定二十七年以南京府及所屬延津封邱祥符開封陳留胙城杞縣長垣歸德府及所屬宋城寧陵虞城河南府及孟津河中府及河東

懷州河內武陟同州朝邑衞州汲新鄉獲嘉徐州彭城蕭豐孟州河陽溫
鄭州河陰滎澤原武氾水濬州衞陝西閿鄉湖城靈寶曹州濟陰滑州白
馬睢州襄邑滕州沛單州單父解州平陸開州濮陽濟州嘉祥金鄉四府
十六州之長貳皆提舉河防事四十四縣之令佐皆管勾河防事○泰和
六年尚書省以凡漕河所經之地州縣官以爲無與于己多致淺滯於是
遂定制凡漕河所經之地州府官銜內皆帶提控漕河事縣官則帶管勾
漕河事俾催檢綱運營護提岸爲府三大與大名彰德州十二恩景滄青
獻深衞濬滑磁洺通縣三十三大名元城館陶夏津武城歷亭臨清吳橋
將陵東光南皮清池靖海與濟會川交河樂壽武強安陽湯陰臨漳成安
滏陽內黃黎陽衞蘇門獲嘉新鄉汲潞武清香河漷陰十二月通濟河挑
設巡河官一員與天津同爲一司通管漕河牐岸上名天津河巡河官隸
都水監○大定八年滹沱河創設巡河官二員○大定二十九年工部言
營築河隄用工六百八萬餘就用埽兵軍夫外有四百三十餘萬工當用

珍倣宋版印

民夫詔命去役所五百里州府差顧仍命彰化軍節度使內族裔都水少監大壽齡提控五百人往來彈壓明昌四年敕都水監官隄控修築黃河隄及令大名府差正千戶一員部甲軍二百人彈壓勾當

元

（元史百官志）都水監二員秩從三品掌治河渠並隄防水利橋梁牐堰之事少監一員正五品監丞二員正六品領河道提舉司○大都河道提舉司提舉一員從五品同提舉一員從六品副提舉一員從七品○河南山東都水監至正六年以連年河決爲患置都水監以專疏塞之任行都水監至正八年河水爲患詔于濟寧鄆城立行都水監九年又立山東河南等處行都水監十一年立河防提舉司隸行都水監掌巡視河道從五品十二年行都水監添設判官二員十六年又添設少監監丞知事各一員（元史賈魯傳）至正十一年命賈魯以工部尚書爲總治河防使進秩二品

（元史河渠志）至元二年都水監言運河二千餘里漕公私物貨爲利甚大自兵興以來失于修治部議以濵河州縣佐貳之官兼河防事於各地分巡如有闕破卽率衆修治都省准議

（元史泰定帝本紀）泰定二年三月姚煒以河水屢決請立行都水監於汴梁仍命瀕河州縣正官皆兼知河防事從之

謹案元時河工設官不盡見於史觀此則濵河長吏佐貳皆兼河防如宋金之制矣

（元史河渠志）會通河起東昌路須城縣安山之西南由壽張西北至東昌又西北至于臨清以逾于御河其長二百五十餘里中建牐三十有一度高低分遠邇以節蓄洩○至元二十七年都漕運司副使言去歲流水衝壞堈城汶河土堰兗州泗河土堰必須移入兗州泰安州差夫修閉又被漲水衝破梁山一帶堤堰乞移文斷事等官轉下東平路修閉若以後新河水小直下濟州監牐官並泰安兗州東平修理○延祐六年金溝牐

提領周德與言每歲夏秋霖雨衝失牐隄必候水落役夫採薪修治

謹案宋時汴河蔡河廣濟河金水河御河置牐金時高良河白蓮潭漳河置牐皆見于河渠志但其設官與否不可考至元開會通河置牐節宣而監牐官金溝牐提領之名見于此此會通河置牐官之始

明

（明會典）總理河漕兼提督軍務一員永樂九年遣尚書治河自後間遣侍郎都御史成化後始稱總督河道正德四年定設都御史嘉靖十三年以都御史加工部職銜提督山東河南直隸河道隆慶四年加提督軍務萬歷五年改總理河漕兼提督軍務八年革

（明史河渠志）成化七年命王恕爲工部侍郎奉敕總理河道總河侍郎之設自恕始也宏治二年命白昂爲戸部侍郎修治河道賜以敕嘉靖四十四年命朱衡爲工部尚書兼理河漕又以潘季馴爲僉都御史總理河道萬曆五年命吳桂芳爲工部尚書兼理河漕而裁總河都御史官桂芳

甫受命而卒六年夏潘季馴代自桂芳季馴時罷總河不設其後但以督漕兼理河道十五年命工科都給事中常居敬行河居敬及御史喬璧星皆請復專設總理大臣乃復命潘季馴爲右都御史總督河道二十三年總河工部尙書楊一魁議欲分殺黃流以縱淮別疏海口以導黃而督運尙書褚鈇則以江北歲祲民不堪大役欲先洩淮而徐議分黃二十六年撤鈇命一魁兼管漕運三十年帝以楊一魁不塞黃堌口致衝祖陵斥爲民分設河漕二臣命曾如春爲工部侍郎總理河道

(明史潘季馴列傳)萬曆十六年起季馴爲右都御史總督河道自吳桂芳後河漕皆總理自是始設專官

謹案漕務河務事本相資然自元以前河之潰決未遽有妨于漕也自明時會通河既成二洪以下黃運兩河實相表裏故策河者必及漕策漕者必及河明初治運河者有陳瑄宋禮等治黃河者有王永和石璞徐有貞等而總理河道之設則自成化七年王恕始然終明之世河漕

之任分合不常自王恕之後至萬曆五年吳桂芳以工部尙書兼理河漕而河漕之務合至十六年潘季馴以右都御史總理河道而河漕之事又分至二十六年又撤總漕而楊一魁兼理河漕至三十年又分設河漕二臣而曾如春總督河道自是以訖明終河漕之務不復合矣明會典成于明萬曆十五年故於總理河漕云萬歷八年革明史河渠志於萬歷十六年以後書河漕二職之分合頗詳而職官志但襲會典之原文於萬歷時總河之復設不復書須以河渠志參考之乃備也

〔明會典〕運河錢糧通惠河郎中所屬通州東安等七州縣椿草銀五百三兩六錢五分通州左右神武等九衛椿草銀六百十六兩〇北河郎中所屬兗州府屬州縣幷衛所石灰十三萬八千觔縈麻九十六觔椿草縈麻銀五千五百三十五兩六錢八分副氈銀二百五十七兩七錢六分安山南旺等湖租銀三千三百三十五兩二錢四釐八毫各州縣裁革折徵撈淺淺鋪等夫二千二百八十名每名歲徵銀十一兩渡夫二名每名歲徵八兩共該銀二

萬七千三百七十六兩萬歷四年議定每名連樁草歲徵銀六兩著爲例每歲共該銀一萬三千六百九十二兩東昌府屬州縣幷帶管德州德州左二衛及清河縣副甎一萬六千九百九十三箇石灰九千二百觔樁草檾麻甎灰銀二千四百八十兩六錢四分各州縣裁革折徵撈淺淺鋪夫八百六十二名萬歷四年議定每名連樁草歲徵銀六兩每兩共該銀五千一百七十八兩河間府屬州縣幷衛所樁草銀二百五十八兩五錢六分葦草銀二百三十五兩三錢六分檾麻副甎銀各五十三兩四分石灰銀二十六兩五錢二分○南河郎中所屬淮安府屬天妃閘以北邳州清桃睢宿五州縣幷邳州衛樁草甎灰銀四百六十九兩八分盧鳳二府幷滁和二州徵解邳州河隄防守夫銀一萬二千九十六兩徐州幷屬縣樁草甎灰銀八百七十九兩八分盧鳳二府幷揚州府屬州縣徵解徐州停役夫協助河工銀一千三百九十九兩二錢徐州庫收支徐州洪稅協濟河工錢糧歲徵無定額約萬餘兩不等○管泉主事所屬濟兗二府有泉

州縣額徵泉壩錢糧椿草銀四百五十三兩一錢二分壩夫銀二百十一兩二錢裁草泉夫折徵銀九千二十四兩裁草壩夫折徵銀一千五百四十四兩裁草洸濟河淺夫折徵銀二百八十八兩萬曆四年議定每名連椿草歲徵銀六兩〇黃河錢糧山東管河道副使所屬兗州府屬州縣隄鋪夫銀九千八百六十兩〇河南管河道副使所屬開封等八府幷汝州河堡夫銀三萬二千八百五十三兩

謹案明時河務直隸江南掌以管河郎中河南掌以副使山東以郎中主事副使分掌今並以道員主之

〔明史職官志〕按察使副使僉事分司諸道河南有管河道

〔明會典〕濟寧兵備一員專管河鹽臨清兵備一員帶管分巡馬政河道〇宏治三年令山東勸農二參政兼理山東河道嘉靖八年令徐州兵備副使兼理曹沛徐淮一帶黃河隆慶六年添設河南副使一員給敕專管黃河修築隄岸

（明史河渠志）宏治七年分漕河沛縣以南德州以北及山東爲三道各委曹郎及監司分理○宏治十一年河南管河副使張鼐請於武陟木欒店別鑿一渠下接荊隆口

謹案宏治時已有河南管河副使而隆慶六年又添設一員則管河副使有二員矣山東勸農參政及濟寧臨清二兵備兼理河務而河南二副使則專理河務者也

（續文獻通考）知州同知通判或兼管河分職任事

（明會典）景泰三年設山東府州縣管河官宏治八年革淮陽二府山陽等縣管河通判主簿正德二年革河南新鄉獲嘉武陟等縣管河主簿八年設大名府通判一員東明長垣武城曹縣主簿各一員專管河道嘉靖十四年復設直隸景州滄州管河通判十五年設兗州府同知一員疏濬泉源二十四年添設歸德府通判一員商邱縣主簿一員專管河道二十五年改兗州府管泉同知爲管河同知駐劄曹縣添設單縣管河主簿一

員萬曆三年革兗州府南旺管河通判令本府管河同知帶管仍兼管泉

四年添設山東督濬官東平濟寧二州各判官一員泰安州吏目一員汶

上曲阜鄒滕四縣各縣丞一員泗水魚臺二縣各主簿一員新泰萊蕪肥

城平陰寧陽滋陽嶧七縣各典史一員鉅野嘉祥共典史一員又添設淮

安府管河同知一員十三年令山東濟青登萊四府管糧同知及所屬州

縣管糧官俱帶管水利

〔明史職官志〕壩官閘官掌啓閉蓄洩

〔續文獻通考〕閘官掌啓閉蓄洩壩官掌典守隄防各率其役以通舟楫

之利

〔明會典〕嘉靖十三年復設沽頭閘主事并新興黃家湖陵等七閘官吏

人夫二十年置境山鎭閘及官吏人夫隆慶六年又題復夏津魚臺二縣

各主簿一員專管新河石隄閘壩萬曆十一年設梁境古洪各閘官一員

謹案明時尙有管閘主事會典所載有濟寧管閘主事沽頭管閘主事

南旺管閘主事今無此官

〔明會典〕永樂十九年遣侯伯各二員分理濟寧等閘及徐州呂梁二洪通州等處河道○濟寧衞管河指揮一員

謹案河自三代以後至宋時漸徙而南爲患始甚然其時河淮猶未合也至明而全河併注于淮故爲患視前代爲尤亟而二洪以下運道所資鳳陽又祖陵所在故治河之任視前代爲尤重其後河患不已論者多欲別開運道或欲如元時行海運或欲開膠萊由馬家濠通海道或欲復老黃河故道類皆虛言不可施用惟潘季馴專主保高堰束淮水以刷黃流實爲不易之論又明時綱紀漸隳官方不肅任事之臣無不利于河決者浸尅金錢則自總河以至于閘官無所不利支領工食則自執事以至于游閒無食之人無所不利而獨朝廷受其害上多苟且之政下鮮實心之臣是以河務日壞我

國家六府孔修百川順軌

聖祖仁皇帝軫念河防屢舉

南巡之典

閱視河隄定以清敵黃之法浚張福口引河築歸仁隄疏人字芒稻諸河改中

河運道而移仲莊閘於楊家莊凡所

指畫悉爲治河典則

世宗憲皇帝命發帑金數百萬增築高家堰利賴貽諸弈世我

皇上法

祖勤民於河工重務尤深

廑念

親臨相度條畫周詳如堅閉高郵三壩高堰五壩定清口水誌以時拆築開

陶莊引河導黃使北加甃高堰磚工接築徐州石隄諸大興作並爲自

來河臣所不能知不敢議者備蒙

睿裁指授卽平時閒有施工之處繪圖入告者仰承

丹毫點定洞悉形勢不爽毫釐河臣等祗禀

宸謨得所遵守是以利興弊革永慶安瀾自古河渠溝洫志所載議論雖繁

施行無當平成之績固未有盛于今日者也

欽定歷代職官表卷五十九

欽定歷代職官表卷六十

漕運各官表

	總督漕運
三代	
秦	
漢	
後漢	
三國	
晉	大司農 都水使者
宋齊梁陳	都水使者
北魏	都水使者
北齊	
後周	司水中大夫
隋	都水監
唐	都水監 諸道轉運使 水陸發運使
五季	
宋	發運使 都轉運使
遼	
金	都轉運使 漕運司提舉
元	都漕運使 漕運萬戶府萬戶
明	漕運總兵官 漕運總督

巡視漕務	糧道
魏監運諫議大夫	
監運太中大夫督運御史	
	轉運留後分巡院官
	諸路轉運使
	諸路轉運使
糾察漕運監察御史	諸路轉運使
巡漕監察御史	督糧道

管糧同知通判	押運通判
	將漕縣令
	護漕掾
	送綱運州縣官
	押運知州通判
	押綱官
	押綱官
監兌主事	押運參政

漕標副將以下官	領運守備千總
護漕都尉	
督運三班使臣軍大將殿侍	押運非泛補授校尉未許參部人
	押遞監運諸物公使
	督運千戶
督運參將	運糧把總指揮

漕運各官

國朝官制

總督漕運一人正二品兼尚書銜從一品

掌督理漕輓以足國儲凡收糧起運過淮抵通皆以時稽覈催儹而總其政令駐劄淮安康熙二十二年定制糧艘過淮後總漕隨運北上率所屬官弁相視運道險易調度全漕察不用命者俾舳艫相接畢度天津入覲述職以重官守

巡視漕務四人

掌稽察所巡之地挑淺疏滯趲程糾弊以肅漕政以給事中御史掄選簡充一年而代順治初沿明制遣御史巡漕七年裁巡漕御史以糧道逐程分押雍正七年以糧船過淮抵通多有陋規分遣御史二人往淮安稽察二人往通州稽察乾隆二年定制巡漕御史四人一駐淮安巡察江南江口至山東界一駐濟寧巡察山東臺莊至直隸界一駐天津巡察至山東界

一駐通州巡察至天津

督糧道江南二人山東河南江西浙江湖南湖北各一人正四品

掌監察兌糧督押運艘而治其政令江南江安糧道駐江寧蘇松糧道駐常熟山東糧道駐德州河南以開歸道兼理及江西浙江湖北湖南糧道並駐省城每年糧船起幫督押過淮盤驗畢回任料理新糧山東河南糧道每年押運抵通雍正四年令總漕於江蘇二糧道內每年委一人親押過山東入牐俟江南糧船盡數過淮即回本任乾隆四十八年定各省糧道俱押本省糧船抵臨清盤驗方回本任惟山東糧道上下儹運俟總漕押送尾幫抵臨清然後回任

謹案明時十三省各以布政司參議督糧

國朝亦沿明制各省並設督糧道以司倉儲江南山東河南江西浙江兩湖而外若福建陝西廣東雲南貴州皆有糧道甘肅有巴里坤糧道然皆非總漕所轄其職掌皆入司道表中於漕事無與也

管糧同知六人正五品 通判三十三人正六品

掌監兌漕運凡米色之美惡兌運之遲延及運軍橫肆苛求衙役需索姦蠹包攬攙和等弊皆司其禁戢之政初漕糧以府推官監兌康熙六年各府推官既裁改委同知通判山東以武定府同知濟南兗州東昌泰安曹州五府通判河南以歸德衛輝懷慶三府通判江南以江寧蘇州松江鳳揚四府管糧同知蘇州安慶寧國池州太平廬州揚州七府管糧通判松江鎮江徐州三府糧捕通判淮安府軍捕通判浙江以湖州府同知杭州嘉興二府通判江西以南昌吉安臨江三府通判湖北以武昌漢陽黃州安陸德安荊州六府通判湖南以長沙衡州岳州三府通判

押運同知通判十六人正六品

掌督押糧艘管束運軍禁沿途遲延侵盜攙和之弊山東一人河南一人江南七人舊制五人乾隆元年增二人 浙江三人江西二人舊制一人乾隆元年增一人 湖北一人舊制四人乾隆元年裁三人 湖南一人總漕會同督撫于各省同知通判內選委抵通

日倉場侍郎送部引見部給限單管押回空到淮總漕察覈逾限者參處

漕標副將一人從二品遊擊一人都司二人守備二人管理塘務一人千總四人把總十人

掌催護糧艘漕標副將一人所屬中營都司一人守備二人左營都司一人右營遊擊一人管理塘務一人左右哨千總四人把總十人

領運守備五人衛守備九人正五品守禦所千總十三人從五品千總一百八十六人從六品隨幫效力武舉每幫一人

漕糧領運直隸通州左所右所天津左所右所領運千總各一人均領河南運○山東濟寧衛守備一人前後及前左後右漕船四幫任城一幫每幫領運千總二人德州衛德州左衛東平守禦所東昌衛濮州所平山前幫後幫領運千總各二人臨清衛山東前幫後幫領本省運河南前幫後幫領河南運薊糧幫運送直隸薊州每幫領運千總二人○江南江安糧道所屬興武江淮二衛

守備各一人漕船各九幫淮安衞守備一人漕船四幫大河衞守備一人漕船三幫揚州衞守備一人漕船三幫儀徵一幫徐州衞守備一人本衞漕船一幫河南前後二幫領河南運安慶新安宣州建陽廬州滁州泗州七衞漕船各一幫鳳陽衞守備一人本衞漕船常州一幫原鳳中常州三幫長淮衞守備一人本衞漕船四幫宿州衞二幫每幫領運千總二人○浙江杭州衞漕船四幫嘉興湖州嚴州二所各一幫台州温州二衞各二幫每幫領運千總二人紹與處州二衞漕船前幫領運守備各一人千總各一人後幫領運千總各二人海寧衞金衢所領運守禦千總各一人衞千總各一人○江西南昌衞漕船前幫領運守備一人千總一人後幫領運千總二人袁州贛州二衞漕船各一幫領運守備各一人千總各一人九江衞漕船二幫領運千總各二人吉安安福永新撫州建昌廣信鉛山饒州八所漕船各一幫領運守禦千總各一人衞千總各一人○湖北武昌衞武昌左衞蘄州黃州襄陽沔陽岳州五衞荊州衞荊州左衞右衞湖南三

幫領運千總各一人以上各省各幫每幫隨幫效力武舉一人〇白糧領運江蘇蘇州府太倉州運白糧船共一幫松江常州二府各一幫浙江嘉興湖州二府各一幫領運千總每幫各二人隨幫效力武舉各一人

歷代建置

謹案三代無漕運之事秦漢變封建爲郡縣始漕郡國之粟以給京師然漢時漕事皆郡縣自辦朝廷未嘗設官以領之西漢末嘗置都尉以司其防護至東漢初又罷晉初始以大司農部護漕掾其後又以都水使者督運然司農本掌倉儲都水官職司水利皆非專掌漕事者自是以後至唐開元以前公私漕運皆以都水官兼掌而已自唐先天置發運使開元又置轉運使于是領漕始有專職宋遼金沿唐制置發運轉運漕運等使至明置漕運總督而今因之此實漕運一官之沿革也然唐開元以前之大司農都水官雖非專司漕事而其時別無統領漕運之官職掌所及未可概略大司農已見倉場侍郎表都水官已幷入工

部都水司職中又見河道表今互見其略于此表焉又案漕運有資以給京師者有資以給邊境及軍旅者通典漕運一門二者並載但總漕一官專主於京師之輓運而軍興與邊塞所需皆不與焉通典中所載如秦之轉輸北河隋之運糧涿郡鄧艾之開渠陳項刁雍之造舟沃野雖並關于足食實無與于上供今並不錄云

三代未置

謹案三代之時王畿千里之外皆爲侯國其於天子惟有服食器用之貢而無粟米之輸將至畿內之地禹貢所謂總秸粟米則又皆民間自爲運致而已故其時無司轉運之官若春秋時秦輸晉粟自雍及絳吳城邗溝以通運道則以卹鄰國之災患與自給其師旅之費既非所以供天子之都而亦不以爲經常之法也

秦

〔新唐書食貨志〕杜佑言秦漢運路出浚儀十里入琵琶溝絕蔡河至陳

州而合○秦漢時故漕與成堰東達永豐倉

謹案漕運實始于秦主父偃言秦飛芻輓粟起于黃腄琅邪負海之郡轉輸北河此以海運給邊塞唐志言秦時運道如此此以河運給京師然掌運之官尚未見于史也

漢

（漢書卜式列傳）為成臯令將漕最○（朱博列傳）為護漕都尉

（後漢書光武帝本紀）建武七年二月罷護漕都尉官

謹案漢初漕關東粟以給中都官歲不過數十萬石至武帝時河東守番係言漕從山東西歲百餘萬石至宣帝時大司農耿壽昌言故事歲漕關東穀四百萬斛以給京師蓋其為數之多如此賈誼新書云今漢越兩諸侯之中分而乃以廬江為之奉地雖秦之遠邊過此不遠是江淮之粟當時已至京師蓋其為塗之遠又如此然漢書百官表後漢百官志皆不見有專司轉運之官惟護漕都尉之官見於朱博傳未知其

所由起然第主其防護而已亦非總領漕運之事蓋漢時關東穀給中都官者皆郡國自遣人輸送太倉令居京師以受之而已意秦制亦必如此蓋漕畿外之粟以供天庾始於秦漢而掌運尚未有專官也

三國

（酈道元水經注）魏景初二年二月帝遣都督沙丘部監運諫議大夫寇茲平河岨

謹案魏時漕事蓋亦郡國自遣官輸送而朝廷遣大夫監之此卽後世巡漕御史之任也

晉

（晉書職官志）大司農統襄國都水長東西南北部護漕掾

（宋書百官志）晉武帝置都水使者懷帝永嘉六年劉聰入洛陽都水使者爰濬先出督運得免然則武帝置職使掌運矣

謹案秦有治粟內史掌穀貨漢改爲大司農其屬有太倉令受郡國傳

漕穀蓋若今倉場侍郎受漕粟而轉運則非其所掌也晉初大司農統護漕掾始以受粟之官兼職運粟之事矣漢置都水使者以主水利至晉時以都水使者督運則又以河渠之官兼司轉漕之務矣哀帝以司農幷入都水後雖復置司農而不復領漕務第以都水官兼掌自此以後宋之都水使者兼掌舟航及運部梁之大舟卿兼主舟航河隄隋唐之都水監兼領舟檝河渠二署皆與晉時職掌無異至唐先天時置發運使開元時置轉運使于是舟檝署廢而都水監始于漕務無與矣

（水經注）晉泰始三年五月武帝遣監運太中大夫趙國都匠中郎將河東樂世修治河灘

（晉書孝武帝本紀）太元六年置督運御史官

謹案魏時有監運諫議大夫晉泰始時有監運太中太夫是魏晉時常以大夫監運孝武置督運御史即監運大夫之職後世以御史巡漕實昉於此

宋齊梁陳

（宋書百官志）都水使者一人掌舟航及運部

謹案宋以都水使者掌運部齊梁以後及北朝皆因之其職蓋兼有今河道漕運二總督之任表亦互見焉

北魏

（杜佑通典）魏三門都將薛欽上言計京西水次汾華二州恆農河北河東平陽等郡年常綿絹及貲麻皆折公物僱牛車送京道險人弊費公損私略計華州一車官酬絹八匹三丈九尺別有私人僱價布八十匹河東一車官酬絹五匹二丈別有私人僱價絹五十匹自餘州郡雖未練多少推之遠近應不減此今求車取僱絹三匹市材造船不勞採斫計船一艘舉十三車車取三匹合有三十九匹僱作手并匠及船上襍具食直足以成船計一船贈絹七十有八匹布七百八十匹又租車一乘官格二十斛成載私人僱價遠者五斗布一匹近者一石布一匹准其私費一車有布

遠者八十匹近者四十匹造船一艘計舉七百石准其傭價應有千四百匹今取布三百匹造船一艘并船上覆理雜事計一船有賸布千一百匹又其造船之處皆須鋸材人功併削船茹依功多少即給當州郡兵不假更召汾州有租傭調之處去汾不過百里華州去河不滿六十并令計程依舊酬價車送船所船之所運惟達濡陂其陸路從雷陂至倉門調一車僱絹一匹租一車布五匹則于公私爲便尚書度支郎中朱元旭計稱今校薛欽之說驗跡未彰而指況甚善所云以船代車是策之長者若以門兵造車便爲闕彼防城無容全依宜令取僱車之物市材就作及倉庫所須悉以營辦七月之始十月初旬令州郡綱典各受租調于所在然後付之十車之牛留車士四人佐其守護粟帛上船之日隨運至京將共監慎如有耗損同其陪徵河中缺失專歸運司輸京之時令其即納不得雜合違失常體必使量上數下謹其受入自餘一如其例計底柱之艱號爲天險迅驚千里未易其功然既陳便利無容輒抑若效充其說則附例酬庸

如其不驗徵塡所損今始開𠛬不可懸生減折且依請營立一年之後須知贏費歲遣御史校其虛實脫有乖越別更量裁尚書崔林按欽所列實允事宜郎中之計備盡公理但舟檝所通遠近必至苟利公私不宜只在前件昔人乃遠通褒斜利關中之漕南達交廣以增京洛之饒況乃漳洹夷路河濟平流而不均彼省煩同茲巨益請諸通水之處皆宜率同此式縱復五百三百里車運水次計較利饒猶爲不少其欽所列州郡如請與造東路諸州皆先通水運今年租調悉用舟檝若船有所缺且賃假充事比之僦車交代息耗其先未通流宜遣檢行閒月修葺使理有可通必無壅滯如此則發召匪多爲益實廣一爾暫勞久安永逸詔從之而未能盡行也

北齊

〔隋書食貨志〕齊租入臺者五百里內輸粟五百里外輸米

後周

〔唐六典〕周司水中大夫一人

謹案後周之司水卽魏齊之都水使者也後魏齊周掌運之官皆不見于史然前此則晉以都水使者督運同時南朝則宋之都水使者掌舟航運部當時官制相沿其職掌諒當不異又北史魏刁雝爲薄骨律鎭將于河水之次造舟水運更以魏薛欽朱元旭之所言者觀之是當時租調有鎭將之處則鎭將主其輸將無鎭將之處則州郡職其綱運而都水官居京師以領之也

隋

〔通典〕隋開皇二年廢都水臺入司農十三年復置仁壽元年改臺爲監更名使者亦爲監煬帝又改爲使者尋又爲監加置少監又改監及少監爲令領舟檝河渠二署

謹案隋都水監所領之舟檝署卽主水運之官也晉嘗幷司農入都水隋初又嘗幷都水入司農蓋倉儲與漕輓之事本相關通故或以漕輓

之職兼倉儲或以倉儲之官兼漕輓也

（唐六典）隋潼關渭南皆有倉以轉運之各有監官

謹案隋黎陽洛口諸倉監官如今倉監督已見倉場侍郎表惟潼關渭南監官兼司轉運則如今之押運官也

唐

（舊唐書職官志）都水監總河渠舟檝二署之官屬舟檝署令一人丞二人掌公私漕運之事

（新唐書百官志）都水監舟檝署有令一人掌舟檝運漕漕正二人府三人史六人監漕一人漕史二人典事六人掌固八人上元二年署丞二人掌漕運隱失開元二十六年署廢

（舊唐書食貨志）開元二十二年以裴耀卿爲黃門侍郎同中書門下平章事充江淮河南都轉運使以鄭州刺史崔希逸河南少尹蕭炅爲副天寶三載楊釗以殿中侍御史爲水陸運使肅宗初第五琦請以江淮分置

租庸使市輕貨以救軍食遂拜監察御史爲之使乾元元年加度支郎中尋兼中丞爲鹽鐵使寶應元年以侍御史穆寧爲河南道轉運租庸鹽鐵使尋加戶部員外遷鄂州刺史以總東南貢賦是時朝議以寇盜未戢關東漕運宜有倚辦遂以通州刺史劉晏爲戶部侍郎京兆尹度支鹽鐵轉運使鹽鐵兼轉運自晏始也晏始以鹽利爲漕傭自江淮至渭橋率十萬斛傭七千緡補綱吏督之不發丁男不勞郡縣蓋自古未之有也自此歲運米數千萬石自淮北列置巡院搜擇能吏以主之廣德二年復以第五琦專判度支鑄錢鹽鐵事而晏以檢校戶部尚書爲河南尹及江淮已來轉運使永泰二年晏爲東道轉運常平鑄錢鹽鐵使琦爲關內河東劍南三川轉運常平鑄錢鹽鐵使貞元元年元琇以御史大夫爲鹽鐵水陸運使八年詔東南兩稅財賦自河南江淮嶺南東道至于渭橋以戶部侍郎張滂主之河東劍南山南西道以戶部尚書度支使班宏主之順宗即位以杜佑判鹽鐵轉運使理於揚州大中五年二月以戶部侍郎裴休爲鹽

鐵轉運使明年八月以本官平章事依前判使始者漕米歲四十萬斛其能至渭倉者十不三四漕吏狡蠹敗溺百端官舟之沈多者歲至七十餘隻緣河姦犯大紊晏法休使寮屬按之委河次縣令董之自江津達渭以四十萬斛之傭計緡二十八萬悉使歸諸漕吏巡院胥吏無得侵牟由是三歲漕米至渭濱積一百二十萬斛無升合沈棄焉

（新唐書李傑列傳）先天中進陝州刺史水陸發運使置使自傑始（韋堅列傳）擢爲陝郡太守水陸運使

（新唐書食貨志）開元初河南尹李傑爲水陸運使運米歲二百五十萬石二十五年崔希逸爲河南陝運使歲運百八十萬石二十九年陝郡太守李齊物鑿砥柱爲門以通漕

（舊唐書德宗本紀）大曆十四年以杜亞爲陝州長史充轉運使建中二年以姚明敭爲陝州長史本州防禦陸運使貞元元年以李泌爲陝州長史陝虢都防禦觀察陸運使十四年以崔宗爲陝州大都督府長史陝虢

觀察水陸轉運使十六年以河南少尹張式爲河南尹水陸轉運使

謹案唐初以都水監領舟檝署主公私漕運至先天中置水陸發運使開元中置都轉運使于是州檝署廢而都水官始不領漕事矣水陸發運使後又曰水陸運使又曰水陸轉運使或但曰陸運使蓋唐時江淮民送租庸者皆輸於東都由東都陸運至陝又由陝水運至京師所謂水陸運使者掌自東都至京師水陸之轉運也其但曰陸運使則以水運之事併於諸道轉運使而此但掌其陸運也至元和六年而陝州刺史不帶運使則又以水陸運事並歸於諸道轉運使也故宣宗時韓休爲轉運使以瀕河縣令董漕事自江達渭則河渭漕事皆轉運使主之矣大約唐之發運使轉運使皆爲今總漕之職然發運使專司東都至京師轉運之事都轉運使則總司諸道而又兼掌鹽鐵及貨財出入之柄又兼今鹽漕察院倉場侍郎之職也

（舊唐書敬宗本紀）長慶四年五月東都江陵監大轉運留後並改爲知

院官從其使王涯請也
（司馬光資治通鑑）廣明元年二月高駢奏改揚子院爲發運使（胡三省注）宋朝江淮發運使本此
謹案唐自開元以後以轉運使總各道租庸鹽鐵之轉輸以巡院留後分司之即今各省糧道之職任也廣明時高駢奏改揚子院爲發運使至五代及宋鹽鐵轉運使變而爲三司使而江淮六路之財賦但以發運使專主之矣
（新唐書食貨志）故事州縣官充綱送輕貨四萬書上考開成初爲長定綱州擇淸强官送兩稅至十萬遷一官往來十年者授縣令江淮錢積河陰轉輸歲費十七萬餘緡行綱多以盜抵死判度支王彥威置縣遞羣畜萬三千三百乘使路傍民養以取傭日役一驛省費甚博而宰相亦以長定綱命官不以材江淮大州歲授官者十餘人乃罷長定綱送五萬者書上考七萬者減一選五十萬減三選而已及戶部侍郎裴休爲使以河瀕

縣令董漕事自江達渭運米四十萬石居三歲米至渭橋百二十萬石

謹案唐兩稅皆民自輸送而州縣遣官督之通鑑所載盧承慶爲司列太常伯考一督運官遭風失米者是也貞元時轉運鹽鐵使嘗奏諸院自差綱般運然其後又以州縣官充綱如故開元初州縣官充綱送兩稅往來十年者授縣令則綱運官皆以簿尉充之與

五季

（五代史張延朗列傳）梁興置租庸使領天下錢穀廢戶部度支鹽鐵之官莊宗滅梁因而不改明宗入立廢其使以大臣一人判戶部度支鹽鐵號曰判三司詔以延朗充三司使

謹案唐時鹽鐵轉運使司鹽鐵租庸之轉輸而兼掌財貨出納之柄梁改置租庸使後唐又置三司使而猶仍唐制以鹽鐵轉運合爲一司則尚領漕務也至宋而三司使鹽鐵一司不帶轉運但以糧料案兼掌御河漕運發運案兼掌汴河廣濟蔡河漕運則於邦計詳而於漕務略矣

宋

〔宋史職官志〕發運使副判官掌漕淮浙江湖六路儲廩以輸中都紹興二年用臣僚言省罷以其職事分委漕臣八年再置經制發運使以徽猷閣待制程邁充邁上疏以租庸常平鹽鐵鼓鑄各分於諸司而總於戶部發運使無所用之固辭不行九年遂廢發運使以戶部侍郎梁汝嘉爲經制使檢察中外失陷錢物與催未到綱運爲職未幾復以臣僚言分其責于諸路監司乾道六年復置以戶部侍郎史正志爲兩浙京湖淮廣福建等路都大發運使是冬以奏課誕謾貶併廢其職○都轉運使轉運使副使判官掌經度一路財賦而察其登耗有無以足上供及郡縣之費熙寧初詔河東河北陝西三路漕臣許乘傳赴闕留毋過浹日既又詔三路漕臣自辟屬各二員以京朝官曾歷知縣者爲之元祐初司馬光請漕臣除三路外毋得過二員其屬官溢員亦省之紹聖中詔淮浙江湖六路上供米計其近遠分三限自季冬至明年八月以次輸足大觀中陝西漕臣以

四員爲額政和中又詔陝西以三員熙泰兩路各二員宣和初又詔陝西以都漕兩員總治于長安而漕臣三員分領六路中興後置官掌一路財賦之入或別置隨軍轉運使一員或諸路事體當合一則置都轉運使以總之江東西路分置三帥置都轉運使一員張公濟爲兩浙荆湖廣南福建都運趙開爲四川都運隨軍及都運廢置不常而正使不廢若副使若判官皆隨資之淺深稱焉○（食貨志）太平興國八年擇強幹之臣在京分掌水陸發運使雍熙四年幷水陸路發運爲一司端拱元年罷京師水陸發運使以其事分隸排岸司及下卸司大中祥符初江南淮南兩浙荆湖路租糴于真揚楚泗州置倉受納分調舟船泝流入汴以達京師置發運使領之陝西諸州菽粟自黃河三門沿流入汴以達京師亦置發運司領之粟帛自廣濟河而至京師者京東之十七州由石塘惠民河而至京師者陳潁許蔡光壽六州皆有京朝官廷臣督之河北衛州東北有御河達乾寧軍其運物亦廷臣主之

（馬端臨文獻通考）東萊呂氏曰國初未嘗有監司之目其始除轉運使

只因軍興專主糧餉班師卽停罷太祖開寶五年命二參政事薛居正呂餘慶兼領提舉諸州水陸轉運使明年薛居正沈義倫拜相復以二相兼提舉水陸漕運事累朝以武臣爲帥守而兼漕事或以文臣任帥守兼漕謹案宋於各路置轉運使以司一路之賦入而江南淮南兩浙荆湖六路又置發運使以總領其事蓋本唐時之揚子院留後以鹽鐵轉運副使充之廣明時高駢奏改爲發運使至宋而鹽鐵轉運使變置三司使而江淮沿唐制置發運使以總鹽漕茶務實卽唐時轉運之職也然宋之轉運使其初置本專以督糧餉而其後于一路之事無所不統邊防盜賊刑獄按廉之任皆總之蓋其稱雖曰漕帥而實則爲今日藩司之任矣其職掌已詳司道表中今仍互見於此焉

（宋史食貨志）初荆湖江浙淮南諸州擇部民高貲者部送上供物舟人侵盜官物民破産不能償乃詔牙吏部送勿復擾民○熙寧七年十二月詔濬廣濟河增置漕舟其後河成歲漕京東穀六十萬石東南諸路上供

雜物舊陸運者增舟水運押汴河江南荆湖綱運七分差三班使臣三分軍大將殿侍○政和七年立東南六路州軍知州通判裝發上供量斛任滿賞格自一萬石至四十萬石升名減年有差○宣和二年詔六路米麥綱運依法募官先募未到部小使臣及非泛補授校尉以上未許參部人奸進納人管押淮南以五運兩淮及江東二千里內以四運河東二千里外及江西三運湖南北二運各欠不及五釐依格推賞外仍許在外指射合人差遣一次召募士人並罷

遼

〔遼史百官志〕轉運司職名總目某轉運使某轉運副使同知某轉運使某轉運判官○山西路轉運使司轉運判官司楊皙與宗重熙二十年爲山西轉運使○奉聖州轉運使司聖宗開泰三年置○蔚州轉運使司應州轉運使司朔州轉運使司保州轉運使司並開泰三年置○西山轉運使聖宗太平三年見西山轉運使郎元化

金

〔金史百官志〕都轉運司使正三品掌稅賦錢穀倉庫出納權衡度量之制同知從四品副使正五品都勾判官從六品紀綱衆物分判勾案惟南京勾判兼上林署丞戶籍判官二員從六品舊止一員承安四年增置一員不許別差專管拘收徵尅等事支度判官三員從六品掌勾判分判支度案事鹽鐵判官一員從六品都孔目官二員勾稽文牘知法二員從八品都勾案戶籍案鹽鐵案支度案開折案司吏女直八人漢人九十人抄事一人譯史三人通事一人押遞五十人監運諸物公使八十人惟中都路置都轉運司餘置轉運司省戶度判官各一員南京西京北京遼東山東西路河北東路則置女直知法漢知法各一員山東東路河東南路北路河北西路陝西東路西路則置漢知法一員餘官皆同中都置女直司司吏遼東路十人西京北京山東西路各五人餘路皆四人譯史遼東路三人餘各二人通事各一人漢人司司吏課額一百八十萬貫以上者五十人百五十萬貫以上四十五人百二十萬貫以上四十人九十萬貫以上三十五人六十萬貫以上三十人三十萬貫以上二十五人不及三十萬貫二十人公使人各七十人押遞南京山東東西路河東南路河北西路各五十人西京河東北路河北東路各四十人餘路各三十人○泰和八年十一月省議以轉運使權輕州縣不畏不能規指錢穀遂詔中都都轉運依舊專管錢穀事自餘諸

路按察使並兼轉運副使兼同知簽按察並兼轉運副添按察判官一員爲從六品中都西京路按察司官止兼西京路轉運司事遼東轉運副兼按察副使同知轉運使兼簽按察司使轉運副使兼按察判官

謹案金於諸路設轉運使而於京師設都轉運使以總之都轉運使又主倉庫之出納及支度鹽鐵之政實卽唐鹽鐵轉運使之職但唐時皆以宰相或他官充使而金則別置一官耳

（金史百官志）漕運司提舉一員正五品景州刺史兼領掌河倉漕運之事同提舉一員正六品勾當官從八品掌催督起運綱船司吏六人分掌課使起運兩科各設孔目官前後行各一人公使八十一人押綱官七十六人景州依此置肇州以提舉兼本州同知同提舉兼州判

謹案金都於燕京師有都轉運使又於景州置漕運司提舉猶唐置諸道轉運使而又於陝虢置發運使也金漕運司提舉秩正五品然於都轉運使各爲一司不相統轄至元而提舉司爲都漕之屬矣

〔金史河渠志〕泰和元年尙書省以景州漕運司所管六河倉歲稅不下六萬餘石其科州縣近者不下二百里官吏取賄延阻人不勝苦雖近官監之亦然遂命監察御史二員往來糾察之

元

〔元史百官志〕京畿都漕運使司秩正三品運使二員正三品同知二員正四品副使二員正五品判官二員正六品經歷一員正七品知事一員從八品提控案牘兼照磨二員掌凡漕運之事世祖中統二年立漕運所至元五年改漕運司秩五品十二年改都漕運司秩四品十九年改京畿都漕運使司秩正三品二十四年內外分立兩運司而京畿都漕運司之額如舊止領在京諸倉出納糧斛及新運糧提舉司站車儧運公事省同知通判知事各一員而押綱官隸焉延祐六年增同知副使運判各一員其後定置官員已上正官各二員首領官四員吏屬令史二十一人譯史二人回回令史二人通事一人知印二人奏差一十六人典史二人〇新

運糧提舉司秩正五品管站車二百五十輛都提舉一員同提舉二員副提舉一員吏目一員司吏八人奏差十二人○通惠河運糧千戶所秩正五品掌漕運之事中千戶一員中副千戶二員○都漕運使司秩正三品掌御河上下至直沽河西務李二寺通州等處儹運糧斛至元二十四年自京畿運司分立都漕運司于河西務置總司分司臨清運使二員正三品同知二員正四品副使二員正五品運判三員正六品經歷一員從七品知事一員從八品提控案牘二員內一員兼照磨司吏三十三人通事譯史各一人奏差一十六人典史一人○滎陽等綱凡三十綱設押綱官二員計六十員秩正八品每編船三十隻爲一綱船九百餘隻運糧三百餘萬石船戶八千餘戶綱官以常選正八品爲之○兩都陸運提舉司秩正五品掌兩都陸運糧斛之事至元十六年始置運糧提舉司延祐四年改今名提舉二員從五品副提舉一員從七品吏目一員司吏六人委差一十人海王莊七里莊魏家莊臘八莊四所各設提領一人用從九品印

○海道糧運萬戶府至元二十年置秩正二品掌每歲海道運糧供給大都達嚕噶齊一員萬戶一員並正三品副萬戶四員從三品經歷一員從七品知事一員從八品照磨一員從九品鎮撫二員正五品○海運千戶所秩正五品達嚕噶齊一員千戶二員並正五品副千戶三員從五品若温台若慶元紹興若杭州嘉興若崑山崇明常熟江陰等處凡五所○漕運司至元二年五月京畿都漕運司添設提調官運副運判各一員九年添設海道巡防官給降正七品印信掌統領軍人水手防護糧船巡防官二員相副官二員○防禦海道運糧萬戶府至正十五年七月陞台州海道巡防千戶所爲防禦海道運糧萬戶府九月置分司于平江

（元史羅璧傳）至元十二年始運江南糧而河運弗便十九年因丞相巴延（滿洲語富也原作伯顏今改正）言初通海道漕運立運糧萬戶三而以璧與朱清張瑄爲之

（薛應旂續資治通鑑）元糧運仰給江南者或自浙西涉入江淮由黃河

逆至中灤陸運至淇門入御河以至京師又或自利津河或開膠萊入海勞費無成巴延平宋時遣朱清張瑄等載宋庫藏諸物從海道入京師二人遂言海運可通乃命總管羅璧暨瑄等造船六十艘運糧四萬六千餘石由海道入京然創行海洋亦逾年始至朝廷未知其利仍通舊運尋復因孟古岱（蒙古語有銀也原作忙兀觧今改正）言海運爲便遂立萬戶府四總其事又併四府爲都漕運萬戶府一止令清瑄二人掌之

（元史食貨志）至元二十五年內外分置漕運司二其在外者於河西務置司領接運海道糧事至大四年遣官至江浙議海運事時江東寧國池饒建康等處運糧率令海船從揚子江逆流而上江水湍急又多石磯走沙漲淺糧船俱壞歲歲有之又湖廣江西之糧運至真州始入海船船大底小亦非江中所宜於是以嘉與松江入糧並江淮江浙財賦府歲糧辦充海運海運之利至是博矣

（元史世祖本紀）至元十九年十月由大都至中灤中灤至瓜州設南北

兩漕運司命游顯專領江浙行省漕運二十年八月濟州新開河成立都漕運司二十二年二月增濟州漕舟三十艘役夫萬二千人初江淮歲漕米百萬石於京師海運十萬石膠萊六十萬石而濟之所運三十萬石水淺舟大恆不能達更以百石之舟舟用四人故夫數增多二十五年二月改濟州漕運司爲都漕運司併領濟之南北漕京畿都漕運司惟治京師二十六年正月海船萬戶府言山東宣慰司樂實所運江南米陸負至淮安易閘者七然後入海歲止二十萬石若由江陰入江至直沽倉民無陸負之苦且米石省運估八貫有奇乞罷膠萊道運糧萬戶府而以漕事責臣當歲運三十萬石詔許之二十八年正月罷江淮漕運司併于海船萬戶府由海道漕運

謹案元都于燕資海運以給京師然世祖平宋之初江淮之運尚未專由海道有中灤運道有新開河運道有膠萊運道其司漕務者有江淮都漕運使濟州都漕運使膠萊萬戶府其後海運通利而江淮濟州漕

運司及膠萊萬戶府皆罷其京畿都漕運使則掌自通州運至京師又分置都漕運司于河西務及臨清接領海運自直沽運至通州而河南山東之漕不由于海道者亦掌焉都漕運使海運萬戶並爲今總漕之任而京畿河西務兩都漕掌諸倉以收納漕糧又兼今倉場侍郎之職也至兩都陸運提舉司掌自大都運米至上都隸于兵部本非都漕之屬以其職掌運粟故因類而附錄之焉

明

（明史食貨志）明初命武臣督海運嘗建漕運使尋罷成祖以後用御史又用侍郎都御史催督郎中員外分理主事督兌其制不一景泰二年始設漕運總督於淮安與總兵參將同理漕事漕司領十二總十二萬軍與京操十二萬軍相準初宣宗令運糧總兵官巡撫侍郎歲八月赴京會議明年漕運事宜及設漕運總督則併令總督赴京至萬曆十八年後始免

凡歲正月總漕巡揚州經理瓜淮過閘總兵駐徐邳督過洪入閘同理漕

參政管押赴京儧運則有御史郎中押運則有參政監兌理刑管洪管廠管閘管泉監倉則有主事清江衞河有提舉兌畢過淮過洪巡撫漕司河道各以職掌奏報○(職官志)總督漕運兼提督軍務巡撫鳳陽等處兼管河道一員太祖時嘗置京畿都漕運司設漕運使永樂間設漕運總兵官以平江伯陳瑄治漕宣德中又遣侍郎都御史少卿等官督運至景泰二年因漕運不繼始命副都御史王竑總督因兼巡撫淮陽廬鳳四府徐和滁三州治淮安成化八年分設巡撫總漕各一員九年復舊正德十三年又分設十六年又復舊嘉靖三十六年以倭警添設提督軍務巡撫鳳陽都御史四十年歸併改總督漕運兼提督軍督務

(明會典)督運官員總督都御史一員總兵官一員

謹案明永樂時設漕運總兵官蓋倣元時海運萬戸府之制以武臣總漕務宣德中或遣侍郎都御史等官督運而不常置漕務實總于總兵景泰中始設漕運總督於是總漕與總兵同司漕務而總漕之權重則

總兵之任輕矣漕運總督並兼巡撫淮揚雖成化正德嘉靖間皆嘗分置巡撫然自嘉靖四十年歸併之後至崇禎時不改故朱大典史可法皆以總督漕運兼巡撫廬鳳淮揚等郡又明自弘治時置總河侍郎與總漕分理河漕其後二職亦分合不常明史職官志沿明會典之文故總漕以兼管河道著銜蓋明會典成于萬曆十五年其時河漕并爲一職至萬曆十六年河漕又分理而職官志未之及也其詳見于河道表中

(明史職官志)十三道監察御史在外巡漕儹運

(明會典)儹運御史一員舊用戶部郎中一員三月奏差後改差御史

謹案明會典永樂十六年令沿河壩閘每三處差御史一員儹運十七年令侍郎都御史並武職大臣各一員催督糧務宣德二年差侍郎五員都御史一員催督浙直府軍民糧運四年差侍郎都御史少卿郎中等官儹運弘治二年議准每歲于戶部郎中員外郎主事內推選一員

領敕催儹運船隆慶六年題准給儹運郎中關防蓋明時儹運或遣卿

貳或遣部曹或遣御史至萬曆時始定差御史而今因之

（明史百官志）督糧道十三布政司各一員俱駐省城

（明會典）天順元年令各處監兌民糧司府州每歲承委後先行本部知會經赴總督漕運官處比較○成化二十一年令每年戶部差官一員於山東河南南京戶部差官四員于浙江江西湖廣南直隸地方督同各司府州縣正官幷管糧官徵兌○弘治三年取回各處監兌主事官止令各該管糧官監兌七年令兩京戶部差主事等官於湖廣江西浙江山東河南及南直隸等府催督監兌民糧○正德七年題准改委戶部屬官四員分往南直隸浙江江西湖廣地方監兌○嘉靖四十四年題准南直隸浙江江西湖廣等處監兌官各給關防一顆

謹案明時以各司府州正官及管糧官徵兌漕糧又遣主事五員分督之見於明會典者如此

國初以府推官監兌乃沿明末之制蓋明之監兌主事萬曆十六年以後

嘗罷遣而專以府佐監兌也

〔明會典〕押運參政一員

〔明史百官志〕漕運總兵官永樂二年設總兵副總兵統領官軍海運海運罷專督漕運天順元年又令兼理河道協同督運參將一人（天順元年設）把總十二人（南京二江南直隸二江北直隸二中都一浙江二山東一湖廣一江西一）

〔明會典〕運糧官軍南京把總二各領衛十三錦衣衛廣洋衛江陰衛龍虎衛鎮南衛神策衛府軍衛府軍右衛豹韜左衛龍江右衛金吾後衛虎賁左衛留守左衛（以上一員領把總）旗手衛府軍左衛金吾前衛府軍後衛興武衛瀋陽右衛應天衛橫海衛水軍左衛水軍右衛龍虎左衛龍江左衛羽林左衛（以上一員領把總）○江南直隸把總二領衛所十九建陽衛新安衛安慶衛九江衛宣州衛鷹揚衛豹韜衛武德衛留守右衛虎賁右衛（以上上江把總領）鎮江衛太倉衛蘇州衛鎮海衛留守中衛驍騎右衛羽林右衛嘉興守禦

千戶所松江守禦千戶所（以上下江把總領）○江北直隸把總二領衛所十五淮安衛大河衛泗州衛邳州衛壽州衛（以上把總一員領）揚州衛高郵衛儀真衛廬州衛六安衛滁州衛通州守禦千戶所泰州守禦千戶所鹽城守禦千戶所興化守禦千戶所（以上把總一員領）○中都把總一領衛所十一留守左衛留守中衛鳳陽衛鳳陽右衛鳳陽中衛懷遠衛長淮衛宿州衛武平衛潁州衛洪塘湖屯田千戶所○浙江把總二領衛所十三杭州前衛杭州右衛紹興衛海寧衛海寧守禦千戶所湖州守禦千戶所嚴州守禦千戶所（以上浙西把總領）寧波衛台州衛溫州衛處州衛衢州守禦千戶所金華守禦千戶所（以上浙東把總領）○山東把總一領衛所十九臨清衛平山衛東昌衛濟寧衛兗州衛護東守禦千戶所濮州守禦千戶所（以上係本總原領）徐州衛徐州左衛歸德衛德州衛德州左衛天津衛天津左衛天津右衛通州左衛通州右衛定邊衛神武中衛（以上係裁革遮洋幷入本總數）○湖廣把總一領衛所十（舊有荊州左衛嘉靖間改顯陵衛舊有安陸衛改承天衛俱免運）武昌衛武昌左衛蘄州衛黃州衛荊州衛荊州右

衛岳州衛襄陽衛沔陽衛德安守禦千戶所○江西把總一領衛所十一南昌衛袁州衛贛州衛吉安守禦千戶所安福守禦千戶所永新守禦千戶所撫州守禦千戶所建昌守禦千戶所鉛山守禦千戶所廣信守禦千戶所饒州守禦千戶所○宣德三年奏准各都司衛所選委指揮等官專一運糧不許別項差操○五年令巡按御史布按二司及漕運都指揮選舉管糧官員軍多衛指揮二員少者一員○十年令都督運糧都指揮等官許乘糧船一隻量帶官糧○凡有漕運地方成化十六年添設佐貳都指揮一員專掌漕運不與軍政

謹案前明漕運設旗甲以輓運之設運總以統領之設漕道糧道以督押之設總漕巡漕以提衡巡察之逮於

國朝循用不改然自宋以前皆用民運至元設萬戶府始以軍運明初行支運之法軍民並任其事其後變爲兌運又變爲長運民雖免於輸將失業而軍民交兌不免需索之弊

國初改爲官收官兌酌定贈貼官爲支給軍民兩便實爲良法

列聖軫念民食湛恩時霈民間荒歉則有改折之條運軍挂欠則有寬免之令

燭吏胥之刁難以清弊竇禁商船之起撥以惠行旅深仁厚澤有加無

已

皇上恩及運丁曲加體恤

天庾豐盈於上而軍忘輓運之勞民有倉箱之積洵前古所未有也

欽定歷代職官表卷六十

欽定歷代職官表卷六十一

鹽政表

	鹽政督撫兼管鹽政
三代	
秦	
漢	大農丞管鹽鐵事
後漢	以謁者僕射監鹽官
三國	
晉	
宋齊梁陳	
北魏	
北齊	
後周	
隋	
唐	鹽鐵使節度使兼領鹽鐵使
五季	節度使兼領鹽鐵使
宋	轉運使提刑使兼管茶鹽
遼	上京鹽鐵使司
金	
元	行臺御史兼管鹽
明	巡鹽御史

都轉運鹽使司運使	驛鹽道鹽法道	運同　運副
司鹽都尉	司鹽都尉	
司鹽都尉	司鹽都尉	
鹽池總監	鹽池總監	鹽池總副監
鹽鐵使　榷鹽使	榷鹽使	監鹽官　巡院官
提舉茶鹽司　提舉制置解鹽司	提舉茶鹽司	
鹽使司		運同知運副使
鹽運使		運同知運副使
鹽運使	鹽道	運同知運副使

運判	鹽課司提舉監製官	鹽課司大使
		齊鹽官
		鹽官
		鹽官令長丞
		司鹽監鹽官
		司鹽監丞
		鹽池司
		鹽池四面監 副監
		鹽池監鹽院官
運判運		管勾同管勾
運判官	鹽課司提舉	司令
運判官	鹽課司提舉	鹽課司大使 鹽井司大使

批驗所大使倉庫大使	經歷知事巡檢
鹽池總監丞	鹽池四面監丞
	都監監同知法
批驗所大使	經歷知事提控案牘
批驗所大使庫大使	經歷知事

鹽政

國朝官制

鹽政長蘆兩淮各一人（由特旨簡用或都察院奏差各帶原銜品級）福建甘肅四川兩廣以總督兼理兩浙雲南貴州均以巡撫管理河東以山西巡撫管理掌弊羣吏糾其徵收督催之不如法者以時審其價而酌劑之凡鹽賦之奏課與鹽法之宜更者以聞總督巡撫兼鹽政者亦如之

國朝初承明制各省置巡鹽御史後定爲鹽政由特旨簡充其由都察院奏差者亦以鹽政名之（由內務府官員簡充者仍帶御史銜）各省以督撫兼管者皆因地制宜永爲恆式焉

都轉運鹽使司運使長蘆山東河東兩淮兩廣各一人（從三品）鹽道兩浙福建陝西四川雲南各一人（正四品）其餘各直省行銷地方鹽法多由駐劄省城守巡道兼理

掌督察場民之生計與商之行息而平其鹽價水陸挽運必計其道里時其往來平其貴賤俾商無滯引民免澹食以聽於鹽政及兼理鹽政之督撫焉

國初定兩浙福建運使各一人康熙四十九年改兩浙運使爲驛鹽道雍正四年改福建運使爲鹽法道

分司運同長蘆山東河東兩廣各一人從四品運副兩浙一人從五品運判長蘆二人山東兩浙各一人兩淮三人從六品

運同運副運判掌分司產鹽之地而糾察之輔運使鹽道以分治其事長蘆分司天津運同薊永運判各治場四滄州運同治場二山東分司濱樂運同膠萊運判各治場五兩淮分司泰州運判治場十有一通州運判治場九海州運判治場三河東中分司運同治山西解州安邑縣鹽池一場三兩浙分司寧紹運副治場二十嘉松運判治場十有二廣東分司惠潮汀贛運同治場十有三

國初定兩淮兩浙長蘆河東山東兩廣運同各一人副使一人兩淮運判四人兩浙長蘆山東河東運判各一人康熙十六年裁各鹽運同副使十七年復設長蘆山東兩浙鹽運同知各一人兩浙副使一人三十八年裁兩淮運判一人四十三年裁兩浙運同雍正二年增設河東兩廣運同各一人

監掣同知兩淮二人正五品 鹽課提舉司提舉雲南三人正五品

監掣同知掌掣鹽之政令鹽課提舉司提舉分轄鹽井之政職掌與運司所屬分司同

國初定雲南提舉司三人廣東提舉司一人雲南廣東吏目各一人康熙三十二年裁廣東提舉一人吏目並裁

鹽課司大使正八品 長蘆山東各十人河東三人兩淮二十三人兩浙三十二人陝西一人廣東十三人四川七人雲南九人正八品

掌鹽場及池井之務凡直省有沿海及有池之地聽民闢地爲場置竈開

畦爲鹽而授之商或官出帑收鹽授之商而行之以鹽課大使掌其池場之政令與場地之徵收其有井者分掌其政令皆治其交易審其權衡而平準之日稽其所出之數以杜私販之源

國初設大使之職酌場地池井之多寡而爲之額嗣後因時分併增設如今額焉

鹽引批驗所大使長蘆山東兩淮各二人兩浙四人兩廣一人（正八品）庫大使長蘆山東河東兩淮兩浙福建兩廣四川雲南各一人（正八品）經歷長蘆山東河東兩淮兩浙兩廣各一人（從七品）知事長蘆河東兩淮兩廣各一人（從八品）巡檢兩淮二人（從九品）

批驗所大使掌批驗鹽引之出入庫倉大使掌鹽課之收納而監理其倉庫經歷知事掌稽核文書巡檢掌巡察鹽場員額康熙以來陸續定設因其事之繁簡而置員其缺者則以運副運判及課大使兼理其事焉

歷代建置

三代

（周禮天官）鹽人掌鹽之政令以共百事之鹽（賈公彥疏）謂四方鹽來

鹽有數種處置不同

謹案周禮有鹽人掌鹽之致用與後世設官徵課者不同蓋周時所建山澤之官皆掌其政令之厲禁而非以征榷取財故鹽課之官爲周時所未有然曰掌其政令以共百事則所以規度處置之者必有其法制焉而非僅若醢人醯人職司烹飪者比矣故附著之以明鹽政設官之緣起

（管子）海王之國謹正（注）税也音征鹽筴十口之家十人食鹽百口之家百人食鹽終月大男食鹽五升少半大女食鹽三升少半吾子食鹽二升少半（注）吾子謂少男少女也鹽百升而釜令鹽之重升如分強釜五十也（注）分強半強也今使鹽官税其鹽之重每一斗加半合爲強而後取之則一釜之鹽得五十合而爲之強升加一強釜百也升加二強釜二百也鍾二千十鍾二萬百鍾二十萬千鍾二百萬萬乘之國人數開口千萬

也禹〔注〕禹對也筴之商日二百萬又曰齊有渠展之鹽請伐菹薪煮水爲鹽正而積之十月始征至於正月成二萬鍾

〔春秋左氏傳〕晏子對叔向曰海之鹽蜃祈望守之

謹案管仲用齊負山海之利始興鹽鐵之征觀其論鹽雖少男少女所食亦將計之而煮海出鹽實由之始其鹽官置稅則後世以鹽事設官者亦肇端于此而左氏所云祈望之官亦其一也謹附著之以明相因所自云

秦

〔史記平準書〕秦賦鹽鐵之利二十倍於古漢興仍而未改

謹案秦代鹽官無可考而利二十倍見於史文馬端臨云史言高祖省賦而復言鹽鐵之利仍秦者蓋當時封國至多山澤之利在諸侯王國者皆循秦法取之以自豐也

漢

（史記武帝本紀）元狩四年置鹽鐵官

（史記平準書）以東郭咸陽孔僅爲大農丞領鹽鐵事孔僅咸陽言山海天地之藏也皆宜屬少府陛下不私以屬大農佐賦願募民自給費因官器作煑鹽官與牢盆敢私鑄鐵器煑鹽者釱左趾沒入其器物

謹案漢初省賦弛山澤之禁不入於縣官經費故吳王濞得東煑海爲鹽國以富溢至武帝始置鹽鐵官領于大農官與牢盆私煑有禁於是鹽始爲官物民不得私其利矣其時郡國有鹽官者凡二十四見漢書地理志至昭帝時郡國舉賢良文學願罷鹽鐵官與御史大夫反復相難卒從而罷之其後旋罷旋復蓋不爲定其經常之制則牢籠盡取與廢弛不修弊正相等此武帝鹽鐵之官所以爲代常制也

（冊府元龜）元帝時嘗罷鹽鐵官三年而復之

（後漢書郡國志）郡有鹽官鐵官者隨事廣狹置令長及丞本注曰凡郡縣出鹽多者置鹽官主鹽稅

〈馬端臨文獻通考〉明帝時官自鬻鹽時穀貴縣官用度不足尚書張林請官可自鬻帝以林言爲然

〈冊府元龜〉後漢光武建武初彭寵爲漁陽太守有舊鹽鐵官永元十五年復置涿郡故鹽鐵官

〈文獻通考〉獻帝建安初置使者監賣鹽時關中百姓流入荊州者十餘萬家企願思歸而無以自業衛覬議以爲鹽者國家之大寶自喪亂以來放散宜依舊置使者監賣以其直益市犂牛百姓歸者以供給之魏武于是遣謁者僕射監鹽官

謹案管仲興煑鹽之政其時已有鹽官武帝之置鹽鐵官特沿往制而漢書不詳其品秩至後漢郡有鹽官鐵官者隨事廣狹置令長及丞其秩皆如縣官則與隋志諸鹽池監品秩大略相當蓋如今鹽課大使之職也至建安初魏武遣謁者僕射監鹽官於是鹽官之上又設監以董之與巡鹽之職漸復相近然觀衛覬創議以爲宜依舊置使是鹽官有

監固不始於建安時考明帝時有官自鬻鹽之令則鹽官置監意必昉於其時矣

三國

〔杜佑通典〕魏制九品第六品司鹽都尉等八品司鹽監丞

〔册府元龜〕蜀先主定益州置鹽府校尉

晉

〔通典〕晉官制第六品司鹽都尉第六品司鹽監丞

謹案司鹽之職魏始置之晉代循而不改其云都尉蓋近於今都轉運鹽使監丞則運同運判之類也考漢末魏武以謁者僕射爲鹽官監而魏晉官秩謁者僕射品在第五意晉代亦必循之而不改歟

宋齊梁陳

〔文獻通考〕陳文帝天嘉二年太子中庶子虞荔御史中丞孔奐以國用不足奏立煮海鹽稅從之

北魏

（魏書食貨志）河東郡有鹽池嘗立官司以收稅旣而罷之延興末復立

鹽司○孝昌三年長孫稚上表曰鹽池天資賄貨密邇京圻昔高祖昇平

之年無所乏少猶創置鹽官而加之典制非與物競利恐由利而亂俗也

臣輒符司監將尉還率所部依常收稅更聽後敕

北齊無考

後周

（文獻通考）後周文帝置掌鹽之政令一曰散鹽煑海以成之二曰監鹽

引池以化之三曰形鹽掘地以出之四曰飴鹽於戎以取之凡監鹽每池

爲之禁百姓取之皆稅焉

隋

（隋書百官志）鹽池置總監副監丞等員管東西南北面等四監亦各置

副監及丞鹽池總監視從六品鹽池總副監視從七品鹽池四面監視正

八品鹽池四面副監鹽池總監丞視從八品鹽池四面監丞視從九品

謹案隋始置鹽池監丞其制以四面監治鹽事而總監統領之蓋如鹽課大使之領於運同運判其制相爲仿佛而監下有丞則亦知事巡檢之類也

唐

（唐書百官志）諸鹽池監監一人正七品下掌鹽功簿帳有錄事一人史二人

（唐書食貨志）乾元元年鹽鐵鑄錢使第五琦初變鹽法就山海井竈近利之地置監院鹽鐵使劉晏以鹽吏多則州縣擾出鹽鄉因舊監置吏吳越揚楚鹽廩至數千積鹽二萬餘石有漣水湖州越州杭州四場嘉興海陵鹽城新亭臨平蘭亭永嘉大昌侯官富都十監自淮北置巡院十三曰揚州陳許汴州廬壽白沙淮西甬橋浙西宋州泗州嶺南兗鄆鄭滑宣宗乃擇嘗更兩畿輔望縣令者爲監院官

（冊府元龜）肅宗乾元元年司金郎中第五琦按唐書云鹽鐵鑄錢使第五琦蓋以郎中爲使正如

今鹽政以京職差充也爲河南等五道度支使創立鹽法就山海井竈收榷其鹽官置吏出糶其舊業戶幷浮戶願爲業者免其雜徭隸鹽鐵使○元和三年七月復以度支安邑解縣兩池留後爲榷鹽使先是兩池鹽務隸度支其職視諸道巡院貞元十六年史牟以金部郎中主池務遂奏置使額二十一年鹽鐵度支合爲一使以杜佑兼領佑遂奏院屬度支亦有使名則鹽務不合有使號遂與東渭橋給納使同奏罷之至是判度支裴均以其事岔緐遂奏置使焉

謹案冊府元龜載唐元宗開元元年十一月河中尹姜師度以安邑鹽池漸涸師度開拓疏決水道置爲鹽池公私大收其利左拾遺劉彤請詔鹽官收其利遂令將作大匠姜師度戶部侍郎強循俱攝御史中丞與諸道按察使檢校海內鹽鐵之課比令使人勾當蓋是時未立榷鹽之法亦未設鹽鐵使故姜師度等特與諸道按察使檢校鹽鐵也姜師度爲將作大匠強循爲戶部侍郎其出而檢校鹽鐵則俱攝御史中丞

明代巡鹽以御史充蓋昉於此唐諸道有鹽鐵使起於第五琦設立鹽法之後至皇甫鎛又奏設安邑解縣兩池榷鹽使考鹽鐵使之職王播以刑部侍郎充裴休以戶部侍郎充令狐楚以左僕射充當時委任最重故戶部侍郎判度支張平叔特請以廟堂宰相充關內河東山劍等道鹽鐵使此與今之鹽政奉

特旨以部院及內務府官簡放而總其成於戶部其制略相似也唐制雖以鹽鐵名使而所轄非止鹽鐵志載鹽鐵轉運使裴休立稅茶之法又諸道鹽鐵有應管銀山二十五所是也又一使往往兼數使之職唐書食貨志謂天下財賦鑄錢常平轉運鹽鐵置二使東都畿內河南淮南江東西湖南荊南山南東道以轉運使劉晏領之京畿關內河南劍南山南西道以京兆尹判度支第五琦領之是也李巽王涯盧坦鄭公綽崔珙皆爲鹽鐵轉運使則以鹽鐵而兼轉運包佶爲汴東水陸運兩稅鹽鐵使則以鹽鐵而兼兩稅令狐楚以鹽鐵兼榷茶等使元琇以鹽鐵兼

榷酒等使今運使不兼他官專職鹺務鹽道亦不以使名雖與鹽鐵使微異而實分鹽鐵使之職掌今之鹽政在明爲巡鹽御史職主巡察實董運使之成與唐之鹽鐵使職掌雖殊而體制同也唐志載所屬十監官及十三巡院官當與今十四分司相近唐志又載兩池榷鹽使以郎官爲之專主河東池鹽度其職掌當爲今之河東運使矣

(冊府元龜)開成四年黨羌叛擾饋運不通供軍使請榷市河東白池鹽供食其白池屬河東節度使昭宗天復元年梁太祖兼領河中節度使奏歲貢課鹽三千車臣令代領池場請加二千車

謹案唐鹽鐵使如今之鹽政而鹽鐵使之職或以朝臣充或兼領於節鎮如河東河中節度使之兼領池場是也

國朝兩浙福建等省以督撫綜理鹽政蓋亦節鎮領榷使之制也

五季

(文獻通考)後唐天成元年敕諸州府合散蠶鹽二月內一度俵散依夏

稅限納錢○晉天福七年敕諸道應有保屬州縣鹽務並令省司差人勾當

（冊府元龜）唐開成元年蘇州刺史盧商變鹽法獲利最多鹽鐵使以課績上聞周廣順三年張崇訓以解州刺史充兩池鹽榷使奏寬鹽禁

謹案後漢時郡國有鹽者別立鹽官職如令丞至唐末及五季始有以刺史管鹽事者其時刺史即今之郡守

國朝台灣鹽場以知府管理職掌同鹽法道其制亦相仿也

宋

（宋史職官志）提舉茶鹽司掌摘山煑海之利以佐國用皆有鈔法視其歲額之登損以詔賞罰凡給之不如期鬻之不如式與州縣之不加恤者皆劾以聞政和改元詔江淮荆浙六路共置一員既而諸路皆置中興後通置提舉常平茶鹽司紹興五年戶部侍郎王鈇言常平之設科條實繁其利不一豈一主管官能勝其任乃詔諸路提舉茶鹽官改充提舉常平

茶鹽公事如四川無茶鹽去處仍以提刑兼充茶鹽司置官提舉本以給賣鈔引通商阜財時詰所部州縣巡歷覺察禁止私販按劾不法其屬有幹辦官既與常平合一遂並行兩司之事焉○提舉制置解鹽司掌鹽澤之禁令使民入粟塞下予鈔給鹽以足民用而實邊備凡鹽價高下及文鈔出納多寡之數皆掌之

〔文獻通考〕政和改元詔江淮荆浙六路共置茶鹽提舉一員宣和三年詔河北京東路推行新法鈔鹽可添置提舉官一員此提舉茶鹽之所始也（宋茶鹽事舊隸發運司元豐閒或以轉運常平官兼提舉或以提刑兼領知通提轄政和以後始專設官吏）既而諸路皆置建炎四年詔逐路提刑司茶鹽司並依舊分東西路紹興二年詔荆湖北路復置提舉茶鹽司四年詔廣西茶鹽司官吏並罷其職事委漕臣五年詔諸路提舉常平並入茶鹽司仍以提舉常平茶鹽等公事爲名九年置經制司東南以茶鹽司兼領

謹案宋志謂登運使兼制茶鹽泉寶之政通考謂宋茶鹽事舊隸發運

司元豐閑或以轉運使兼提舉或以提舉常平官兼領陳傅良亦謂國初鹽筴只聽州縣給賣歲以所入課利申省而轉運司操其贏以佐一路之費至崇寧三年始別差官提舉茶鹽紹興八年以程邁充經制發運使邁上疏以租庸常平鹽鐵鼓鑄皆分於諸司而總於戶部發運使無所用之是則宋代鹽法自設提舉茶鹽司之後其職卽有專屬不復統於諸路監司矣至通考謂二廣之鹽皆屬於漕司紹興八年詔廣東兩漕司鬻鹽以其息什四爲州用則漕司亦與茶鹽司並轄其政又通考載熙寧五年盧秉提點兩浙刑獄仍專提舉鹽事宋志建炎四年淮南東路罷提刑令提舉茶鹽官兼領然則提刑與茶鹽提舉二職又往往相通蓋其時嚴捕盜販刑禁苛酷鹽官之職卽刑官之職故榷鹽或以提刑掌之也總而論之宋代經制不定變改甚多一榷鹽之使或領於轉運或領於提刑或領於提舉常平又或罷漕憲提舉而以茶鹽司兼領之變遷紛出迄無常制以視我

朝之設官綜理大小相維較然畫一者相去蓋霄壤矣至宋之茶鹽提舉與今之鹽課提舉異鹽提舉卽運同運判之職而宋之茶鹽提舉則今運使鹽道之職也

〔文獻通考〕元祐元年戸部及陝西制置解鹽司議延慶渭原環鎮戎保安德順等八州皆禁榷官自鬻以萬五千五百席爲額商旅入納於八州軍折博務算給交引一如范祥舊法其出賣到鹽錢以給轉運司糴買從之

謹案唐有諸道鹽鐵使惟於兩池則專設榷鹽使宋有諸道提舉鹽司惟於兩池則專設提舉解鹽司呂祖謙謂當時南方之鹽全在海北方全在解池南方之鹽管得其人則其害少惟北方解池之鹽有契丹西夏之鹽常相參錯奪解池之利又沈括筆談謂解州鹽澤方百二十里其北有堯梢水一謂之巫咸河大滷之水不得甘泉和之不能成鹽惟巫咸水入則鹽不復結故人謂之無鹽河爲鹽澤之患築大隄以防之

甚於備寇盜據此諸說則解鹽較諸道利溥而弊多故條令極煩非專立鹽司不足以任其職也至祖謙謂解池之鹽朝廷專使以領之其實宋之解鹽司卽本於唐之兩池榷鹽使均因地以立制爾我

朝設河東鹽政其措置池鹽立法詳備初不異於東南煮海之鹽蓋規制益爲精詳矣

遼

〔遼史百官志〕五京諸使職名某京某使王崇重熙中爲上京鹽鐵使

〔王圻續文獻通考〕遼南面官上司有鹽鐵使司

金

〔金史百官志〕山東鹽使司與寶坻滄解遼東西京北京凡七司使一員正五品他司皆同副使二員正六品（他司皆一員）判官三員正七品（泰和作四員寶坻解州設二員餘司皆一員）掌幹鹽利以佐國用管勾二十二員正九品（寶坻解西京設六員北京遼滄州則設四員同管勾都同監皆省）掌分管諸場發賣收納恢辦之事同管勾五員都監八

員監同各七員知法一員司吏二十三人女直三人漢人十九人譯人一人抄事公使四十人他司皆同

謹案唐之鹽鐵使宋之茶鹽司雖領鹺政而名兼茶冶與今運鹽使司所掌稍有異同至金立鹽使司則即今運鹽使司之職金制鹽使司有副使有判官則即今之運副運判矣管勾二十二員掌分管諸場發賣收納恢辦之事則即今之各場鹽課司大使而都監監同知法當即今之經歷知事矣

元

（元史百官志）兩淮都轉運鹽使司秩正三品國初兩淮內附以提舉專掌鹽課之事至元十四年始置司於揚州使二員正三品同知二員正四品副使一員正五品運判二員正六品經歷一員從七品知事一員從八品照磨一員從九品三十年悉罷所轄鹽司以其屬置場官大德四年復置批驗所於真州采石等處鹽場二十九所場司令一員從七品司丞一員從八品管勾一員從九品辦鹽各有差批驗所每所提領一員正七品

大使一員正八品副使一員正九品掌批驗鹽引○兩浙都轉運鹽使司秩正三品使二員同知二員運判二員經歷知事各一員照磨一員至元十四年置司杭州大德三年定其產鹽之地立場有差仍於杭州嘉興紹興温台等處設檢校四所專驗鹽袋毋過常度鹽場三十四所每所司令一員從七品司丞一員從八品管勾一員從九品○福建等處都轉運鹽使司秩正三品使二員同知二員通判二員經歷知事各一員照磨一員至元十四年始置市舶司領煎鹽徵課之事二十四年改立鹽運司二十九年罷立提舉司大德四年復爲運司九年復罷併入元帥府兼掌之十年復立都提舉司至大四年復陞運司逕隸行省凡置鹽場七所每所司令一員從七品司丞一員從八品管勾一員從九品○廣東鹽課提舉司至元十三年始從廣州煎辦鹽課十六年隸江西鹽鐵茶都轉運司二十二年併入宣慰司二十三年置市舶提舉司大德三年改廣東鹽課提舉司提舉一員從五品同提舉一員從六品鹽提舉一員從七品鹽場十三

所每所司令一員從七品司丞一員從八品管勾一員從九品○四川茶
鹽轉運司成都鹽井九十五處散在諸郡山中至元二年置與元四川轉
運司專掌煎熬辦課之事八年罷之十六年復立轉運司十八年併入四
道宣尉司十九年復立陝西四川轉運司通轄諸課程事二十二年置四
川茶鹽運司秩從三品使一員同知副使運判各一員經歷知事照磨各
一員鹽場一十二所每所司令一員從七品司丞一員從八品管勾一員
從九品○廣海鹽課提舉司至元三十一年置專職鹽課秩正四品都提
舉二員從四品同提舉二員從五品副提舉二員正六品知事一員提控
案牘一員

〔續文獻通考〕大都河閒等路山東東路都轉運鹽使司設官與兩淮等
處同大都常以戶部尚書充使山東以中書以左右部兼使俱頒分符印
時巡行郡邑以防私鹽之弊大都河間二十二所設官與前同山東東路
鹽場一十九所設官與前同河東陝西等處鹽司所屬解鹽場管勾一員

正九品同管勾一員從九品河東等處解鹽提領所正提領官一員從八品副提領一員從九品安邑等處解鹽管民提領所正提領設官同前檢校批驗所至正二年中書省講究鹽法奏准於杭州嘉興紹興台温四處各置檢校批驗所直隸運司專掌批驗鹽商引冒均平袋法稱盤等事每所置檢校批驗官一人相副官一人

謹案元百官志載兩淮兩浙福建三都轉運鹽使司廣東鹽課提舉司四川茶鹽轉運司廣海鹽課提舉司凡六而元食貨志及續文獻通考又載大都河閒山東陝西諸運司百官志乃不載不知罷於何年也又考金史百官志有運副運判而無運同知元百官志載同知二員爲今運同之所昉也又考元食貨志載御史臺准陝西臺備咨監察御史建言近蒙委巡歷奉元東道至元元年各州縣戸口額辦鹽課又載福建山東俵賣食鹽病民爲甚行省監察御史廉訪司與該有司宜同訓究又載御史臺准江南諸道行御史臺備咨監察御史建言廣東道鹽額

凡此皆以諸道行臺御史兼理鹽法與明制巡鹽御史相近明以御史巡鹽卽元食貨志所云委巡也雖元之行臺統一道之事鹽法非其專掌而實爲明巡鹽御史所自始今各省鹽政多以部院官充或仍由都察院奏派雖沿明制實則開於元也至於金史運副運判之下卽爲管勾管勾之下又有同管勾都監等官管勾分司諸場則爲今之鹽課大使可知元於各場司令之下又有司丞司丞之下乃爲管勾則元之司令如今鹽課大使而管勾秩又較卑矣

明

（明史職官志）都轉運鹽使司都轉運使一人從三品 同知一人從四品 副使一人從五品 判官無定員從六品 其屬經歷一人從七品 知事一人從八品 庫大使副使各一人所轄各場鹽課司大使副使各鹽倉大使副使各批驗所大使副使並一人俱未入流 都轉運使掌鹽監之事同知副判分司之都轉運鹽使司凡六曰兩淮曰兩浙曰長蘆曰河東曰山東曰福建分司十四泰州

淮安通州隸兩淮嘉興松江寧紹温台隸兩浙滄州青州隸長蘆膠萊濱樂隸山東解鹽東場西場中場隸河東分副使若副判涖之督各場倉鹽課司以總於都轉運使以奉巡鹽御史或鹽法道臣之政令（福建山東無巡鹽御史）

○鹽課提舉司提舉一人（從五品）同提舉一人（從六品）副提舉無定員（從七品）其屬吏目一人（從九品）庫大使副使並一人所轄各鹽倉大使副使各場各井鹽課司大使副使並一人提舉司凡七曰四川曰廣東海北（廉州）曰黑鹽井（楚雄）曰白鹽井（姚安）曰安寧曰五井（大理）曰察罕諾爾（舊作腦兒今改）又有遼東煎鹽提舉司（提舉正七品同提舉正八品副提舉正九品）其職掌皆如都轉運司明初置都轉運司於兩淮吳元年置兩浙都轉運司於杭州定都轉運使秩正三品設同知（正四品）副使（正五品）運判（正六品）經歷（正七品）知事（正八品）照磨綱官（正九品）鹽場設司令（從七品）司丞（從八品）百夫長（省注）洪武二年置長蘆河東二都轉運司及廣東海北鹽課提舉司尋又置山東福建二都轉運司三年又於陝西察罕諾爾之地置鹽課提舉司後漸增置各處建文中改廣東提舉爲都轉運司承

樂初復故十四年初命御史巡鹽景泰三年罷長蘆兩淮巡鹽御史令撫按官兼理已復遣御史其無御史者分按察司理之又洪武中於四川置茶鹽都轉運司洪武五年置設官如都轉運鹽使司十年罷納溪白渡二鹽馬司洪武五年置以常選官爲司令內史爲司丞十三年罷尋復置十五年改設大使副使各一人後並革又有順龍鹽馬司亦革○批驗所大使一人副使一人掌驗茶鹽引

〔續文獻通考〕太祖丙午年初置都轉運鹽使司於兩淮吳元年置於兩浙洪武二年置於河東陝西河間長蘆福建五年置四川納溪白渡二鹽司馬及四川茶鹽都轉運司又明年革茶鹽都轉運司十三年定都轉運使正四品後改從三品鹽課提舉司國初已漸增設建文中改廣東鹽課司爲都轉運鹽使司又有煎鹽提舉司制如府

謹案鹽盬之興乃天地自然之利而爲民生日用所必需其經制而攝理之於以通商惠民而上供國家之課則在於立法用人之善自鹽絺致貢見於夏書成周有山澤之賦有商賈之阜貨通財雖不專爲鹽設

而鹽實在其中至漢與鹽鐵置官唐多設鹽鐵之使唯劉晏爲最善其
上鹽法輕重之宜立常平鹽法輕稅減價而鹽課遂以日增其立法差
善宋代鹽官或以監司兼管或特設提舉而轉兼監司之事累朝迭有
改更而鹽法迄無定制明始立都轉運使鹽道鹽提舉等官而以巡鹽
御史統之其弊也委用不得其人重爲稅額復加之以格外之徵求倚
勢作威剝商病民窮村遠壤至有經月不得鹽食者私販之禁旣重民
或糾徒持械冒禁取利盜劫縱橫肆無忌畏而官亦無以禁止之蓋至
於商民俱困而國家亦不得收其利矣我
朝正定鹽法建官綜理各場大使專掌政令分轄於運同運判總屬於運
鹽使鹽法道而以鹽政受其成至鹽政之差不專出於御史或由
特簡部院及內務府官員兼充或
定制以督撫兼理因地制宜綱維整肅復以時會計其奏課酌劑其價值
之重輕與夫鹽法之宜更革者奏

聞裁定所以制海場池井之宜以資生計於編氓者規制靡不詳備

皇上愛民卹商同仁普利苟所司有朘商自肥者立繩之以法以故羣商鼓

舞享豐盈優渥之澤於無窮蓋法意精良洵非前代所可幾及也

欽定歷代職官表卷六十一

欽定歷代職官表卷六十二

關稅各差表

	崇文門監督
三代	太宰掌關市之賦 司關
秦	關都尉
漢	關都尉
後漢	關都尉
三國	
晉	
宋齊梁陳	
北魏	
北齊	
後周	
隋	
唐	
五季	潼關使
宋	京師榷貨務 榷易庫使 商稅院
遼	錢帛都點檢 羊城榷務 南京榷務
金	提舉榷貨司 榷貨務使 關使
元	大都宣課提舉司
明	榷關御史

左右翼監督	各直省關稅監督
司市 廛人	關尹 司關下士
市令	
市長	
市長	
諸市署以丹陽尹管之	庫曹 御史 石頭 方山津主 賦曹
市署令	庫曹 御史 石頭 方山津主 賦曹
市令	
市令	
司市下大夫	
肆長	關令 關丞
市署令	以諸道鹽鐵使兼領市舶使 關令 關丞
商稅院	以諸路轉運使兼領監臨場務使臣 市舶使
南京榷務	錢帛都點檢
榷貨務使	提舉南京榷貨司 提舉南京路榷貨事 都監 各關使譏察官
同提舉	抽分場提領
榷關御史	鈔關御史 鈔關主事 市舶提舉

各直省委道府州縣官監收
石頭方山津主賦曹
石頭方山津主賦曹
關令關丞
關令關丞
各州監當官
諸州榷務
各州監當官
抽分場提領
府州縣稅課司

關稅各差

國朝官制

關稅各監督京師崇文門正監督一人以大臣簡充副監督一人由總管內務府大臣揀選奏充左翼右翼各一人以大臣簡充直隸天津關一人以長蘆鹽政兼管通州二人以滿漢坐糧廳兼管山海關一人以四五品滿京堂及各部院內務府司員差充張家口殺虎口各一人以部院司員差充潘桃口一人以多倫諾爾同知管理龍泉紫荊奇峯五虎固關白石倒馬茨溝插箭嶺馬水口各一人以提督兼管委參將都司守備把總監收三座塔八溝烏蘭哈達各一人以理藩院司員差充奉天牛馬稅一人以部院司員差充中江一人以盛京將軍衙門章京及五部司員差充山西武元城一人以巡撫兼管委交城縣知縣監收歸化城一人亦以巡撫兼管委道員監收山東臨清關一人以山東巡撫兼管委臨清州知州監收江南海關一人以江蘇巡撫兼管委松太道監收滸墅關一人以蘇州織造兼管淮安宿遷關一人以內務府官員簡充揚關一人以江蘇巡撫兼管委常鎮揚通道監收龍江西新關一人以江寧織造兼管鳳陽關一人以廬鳳道管理蕪湖關一人以安徽巡撫兼管委安徽寧池太道監收江西九江關一人以廣饒南九道管理贛關一人以江西巡撫兼管委吉南贛道監收福建海關一人以福州將軍兼管閩安關一人以巡撫兼管委福州府同知監收浙

江海關一人（以巡撫兼管委寧紹台道監收）南北新關一人（以杭州織造兼管）湖北武昌廠一人荆關一人（以巡撫兼管委員監收）湖南辰關一人（以巡撫兼管委辰州府知府監收）四川夔關一人（以總督兼管委夔州府知府兼收）打箭鑪一人（同知兼管）廣東海關一人（以內務府官員簡充）太平關一人（以巡撫兼管委南韶連道監收）廣西梧廠潯廠各一人（以巡撫兼管委梧州潯州各知府監收）

掌於水陸衝會之地設官置吏頒其治禁以安行旅以通財賄爰繫之稅以便詗譏以佐

國家經費凡榷百貨者爲戶部分司榷竹木及船鈔者爲工部分司必行商大賈挾貲貨殖以牟利者乃譏而徵之物有精麤直有貴賤利有厚薄各按其時地以定應徵之數遵部頒科條刊示木榜俾商賈咸知而吏不能欺其有藏匿姦匪私冒越渡及漏應稅之物者俱論如法監督以一歲報滿則條析經徵之數具疏專達其隸督撫總理者歲周疏報亦如之皆以冊達部部受其要而會之定其殿最以

聞初制關稅各差皆以戶工二部司員充之尋改差六部司員又改歸地方官

管理嗣後隨時斟酌改定或
特簡京員或由部院司員掄選引
見除授或歸督撫總理或以將軍織造鹽政兼理京差由部疏請或更代或留
任候
旨遵行由督撫等兼管者期滿奏明接管皆因地制宜永爲恆式焉

歷代建置

三代

（周禮天官）大宰以九賦斂財賄七曰關市之賦（賈公彥疏）謂關上以貨出入有稅物市若泉府廛布總布之等亦有稅物

（周禮地官）司關上士二人中士四人府二人史四人胥八人徒八十人每關下士一人府一人史二人徒四人掌國貨之節以聯門市司貨賄之出入者掌其治禁與其征廛凡貨不出於關者舉其貨罰其人凡所達貨賄者則以節傳之（鄭康成注）傳如今移過所文書國凶札則無關門之征猶幾凡四方之

賓客敂關則爲之告有外內之送令則以節傳出之

(國語周語)周之秩官有曰敵國賓至關尹以告

謹案賈公彥周禮疏以關尹卽司關然司關掌國貨之節而關尹祇主賓客則其職有繁簡之殊顏師古漢書注以關尹卽關吏蓋每關有下士關尹乃下士之職也

(周禮地官)司市下大夫二人上士四人中士八人下士十有六人府四人史八人胥十有二人徒百有二十人掌市之治教政刑量度禁令凡治市之貨賄六畜珍異亡者使有利者使阜害者使亡靡者使微(鄭康成注)司市市官之長 廛人中士二人下士四人府二人史四人胥二人徒二十人掌斂布絘布總布質布罰布廛布而入於泉府

謹案門關之制首見於周禮司關國貨有節出入有司治禁有掌不出于關者有罰正與今日關稅之政相仿其屬之於地官則如今各直省監督之受成於戶部矣至於九賦斂財賄七曰關市之賦實以大宰掌

之則如今崇文門正監督之必以大臣
簡充誠慎重其職掌也直省各關治關而不治市其市買牙稅皆以守土之
官領之唯
京師左右翼監督則八旗田房驗契鈐印及牲畜之陳於衢市者皆要其
成其制亦以大臣
簡充是兼有周家司市廛人之職於大宰關市之賦尤相合也考歷代司市
市令之制官秩本微如今順天府通判之專管牙稅頗爲近之故旣著
於順天府篇而監督職掌所係亦復相似因並係之於表且互證其說
焉

（江永周禮疑義舉要）廛人所掌質布蓋償質劑之布也古未有紙大券
小券當以帛爲之交易以給買者而賣者亦藏其半質劑蓋官作之其上
當有符印是以量取賣買之泉以償其費猶後世契紙有錢也

（惠士奇禮說）司關掌國貨之節以聯門市其法管子行之於齊征於關

者勿征於市征於市者勿征於關此司關聯門市之法也自外入者征於關關移之門門移之市所謂征於關者勿征於市也自內出者征於市市移之門門移之關所謂征於市者勿征於關也若自內而不由於市自外而不出於關然後舉而罰之

謹案兩翼監督有田房契尾之稅今考江永周禮說則契尾之稅亦本於廛人之質布蓋質劑之交易不可不領之於官與夫司市治六畜則正衢路牲畜有稅之類皆因事制宜昭信定業而惠商裕民之意寓其中矣又考周禮地官丱人掌金玉錫石之地而爲之厲禁以守之後世金官鐵官坑冶諸使並沿其制我

朝礦課領於有司以時開閉不設專官亦不列關稅之課蓋物土宜而寬民力迥非前代所能及矣

秦

（漢書百官公卿表）關都尉秦官

漢

（漢書武帝紀）太初四年徙宏農都尉治武關稅出入者以給關吏卒食

（史記義縱傳）寧成家居上拜成爲關都尉

（漢書張敞傳）出爲函谷關都尉

（漢書百官公卿表）京兆尹屬官有長安市令丞

（後漢書光武紀）建武九年省關都尉十九年復置函谷關都尉

（後漢書陰識傳）封陰鄉侯以爲關都尉鎮函谷

（劉昭後漢書志注）漢官曰市長一人秩四百石丞一人二百石

謹案前漢都長安所置關津以函谷關爲重地太初始設關稅以後尤重都尉之選自張敞而外見於漢書者霍光以丞相田千秋弟爲關都尉黃霸子賞嗣侯爵爲關都尉與夫何恢翟宣並係世臣子弟後漢陰識以勳戚通侯出典斯職厥制尤重今崇文門監督特簡大臣典司其事實與古制相符至洛陽市令雖品秩卑小不與今之左

右翼相近而職事相同故節取而列於篇中至漢初令賈人不得乘車衣絲重租稅以困辱之誠所以敦本抑末勸民爲農也其後至武帝元光六年初算商賈則商賈車船有稅矣元符四年初算緡錢則凡有緡錢者皆稅矣至於告緡徧天下以上皆見史記雖不爲商賈者胥被其害而關稅之重取橫斂有不待言者此漢代之粃政非復立關置榷之本意也

三國

（唐六典注）後漢河南尹屬官有洛陽市長丞魏因之

晉

（晉書職官志）侍御史有十三曹江左置庫曹掌廏牧馬牛市租

謹案晉以侍御史掌雜稅後世設巡關御史實昉於此蓋以御史職司風憲可以譏察非常平均出入故慎重其選也然京員奉使榷關誠得恪守恆制委任得人則裕商便民之政足與守土之規相參並舉而如期更代較若畫一亦於考成之法有裨豈必專使御史祟其虛名哉明

代專重御史尙空言而不求實效寖成黨援卽出使一端可見乃晉氏

已肇其端參考古今知未足爲常制也

（鄭樵通志）諸市署東晉則丹陽尹管之

（馬端臨文獻通考）稅契始於東晉

宋齊梁陳

（宋書百官志）庫曹掌廏牧牛馬市租

（唐六典注）宋齊諸市署隸丹陽尹梁始隸大府陳因之

（杜佑通典）自東晉至陳西有石頭津東有方山津各置津主一人賦曹

一人直水一人以檢察禁物及亡叛者荻炭魚薪之類出津者並十分稅

一以入官淮水北有大市自餘小市十餘所備置官司

（文獻通考）晉自過江至於梁陳凡貨賣奴婢馬牛田宅有文券率錢一

萬輸估四百入官賣者三百買者一百無文券者隨物所堪亦百分收四

名爲散估歷宋齊梁陳如此以爲常以人競商販不爲田業故使均輸欲

爲懲勵雖以此爲詞其實利在侵削

謹案商稅之設於稽查征榷之中寓崇本抑末之意不使田作之民專輸賦稅誠所以劑食貨之平也然必行商大賈挾重資以牟利者始在稅征之列至於尋常貨賣民生日用之資乃無論其文券之有無而槪從而征之此江左苟且一切之弊政宜其見譏於前志也

北魏

（魏書官氏志）京邑市令從五品中

（文獻通考）後魏明帝孝昌二年稅市入者人一錢其店舍又爲五等收稅有差

北齊

（通典）北齊黃門侍郎顏之推奏請立關市邸店之務開府鄧長顒贊成之

（册府元龜）北齊司州牧領東西市署令丞

後周

（唐六典）後周司市下大夫一人

（文獻通考）後周閔帝初除市門稅及宣帝即位復興入市之稅每人一錢

（隋書百官志）關置令丞官屬立三等之差

（唐六典）煬帝三年改市令隸太府寺京師東市曰都會西市曰利人東都東市曰豐都南市曰大同北市曰通遠

（隋書百官志）司農寺屬官京市有肆長四十人

唐

（唐六典）關令一人從八品上丞二人從九品上錄事一人府二人史四人典事六人津吏八人中關令一人正九品下丞一人從九品下錄事一人府一人史二人典事四人津吏六人下關令一人從九品下府一人史二人典事二人津吏四人〇兩京諸市署各令一人從六品上掌百族交

易之事丞爲之貳

〔新唐書百官志〕市署有錄事一人府三人史七人典事三人掌固三人

〔新唐書食貨志〕德宗時趙贊請諸道津會置吏閱商賈錢每緡稅二十竹木茶漆稅十之一以贍常平本錢帝納其策

〔文獻通考〕文宗太和七年御史臺奏太和三年赦文天下除兩稅外不得妄有科配其擅加雜榷率一切宜停令御史臺嚴加察訪者伏見嶺南道擅置竹練場稅法至重害人頗深自太和三年赦文旬月之內或以督察不嚴或以長吏更改依前卻置重困齊人伏望今後科配雜榷等有出使郎官御史令嚴加訪察苟有此色本判官重加懲責從之○開成二年武寧軍節度使薛元賞奏泗口稅場應是經過衣冠商客金銀羊馬斛斗見錢茶鹽綾絹等一物已上並稅今請停絕敕旨從之

謹案唐代雜稅繁多諸使並出如租庸兩稅戶口鹽鐵榷酤諸名史不絕書而關津之稅則唯有關令津吏諸末職分隸於各州縣而無專使

之官然觀趙贊請於津會置吏稅緡錢及竹木茶漆以贍常平本錢則未免苛碎煩擾甚至赦文停止而諸道轉設爲至重之稅法若泗口稅場則金銀見錢有稅一物以上有稅蓋由法制不定責成不專故官吏得以乘閒妄取而實無補於軍國之費也

（文獻通考）唐有市舶使代宗廣德元年有廣州市舶使

謹案市舶使徵稽蕃貨爲海關徵稅之所自始

五季

（孫逢吉職官分紀）梁開平元年以潼關隸陝州乃置潼關軍使又改虎牢關爲軍仍置使

（五代會要）周顯德五年敕諸道州府應有商賈興販牛畜者不計黃牛水牛凡經過處並不得抽稅如是貨賣處祇仰據賣價每一千抽稅錢三十不得別有邀難

宋

（宋史職官志）鹽鐵使掌天下山澤之貨關市河渠軍器之事以資邦國之用分掌七案三曰商稅案

（王應麟玉海）乾德三年八月辛酉置榷貨務京師及建安漢陽蘄口並置

（職官分紀）國朝舊有榷易庫因置使

（宋史職官志）監當官掌茶鹽酒稅場務征輸諸州軍隨事置官

（文獻通考）開寶四年平廣南以同知廣州潘美尹崇珂並兼市舶使咸平二年令杭州明州各置市舶聽蕃官從便市舶司多州郡兼領元豐中始令轉運使兼提舉而州郡不復預後專置提舉而轉運使亦不復預矣

（宋史職官志）提舉市舶司掌蕃貨海舶征榷貿易之事以來遠人以通遠物

謹案宋關市之稅內則掌於鹽鐵使外則領於各州郡而屬於轉運使其後亦復專設提舉之官其京師榷貨務自開寶時始設而州軍隨事

立監當官蓋關稅之職至宋始備與今制亦大略相脗合云

（文獻通考）太祖建隆元年詔所在不得苛留行旅齎裝非有貨幣當算者無得發篋搜索又詔榜商稅則例於務門無得擅改更增損及創收

（李燾續資治通鑑長編）淳化二年詔除商旅貨幣外其販夫販婦細碎交易不得收其算常稅名物令有司條析揭榜頒行天下

謹案今各關務刊刻木榜揭應稅物值之數而省其奇零使商民周知而吏不得爲奸蓋實昉於宋制也

（文獻通考）李重進平以宣徽北院使知揚州樞密直學士杜韡監州稅止齋陳氏曰以朝臣監州稅始於此然未以此置官也諸州監當分差使臣自太宗始雍熙三年始著於令監當使臣京朝官並三年替仍委知州通判提舉之遂爲定員

（玉海）仁宗時詔場務歲課倍增者乃增使臣一員監臨又詔取一歲中數爲額後雖羨益弗增

藝祖開基首定商稅則例自後累朝守爲家法凡州縣小可商稅不敢專擅創取動輒奏稟三司取旨行下至淳化三年令諸州縣有稅以端拱元年至淳化元年收到課利最多錢數立爲祖額比校科罰蓋商稅額比校自此始熙寧三年中書奏自來場務課利增虧並自本州保明三司立定新額始牒轉運司令本處趁辦往復動經年歲虛有留滯莫若令本州自此立定租額比較有旨從之本州比較自此始商稅輕重皆出官吏之意有增而無減矣政和間漕臣申奏於則例外增收一分稅錢而一分增收稅錢窠名自此始紹興二年令諸路轉運使量度收稅緊慢增添稅額三分或五分而三五分增收稅錢窠名自此始

謹案遣朝臣監督各路關稅始於宋初削平藩鎮之日蓋自唐以來諸藩鎮專有一方重斂侵掠無復經常之制故以朝臣往監經紀其事其後遂爲定制而三年則有更替增課則更添置使臣嗣後始一歸於轉運使而以州縣官監當提舉蓋猶今直省各關或專遣司員或由督撫

將軍織造鹽政總理而委道府各屬官監收之制也商稅之有額昉於淳化間三司取定之租額至熙寧間則令本州各自爲額而稅以漸增自後有添取一分至三五分窠名而征榷繁重是雖有定額之名而加征不啻倍蓰以視我

朝各關征稅設爲一定之額永垂恆制不得擅有增益者相去蓋霄壤矣

（文獻通考）熙寧七年詔減國門稅數十種錢不滿三十者蠲之其先外城二十門皆責以課息近止令隨其閑要分等以檢捕獲失之數○元祐元年戶部請在京商稅院酌取元豐八年錢數以爲新額自明年始

謹案宋時國門征稅屬於在京商稅院而統於戶部故額設之增減由戶部奏定其制與今稍異也

遼

（遼史食貨志）征商之法自太祖置羊城於炭山北起榷務以通諸道市易太宗得燕置南京城北有市百物山峙命有司治其征餘四京及它州

縣貨產懋遷之地置亦如之雄州高昌渤海亦立互市以通南宋西北諸部高麗之貨聖宗乾亨間燕京留守司請弛居庸關稅以通山西糴易二十三年振武軍及保州並置榷場

（遼史百官志）南面財賦官有某州錢帛都點檢

金

（金史百官志）榷貨務使從六品副使從七品掌發賣給隨路香茶鹽鈔引提舉南京榷貨司（貞祐四年置）提舉從五品同提舉從六品勾當官三員正九品提舉南京路榷貨事從六品中都都商稅務司使一員正八品副使一員正九品掌從實辦課以佐國用都監一員從九品掌簽署文簿巡察匿稅潼關二使兼譏察官正七品掌關禁譏察奸僞管鑰啓閉副譏察正九品掌任使之事居庸關紫荊關通會關會安關及他關皆設使從七品

（金史食貨志）明昌元年正月制尚書省定院務課商稅額泰和七年制院務課令運使差官監榷

謹案金制稅務之官較爲詳備如居庸紫荆諸關皆爲今日經制實由金昉也其時商稅有成額由尚書省審定蓋隸於戸部而行於提舉各官大定明昌之間俗臻富庶亦其規制商民均有得宜者耳院務課令運司差官監榷正與今之督撫委員監收關稅者相似蓋與宋制相仿佛也

元

〔元史百官志〕大都宣課提舉司掌諸色課程併領京城各市提舉二員從五品同提舉一員從六品副提舉一員從七品提控案牘一員司吏六人世祖至元十九年併大都舊城兩稅務爲大都稅課提舉司至武宗至大元年改宣課提舉司（屬戸部） 抽分場提領所凡十處曰柴墟東西口曰海州新壩曰北沙大倉曰安河桃源曰太湖東西口曰時堡與化曰高郵保應曰汶湖等處曰雲山白水曰安東州每所各設提領一員同提領一員副提領一員常湖等處茶園都提舉司秩正四品達魯噶齊（解見理藩院篇）一員

提舉一員俱從五品同提舉一員從六品副提舉一員從七品提控案牘一員都目一員提領所每所各設正同副提領各一員俱受宣徽院劄付

明

〔明史食貨志〕關市之征官司有都稅有宣課有司有局有分司有抽分司場司抽分在南京者曰龍江大勝港在北京者曰通州白河盧溝通積廣積在外者曰真定杭州荆州太平蘭州廣寧河北止鹽山縣宣德四年委御史戶部錦衣衛兵馬司官各一於城門察收舟船納鈔鈔關之設自此始於是有瀠縣濟寧徐州淮安揚州上新河滸墅九江金沙洲臨清北新諸鈔關量舟大小修廣而差其額謂之船料不稅其貨惟臨清北新則兼收貨稅各差御史及戶部主事監收正統九年復設甘省稅課司成化七年增置蕪湖荆州杭州三處工部官初抽分竹木止取鈔其後易以銀尋遣御史榷稅隆慶二年始給鈔關主事關防敕書

〔明史職官志〕監察御史巡關宣德四年設立鈔關御史至正統十年始

遣主事

（王圻續文獻通考）工部通州白河抽分竹木局大使各一人副使一人盧溝橋抽分竹木局大使一人副三人大通關提舉一人凡抽分征諸商率三十分取十五取六取五取四取三取二取一凡七等

（明史職官志）市舶司提舉一人從五品副提舉二人從六品其屬吏目一人從九品掌海外諸蕃朝貢市易之事禁通蕃征私貨平交易洪武七年罷福建廣東浙江三提舉司永樂元年復置尋命內臣提督之嘉靖元年罷福建浙江二司惟存廣東市舶司○稅課司大使一人從九品典稅事明初改在京官店爲宣課司府州縣官店爲通課司後通課司爲稅課司

謹案明代置鈔關御史專稅諸關船料其兼稅貨物則以御史及戶部主事兼理之而竹木稅務則屬於工部主事其他稅課河泊之領於州縣者與今制略同惟御史巡關我

朝始從裁去蓋各省關榷既由督撫委員監收報其成於部院而戶工兩

部及內務府司員分任要地責成嚴重至崇文門兩翼監督每歲奏請
並以大臣
特旨簡放所以慎重關政者甚至誠無待於別差御史徒滋紛擾也考歷代
關制至宋始詳而其爲弊亦復不一文獻通考稱其貪吏苛取私立稅
場其弊已有不勝言者至於明代中葉以後各關津多設無名稅課其
尤弊者凡諸市舶店稅及門關稅務多遣中官主之侵漁百計淩轢官
吏剝削商民至於採辦開礦之使紛紜四出則宇內胥被其毒姦民望
風希幸納賄中官輒授以指揮劄記任爲爪牙窮鄉僻壤皆私立土商
名目米鹽雞犬箆取無遺甚至數激民變亦復庇而不問其所得財賄
盡以飽權閹之溪壑而昔人通商裕國之經制蕩焉無存矣我
朝釐正關權
寬政頻施前代無名之繁賦芟除殆盡其治於有司者既定經常之額歲終
會計與田賦彙疏以

聞而門關重地督以重臣涖以封疆大吏關津則有親塡循環稽考之簿海舶則有貿易外洋之照內江內河之經歷遼遠者皆給之照以辨姦良所以體恤商賈杜絕姦欺者規制至爲詳悉蓋利用通財盡革往代無藝之征而垂億萬年永久之制洵非成周以後所得而比隆者矣

欽定歷代職官表卷六十二

各處駐劄大臣表

	定邊左副將軍
三代	
秦	
漢	
後漢	
三國	
晉	
宋齊梁陳	
北魏	護匈奴中郎將
北齊	
後周	
隋	
唐	單于都護府大都護副都護
五季	
宋	
遼	
金	部族節度使
元	和林宣慰司都元帥府和林行尚書省
明	

烏里雅蘇台參贊大臣	科布多參贊大臣
	護匈奴副校尉
單于都護府副都護	單于都護府副都護
部族節度副使	部族節度副使

阿爾泰烏里洋海散秩大臣	副　都　統

總管	佐領以下等官庫倫辦事大臣

恰克圖司員	綏遠城將軍	歸化城副都統
	使匈奴中郎將	護匈奴副校尉
	都督兼匈奴校尉	
	護匈奴中郎將	
	護匈奴中郎將	
緣邊交市監		
互市監	安北都護府大都護	雲中都護府副都護

右衛城守尉	協領以下諸官	察哈爾都統
	護匈奴從事 西河長史	

副都統	總管	參領以下諸官

西寧辦事大臣	司員	筆帖式
護羌校尉	擁節長史	
都督州軍兼護羌校尉		
護羌戎中郎將		
西戎中郎將護西羌校尉		
西戎校尉		
	額爾奇木司	
朶甘思都元帥府		

西藏辦事大臣	司員	筆帖式
烏斯藏都元帥府		

各處駐劄大臣

國朝官制

喀爾喀軍營定邊左副將軍一人烏里雅蘇台參贊大臣一人科布多參贊大臣一人

掌喀爾喀四部之軍政凡四部會盟參贊大臣閱歲分往會覈稽其邊防軍實之事統聽左副將軍裁決具疏以

聞

阿爾泰烏里洋海散秩大臣二人副都統一人總管四人佐領二十七人驍騎校二十七人

庫倫辦事大臣一人司員一人

掌鄂羅斯之往來明其禁令司員掌庫倫貿易諸務稽察奸宄平其爭訟

謹案乾隆四十九年正月奉

旨增派大臣二人同辦庫倫事務係出

特簡不在定制之內故不列爲額缺

分駐恰克圖辦事司員一人

掌鄂羅斯貿易諸務聽節制於庫倫大臣

綏遠城將軍一人協領五人佐領二十人防禦二十人驍騎校二十人

兼管歸化城土默特

歸化城土默特副都統一人參領十人佐領四十九人掌歸化城土默特之軍

政以時巡閱邊防編審戶冊

右衞城守尉一人防禦四人驍騎校四人

遊牧察哈爾都統一人副都統一人八旗遊牧滿洲理事官九人八旗蒙古理

事官八人護理都統關防筆帖式二人護理軍站印務筆帖式一人八旗總管

八人參領八人副參領八人佐領一百一十一人驍騎校一百一十七人護軍

校一百一十七人捕盜六品官三人

掌察哈爾之軍政東西各分四旗西四旗在山西多倫諾爾境東四旗則

熱河道所屬境也

西寧辦事大臣一人司員一人筆帖式一人

掌西寧之軍政凡青海三十六旗之會盟一如喀爾喀四部之制間歲舉

行聽

欽命大臣裁決具疏以

聞

西藏辦事大臣二人司員一人筆帖式一人

掌西藏之政令凡噶卜倫代賁第巴堪布皆屬焉有事則與達賴喇嘛定

其賞罰由

特旨簡派三年更代

歷代建置

謹案三代以上疆域止於九州荒服以外聽其去來聲教所及僅通朝

貢而已三代以下漸事邊防其關塞重鎮多在西北然不過雲中朔方

諸地列戍控扼即張家口歸化城外已爲甌脫若喀爾喀青海西藏則皆視爲絕域豈復能建官分職以鎮其土地馭其人民哉載稽前史漢武帝時始開河西四郡通道玉門於是置護羌校尉其幽并以外則不能踰越長城也光武而後始置護匈奴中郎將沿及魏晉仍而不改亦皆局促塞下未遑遠馭唐太宗平突厥西北諸蕃稍稍內屬即其部落別置州縣其大者爲都督府以其首領爲都督刺史皆得世襲所謂羈縻州也至宋而北阻於遼西阻於夏禹迹所經且多爲異域長城以外更不待言矣唯元太祖起自和林盡取漠南山北諸地世祖又定吐蕃各置中書行省及宣慰等使比於諸路稱爲極盛至明而北棄大寧西失河套雖僅僅較勝於宋而狹隘抑亦甚焉我

國朝聲教旁通無遠弗居蒙古北部喀爾喀三汗同時納貢厥後朔漠蕩平庇我宇下與漠南諸部相等承平以來懷柔益遠北踰瀚海西絕羌荒西藏青海諸地並入版圖諸部君長稽首偕來畫疆置吏有如內地

於是統之以重臣監之以分司內外相維大小咸秩凡諸部族莫不自
幸爲躬游
聖世循職典屬伏考喀爾喀諸部於漢爲單于故壤於唐爲突厥其後爲回
紇於元爲漠北諸部西寧所屬卽漢以來之西海渾羌諸地西藏卽吐
蕃地歸化城察哈爾卽古雲中定襄以北地謹詳稽前代職官擇其稍
近今制者條其梗概具列如左其互市諸司置於緣邊諸境與今庫倫
恰克圖諸官所掌相類者並附著於篇

三代未置

秦未置

漢

〔後漢書百官志〕護羌校尉一人比二千石主西羌
謹案漢武帝時將軍李息郎中令徐自爲將兵十萬人擊平先零始置
護羌校尉持節統領趙充國傳詔舉可護羌校尉者五府舉辛武賢小

弟湯趙充國舉湯兄臨衆是也其屬有擁節長史一人司馬二人皆六百石先零諸羌在今爲青海諸部地是護羌校尉固略如今西寧辦事大臣也

〔漢書匈奴列傳〕漢遣長樂衞尉高昌侯董忠車騎都尉韓昌將騎萬六千送單于出朔方雞鹿塞詔忠等留衞單于助誅不服

謹案漢單于舊境自歸化城土默特張家口察哈爾至喀爾喀諸部皆在其内長樂衞尉車騎都尉雖皆典司中禁非邊外之職然留衞單于則實如今制之駐劄藩部仍帶京銜故其官雖不列於表而特錄其事以著緣起焉

〔後漢書百官志〕使匈奴中郎將一人比二千石主護南單于置從事二人有事隨事增之掾隨事爲員

〔後漢書南匈奴列傳〕建武二十六年遣中郎將段郴副校尉王郁使南單于南單于遣子入侍令中郎將置安集椽史將弛刑五千人持弓弩隨

單于所處參詞訟察動靜冬復詔單于徙西河美稷因使中郎將段郴及副校尉王郁留西河擁護之爲設官府從事椽史令西河長史歲將騎二千弛刑五百人助中郎將護衞單于

（袁宏後漢紀順帝紀）永建五年十一月遣匈奴中郎將討南匈奴漢安二年匈奴中郎將馬實有功於邊詔書褒獎賜錢十萬西羌之難王暢薦實於執事由是爲匈奴中郎將（桓帝紀）元嘉九年鮮卑烏孫寇邊匈奴中郎將張奐擊降之（靈帝紀）建寧六年田晏爲鮮卑中郎將與匈奴中郎將臧旻擊南單于三道並進

（武經總要）皇甫規爲中郎將持節監討零吾等羌會軍大疾死者十三四規親入菴廬巡視將士三軍感悅東羌遂使乞降

謹案後漢以段郴王郁留西河擁護單于此亦沿董忠韓昌之故事然司馬彪列其職於百官志且載其屬吏蓋至是而制乃加詳矣至馬實張奐田晏等並以匈奴中郎將帥師征討是有事亦可用爲將帥然要

皆以綏遠爲職也

（後漢書西羌列傳）建武九年司徒掾班彪上言舊制涼州部置護羌校尉持節領護理其怨結歲時循行問所疾苦又數遣使譯通動靜使塞外羌夷爲吏耳目州郡因此可得儆備今宜復如舊以明威防光武從之

（後漢紀章帝紀）元和三年十月西羌寇張掖隴西金城護羌校尉傅育擊走之（順帝紀）永建四年第五訪後爲南陽太守護羌烏桓校尉（桓帝紀）元嘉二年西戎犯塞護羌校尉段熲討之三年羌寇張掖護羌校尉段熲討之

（酈道元水經注）延熹二年西羌燒當犯塞護羌校尉段熲討之追出塞至積石山斬首而還○永元五年貫友代聶尙爲護羌校尉攻迷唐斬獲八百餘級○湟水又東逕赤城北而東入經戎峽口右合羌水出西南山下逕護羌城東故護羌校尉治

（宋田錫論邊事疏）光武時西戎犯邊班彪請置護羌校尉通其貨之有

無治其人之冤枉塞垣遂安

謹案建武以來燒當諸羌常居大小榆谷土地肥美又有西海魚鹽之利緣山濱水易以爲非故安集諸羌最爲慎重班彪所陳曲盡事理然所云譯通動靜爲吏耳目可得儆備則專以防察爲職在當時羣羌叛服不常不得不爾以視

聖朝疆理撫綏之制不可同年而語矣

（後漢書明帝本紀）永平八年三月初置度遼將軍屯五原曼柏冬十月丙子詔三公募郡國中都官死辠繫囚減罪一等詣度遼將軍營屯朔方五原之邊縣（耿國列傳）匈奴奧鞬日逐王比自立爲呼韓邪單于款塞稱藩願扞北虜議者以爲不可許國獨曰宜如孝宣故事受之帝從其議遂立爲南單于由是北虜遠遁又上言宜置度遼將軍左右校尉屯五原永平元年卒官顯宗追德國言遂置度遼將軍左右校尉

謹案續漢百官志明帝初置度遼將軍以衛南單于衆新降有二心者

後數不安遂爲常守然則度遼將軍之衞南單于與匈奴中郞將之護南單于職略相近耿秉傳建初元年拜度遼將軍視事七年匈奴懷其恩信鮮卑傳元初六年秋鮮卑入馬城塞度遼將軍鄧訓發積射士三千人追擊大破之是度遼將軍兼主匈奴單于鮮卑諸部之事也與使匈奴中郞將職守全同又考皇甫規傳規拜度遼將軍至營數月薦張奐自代從之規爲使匈奴中郞將張奐傳延熹九年夏拜護匈奴中郞將以九卿秩督幽幷涼三州及度遼烏桓二營則是匈奴中郞將又得兼轄度遼營也蓋二職並重而匈奴中郞將秩似更優然考橋元傳元爲度遼將軍假黃鉞則位亦特崇與今之駐劄大臣大略相合而寵榮稍踰分矣

三國

（杜佑通典）魏等四品諸匈奴護羌等校尉

謹案唐六典魏黃初二年始置都督諸州軍事或領鎭戍總夷校尉則

校尉乃都督兼銜非如前代之設爲專官也又考魏志鄧艾領東羌校尉似於護羌校尉之外別爲一官者華陽國志晉何攀轉東羌校尉蓋魏晉之閒又有此名

晉

〔常璩華陽國志〕晉太康三年更以益涼州爲輕車刺史乘傳奏事以蜀多羌夷置西夷府以平吳軍司張牧爲校尉持節統兵州別立治西夷治蜀各置長史司馬

〔李吉甫元和郡縣志〕晉惠帝永寧元年以張軌爲刺史持節領護羌校尉

〔晉書職官志〕護匈奴羌戎蠻夷越中郎將武帝置四中郎將或領刺史或持節爲之

宋齊梁陳

〔宋書百官志〕西戎校尉

（南齊書百官志）護西戎護校尉護羌校尉

（隋書百官志）梁制北涼南秦置西戎校尉南秦涼州置平戎校尉

謹案宋齊及梁承魏晉之後官制無大改易其時土宇偏安遠略不及雖官名猶存皆因仍故事而無其實也如北涼南秦等皆係今之內地與今駐劄大臣其事迥異故節錄史文而不列於表

北魏

（北魏書官氏志）護匈奴羌戎中郎將護羌戎校尉

謹案北魏太和中詔羣僚議定百官以四夷中郎將爲三品中四夷校尉爲三品下至世宗朝皆改爲從三品視宋齊之秩稍爲優重如太武拜楊難當爲護西羌校尉孝文拜伏連籌爲西戎中郎將亦如今制或以藩部台吉領將軍大臣事也

北齊未置

後周未置

隋

〔隋書百官志〕緣邊交市監置監副監各一人

謹案隋開皇中突厥請緣邊置市與中國貿易故置交市監隸諸州管轄考自漢時已與單于通市北魏又與庫莫奚貿易則設官當不自隋始隋志始著其職耳今庫倫恰克圖司官掌貿易之政與古之交市監略爲相髣而幅幀所暨境地綿闊則迥非前代之所及矣

〔鄭樵通志〕煬帝時遣侍御史韋節司隸從事杜行滿使於西國復令聞喜公裴矩於武威張掖閒往來以引致之大業中相率來朝者四十餘國因置西戎校尉以應接之

謹案此西戎校尉蓋爲西域諸國而設然駐於邊境不至西域則略如今西寧大臣矣

唐

〔通典〕唐永徽中始於邊防置四大都護府後又加單于都護府府置大

都護一人副一人副都護二人長史司馬各一人

謹案唐會要安北單于爲大都護北庭爲中都護而新唐書地理志則皆爲大都護開元四年除郯王爲安北大都護十五年除忠王爲單于大都護自後皆以親王遙領而副大都護則兼王府長史主都護之政蓋卽今左副將軍及辦事大臣之職其屬自長史司馬而外又有錄事參軍事一人功曹參軍事倉曹參軍事戶曹參軍事兵曹參軍事法曹參軍事各一人參軍事三人俱見百官志

（新唐書地理志）安北大都護府本燕然都護府龍朔三年曰瀚海都護府總章二年更名開元二年治中受降城十年徙治豐勝二州之境十二年徙治天德軍單于大都護府本雲中都護府龍朔三年置麟德元年更名（車鼻可汗傳）永徽元年九月八日庚子高宗遣右騎衛中郎將高侃伐車鼻可汗擒之獻於武德殿以其衆處鬱督軍山建新黎州使領其衆置狼山都督府以統之於是突厥盡爲封疆臣矣始置單于瀚海二都護

府單于領狼山雲中桑乾三都督蘇農等二十四州瀚海都護府領瀚海金微新黎等七都督仙蕚賀蘭等八州卽擢酋領爲都督刺史龍朔三年二月改燕然爲瀚海都護府領回紇徙故瀚海都護府於古雲中城號雲中都護府磧以北蕃州悉隸瀚海南隸雲中雲中者義成公主所居也頡利滅李靖徙突厥羸破三百帳居之以阿史德氏爲之長衆稍盛麟德元年正月甲子卽建言願以諸王爲可汗遙領之帝曰今可汗古單于也乃更雲中府爲單于大都護府以殷王爲單于都護

（唐會要）麟德元年正月十六日甲子敕改單于大都護府以殷王遙領垂拱二年改爲鎭守使聖曆元年五月六日改爲安北都護開元二年閏二月五日復置單于都護府移安北都護於中受降城天寶四載十月單于都護府置金河縣

（武經總要）入三受降城路自州北九十里入朔州西界又三十里至朔州又三百四十里至單于都護府號振武軍又西北二十里至東受降城

又西二百里安北都護府至中受降城

謹案唐貞觀初鐵勒諸部內附置六都督七州各以其首領爲都督刺史卽故單于臺置燕然都護府統之其後改燕然都護府爲瀚海移都護府於回紇部落其舊瀚海府移置雲中古城改名雲中都護府至總章初始改瀚海都護府爲安北都護府如鴻臚少卿朔方軍副大總管王晙兼安北大都護是也以今考之瀚海燕然在今喀爾喀四部境內雲中所治卽今歸化城及察哈爾諸境所云豐勝二州卽今歸化六廳兼有蒙古內札薩克諸旗之地也壤地相錯以今準古略有可溯故並著於篇

（新唐書百官志）互市監每監監一人從六品下丞一人正八品下掌蕃國交易之事

謹案隋以監隸四方館唐隸少府貞觀六年改交市曰互市監副監曰丞垂拱元年復改曰通市監蓋卽因隋制而爲之也

五季未置

宋未置

（馬端臨文獻通考）北蕃在太祖時雖聽緣邊市易而未有官署太平興國二年始令鎮易雄霸滄州各置榷務命常參官與內侍同掌

謹案宋以常參官理緣邊榷務即今司員之職疆域雖殊職掌頗合故因隋唐交市監而類及之至必令內侍同掌則其弊滋甚不足論矣

遼

（遼史百官志）西南面安撫使司西南面都招討司西南邊大詳衮（解見新疆篇）司西南面烏雅（蒙古語白鯇魚也原作五押今從八旗姓氏通譜改正）招討司西南路巡察司西南面巡檢司西南面伊喇（滿洲語黍也原作拽剌今從八旗姓氏通譜改正）司山北路都部署司金肅軍都部署司南王府北王府伊實（解見八旗都統篇）王府山金司（已上西京諸路控制）

（西夏）西南面節制司西南面都統軍司（已上西南邊諸司）山西兵馬都統軍司西路招討使司西邊大詳衮司四蕃都軍所夏州管內蕃落使倒塌嶺統軍司

倒塌嶺節制使司塌西節度使司塌母城節度使司已上西蕃諸司

謹案遼史兵衛志遼屬國可紀者五十有九有事則遣使征兵不從者討之故北面邊防官最爲詳備第名目猥多史臣不能盡悉今舉其可知者節度使司有使有副使同知司馬判官掌書記衙官都統軍司有使有副使都監都部署司有都部署有副部署都監判官都指揮司有使有副使都監招討使司有使有監軍詳衮司有詳衮有都監將軍小將軍巡檢司有巡檢同巡檢大抵如唐宋節度使及經略安撫使之制而所領諸地則兼有今朔漠西羌諸部與今駐劄大臣頗相類也

金

（金史百官志）諸部族節度使節度使一員從三品統制各部鎮撫諸軍餘同州節度副使一員從五品判官一員知法一員司吏四人女直漢人各半通事一人譯人一人塔馬解見八旗都統篇右博勒和滿洲語潔淨也原作部羅火今改部族特哩衮蒙古語頭也原作土魯渾今改部族並依此置

謹案金制部長曰貝勒解見八旗都統篇統數部者曰呼嚕滿洲語手背也原作忽魯今改其後倣宋遼之制俱改曰節度使蓋以綜理藩屬非如唐代內地之節度使也地理志部族節度使有烏克蘇喇滿洲語支派中之一支也原作烏昆神魯今改有烏庫哩原作烏古里今從八旗姓氏通譜改正有實壘蒙古語土也原作石壘今改有珠嚕滿洲語雙也原作朮魯今改有伯特滿洲語才力不及之謂也原作孛特今改有奇嚕滿洲語小旗也原作計魯今改有唐古卽博勒和也有德呼勒索倫語臉也原作迪烈今改正卽特哩袞也明昌三年罷烏克蘇喇節度使以招討司兼領云

〔金史百官志〕諸糺詳袞詳袞一員從五品掌守戍邊堡餘同穆昆解見理藩院篇皇統八年六月設本班左右詳袞定為從五品默濟格滿洲語信息也原作麽忽今改一員從八品掌貳詳袞司吏三人實訥昆解見八旗都統篇掌本糺差役等事茂滿洲語樹也原作咩今改糺伊喇穆騰滿洲語才能也原作木典今改古勒敦滿洲語城門洞也原作骨典今改舒嚕滿洲語珊瑚也原作失魯今改糺並依此置惟舒嚕添設譯人一名○諸額爾奇木蒙古語尊貴也原作移里堇今改司額爾奇木一員從八品分掌部族村寨事司吏女直一人

漢人一人實訥昆掌本差役等事塔馬特哩袞部族南北額爾奇木司依此置博勒和部族左右額爾奇木司置女直司吏一人〇諸圖哩（解見八旗都統篇）圖哩一員從七品掌部落詞訟訪察違背等事女直司吏一人通事一人

謹案金皇統中羣僚議定官制惟詳袞等官尚仍遼舊貞祐中改茂詳袞爲明安（解見理藩院篇）穆騰古勒敦詳袞爲穆袞餘如舊額蓋以詳袞比唐之司馬額爾奇木比唐之參軍圖哩比唐之錄事也又地理志諸詳袞有呼敦（滿洲語速也原作胡都今改）哈瑪爾（蒙古語行圍前引人也原作霞馬今改）而無舒嚕與百官志異

元

〈元史百官志〉吐蕃等處宣慰使司都元帥府〇禮店文州蒙古漢軍西蕃軍民元帥府〇吐蕃等處招討使司〇朶甘思田地裏管軍民都元帥府〇喇麻綱（喇嘛番僧也綱山岡也原作刺馬兒剛今改）等處招討使司〇本市（唐古特語道士也原作奔）

不今改招討使司○六番招討使司○天全招討使司○朵甘思招討使司

○烏思藏納喇蘇（蒙古語松樹也原作納里速今改）古嚕蘇（蒙古語獸也原作魯孫今改）等三路宣慰使司都元帥府

謹案吐蕃等處宣慰使司有使有同知有副使都元帥府有都元帥副元帥元帥府有達嚕噶齊（解見戶部篇）有元帥安撫司有達嚕噶齊有使有同知有副使有僉事其原數多寡不齊大率與諸路等元史釋老傳云元起朔方固已崇尚釋教及得西域世祖思因其俗而柔其人乃郡縣吐蕃之地設官分職而領之於帝師其自帥臣以下皆僧俗並用軍民統攝於是帝師之命與詔敕並行於西土今考吐蕃烏斯藏爲今之西藏地朵甘思爲今之青海地都元帥府則如今之辦事大臣也

（元史地理志）和寧路始名和林太祖建都於此前後五朝都焉世祖中統元年遷都大興置和林宣慰司都元帥府大德十一年置和林總管府至大二年改爲行尚書省皇慶元年改爲和寧路總管府

謹案一統志稱喀爾喀部卽元和寧路元所從興也考和寧自中統遷都以後卽立宣慰司其後總管之置行尙書省之設則皆以內地之職治之官制與今不同唯宣慰元帥與吐蕃朵甘思部相同則與今制有適相符合者矣

明未置

謹案明史西蕃列傳洪武四年遣西寧州同知李喃哥等招撫其酋長乃改西寧州爲衞以喃哥爲指揮帝以西蕃產馬與之互市馬至漸多而其所用之貨與中國異自後馬至者少患之八年命中官趙成齎羅綺綾絹幷巴茶往河州市之馬稍集率厚其值以償成又宣諭德意蕃人感悅十六年靑海酋長史剌巴等七人來歸賜文綺時岷州亦設衞蕃人歲以馬易茶馬曰蕃息考西寧卽古湟中其西四百里有靑海又曰西海水草豐美蕃人環居之專務畜牧明太祖甫定關中卽建重鎭于甘肅又設西寧等四衞土官與漢官參治令之世守且多置茶課司

蕃人得以馬易茶而部族之長亦許其歲時朝貢然無重臣以莅治之故邊吏往往失防蕃人多被剽敚而中國市馬亦鮮至則特羈縻而已又烏斯藏列傳洪武初太祖遣使招諭又遣陝西行省員外郎許允德使其地令舉元故官赴京授職二年上所舉故官六十人帝悉授以職亦未能治以王官也厥後青海爲海寇所侵䟦梁日甚西藏尤隔絕而不通箚不足言矣至河套以外即爲蒙古所據察哈爾喀爾喀諸地終明之世未能得其要領蓋武備不修邊防無術故遠者偃蹇不恭近者遂操戈而內向積弱之勢非一朝一夕之故矣統觀前代之失然後知

國朝規模鴻遠能使八荒以外如戶庭之密邇萬里之遙如臂指之維繫

德威遠播疆域敉寧爲自有天地以來所未之見也

欽定歷代職官表卷六十三

欽定歷代職官表卷六十四

宗室封爵表

	親王	世子
三代	諸侯	
秦		
漢	諸侯王	
後漢	諸侯王	
三國	諸王	
晉	大國王	
宋齊梁陳	宋大國王 齊國王 梁親王 陳親王	王世子
北魏	王	
北齊	皇子王	
後周	王	
隋	親王	
唐	親王	
五季	王	
宋	國王	
遼	國王	
金	國王	
元	一字王	
明	親王	王世子

郡王	長王	貝勒貝子
次國王小國王		
宋小國王梁陳嗣王		
諸王		
嗣王		
嗣王		
郡王		
郡王		
郡王		安班貝勒固倫貝勒呼嚕貝勒愛實貝勒
兩字王		
郡王	郡王世子	

鎮國公輔國公不入八分鎮國公不入八分輔國公

縣侯 鄉侯 亭侯

縣侯 鄉侯 亭侯

魏 鄉公 亭侯 亭伯 吳 縣侯 鄉侯

公 侯 伯 子 男

公 侯

公 侯 伯 子 男

公 侯 子

公

公

國公 郡公

國公 郡公 縣公 侯 伯 子 男

國公

國公

鎮國將軍輔國將軍奉國將軍奉恩將軍

奉國上將軍 鎮國上將軍 輔國上將軍

鎮國將軍輔國將軍奉國將軍鎮國中尉奉國中尉

宗室封爵

國朝

宗室封爵十有四等一和碩親王二世子三多羅郡王四長子五多羅貝勒六固山貝子七鎮國公八輔國公九不入八分鎮國公十不入八分輔國公十一鎮國將軍十二輔國將軍十三奉國將軍十四奉恩將軍

天潢宗派以

顯祖宣皇帝本支爲宗室伯叔兄弟之支爲覺羅宗室束金黃帶覺羅束紅帶

諸王授封以素行爲封號和碩親王親王世子皆金寶龜紐多羅郡王飾

金銀印麒麟紐

皇子生十五歲由宗人府請封其爵級出自

欽定親王郡王適福晉所生子二十歲後由宗人府請考試親王適子奉

特旨始封世子其未封世子者與餘子同授封爵餘子考授不入八分公天命年閒立八和碩貝勒共議國政各置官屬凡朝會燕饗皆異其禮錫賚必均及是爲八分天聰以後宗室內有特恩封公及親王餘子授封公

者皆不入八分其有功加至貝子准入八分如有過降至公仍不入八分郡王適子奉

特旨始封長子其未封長子者亦與餘子同授封爵餘子考授一等鎮國將軍

貝勒適子降襲貝子餘子考授二等鎮國將軍貝子適子降襲鎮國公餘

子考授三等鎮國將軍鎮國公適子降襲輔國公餘子考授一等輔國將

軍輔國公適子世襲餘子考授二等輔國將軍不入八分鎮國公適子降

襲不入八分輔國公不入八分輔國公適子降襲三等鎮國將軍餘子均

考授三等輔國將軍一二三等鎮國將軍適子各降襲一二三等輔國將

軍餘子均考授三等輔國將軍一二三等輔國將軍適子各降襲一二三

等奉國將軍餘子均考授三等奉國將軍一二三等奉國將軍適子均降

襲奉恩將軍餘子均考授奉恩將軍其奉恩將軍既無可降之品級將奉

恩將軍適妻所生子但准一子考試承襲奉恩將軍餘子停封爲閑散宗

室酌量人才優者奏請考試准食雲騎尉俸凡王爵由軍功得者世襲罔

替由恩封者以次遞降以功加封者自奉恩將軍遞加一等至和碩親王

親王有功酌賞金銀其以過降封者自和碩親王遞降一等至奉恩將軍無可降則爲閒散宗室康熙二十七年定考試法王貝勒以下至奉恩將軍之子應授封者考試國語及馬步射優者封應得之爵平者降一等劣者降二等封授乾隆八年定親王側福晉子考授二等鎮國將軍郡王側福晉子考授三等鎮國將軍貝勒側室子考授一等輔國將軍貝子側室子考授二等輔國將軍鎮國公側室子考授三等輔國將軍輔國公側室子考授一等奉國將軍親王妾媵子考授三等輔國將軍郡王妾媵子考授三等奉國將軍貝勒貝子妾媵均考授奉恩將軍其餘妾婢所生子爲閒散宗室不授封十一年定考試法其學業平庸者降等封授奉恩將軍無級可降如考試降等仍授奉恩將軍停俸三年又定世子之適子

恩封不入八分公如未

恩封與餘子同授封爵餘子考授一等鎮國將軍側福晉子考授三等鎮國將軍妾媵子考授三等奉國將軍長子之適子

恩封一等鎭國將軍如未
恩封亦與餘子同授封爵餘子考授二等鎭國將軍側福晉子考授一等輔國
將軍妾媵子考授奉恩將軍三十九年又定親王世爵遞降之法親王遞
降至鎭國公郡王遞降至輔國公貝勒遞降至未入八分鎭國公貝子遞
降至未入八分輔國公鎭國公遞降至一等鎭國將軍輔國公遞降至一
等輔國將軍俱世襲罔替四十七年奉
旨王貝勒貝子公之子嗣及宗室年已及歲者俱照蒙古王公台吉塔布囊之
例分別給與三四品頂帶

歷代建置

謹案自三代盛王莫不封建宗室以爲藩屏後世分王子弟法制相沿
爲建國之首務然或泥于古而不知裁制或襲其名而徒事虛文流弊
不同而其失均也漢鑒秦孤立之弊封樹子弟裂土分茅諸侯王大者
至據名城數十尾大不掉遂啓七國之變晉代懲魏之失分封諸王各

予國兵跨州連郡其後八王構亂骨肉相殘至傾國祚明太祖不鑒前轍封諸子於外皆在沿邊險要之地厚給護衞以致燕王生心奪嫡甫一傳而變起蕭牆其失在於封植太過漢景帝始謀弱諸侯王減削其官武帝從主父偃之謀令王國分邑以侯子弟作左官之律設附益之條諸侯惟得衣租食稅不與政事光武中興無變前制魏文猜防諸弟雖有王侯之號不得比於匹夫南北朝諸王皆在京師其出典方鎮者率受制於籤帥至衣食不得自主唐代諸王有授節度大使兵馬元帥者亦僅屬虛名諸嗣王雖襲舊封授官僅得別駕司馬而中葉以後諸王多不出閤宋氏爵不世襲恩無旁推諸王子孫再傳僅得三班奉職已同凡庶明自永樂以後各王府雖列置諸州禁防至嚴督撫以及府縣官皆得緣事侵刻其失又在于禁約太甚要皆泥於封建之說而無以善處之故于睦族敦本之道皆未有能得其中者我

朝緜瓜瓞之緒篤行葦之仁封爵世及列邸京師而庸勳親親並行不悖

仁至義盡實爲曠古之所未有考宗室王公封爵雖與官制不同而列代史志及杜氏通典皆系之職官一門今從其體例詳加詮次由今溯古庶于往代展親厚薄之殊得以考鏡得失益以見國家敦敘宗支與仁迪教度越前代所由以廣一世仁讓之風而鞏億載磐石之固也

三代

（史記夏本紀）禹爲姒姓其後分封用國爲姓故有夏后氏有扈氏有男氏斟尋氏彤城氏褒氏費氏杞氏鄫氏辛氏冥氏斟氏戈氏（殷本紀）殷爲子姓其後分封以國爲姓有殷氏來氏宋氏空桐氏稚氏北殷氏司馬貞索隱系本作髦氏又有時氏蕭氏黎氏然北殷氏蓋秦寧公所伐亳王湯之後也目夷氏

（春秋左傳僖公五年傳）宮之奇曰太伯虞仲太王之昭也虢仲虢叔王季之穆也（僖公二十四年傳）管蔡郕霍魯衛毛聃郜雍曹滕畢原酆郇文之昭也邘晉應韓武之穆也凡蔣邢茅胙祭周公之胤也（襄公二十

九年傳）叔侯曰虞虢焦滑霍楊韓魏皆姬姓也（昭公二十六年傳）王子朝曰武王成康並建母弟以藩屏周亦曰吾無專享文武之功（昭公二十八年傳）昔武王克商光有天下其兄弟之國者十有五人姬姓之國者四十人皆舉親也

（荀子儒效篇）周公立七十一國姬姓獨居五十三周之子孫苟不狂惑者莫不爲天下之顯諸侯

（史記漢與以來諸侯年表）周封五等公侯伯子男然封伯禽康叔於魯衞地各四百里親親之意褒有德也太公于齊兼五侯地尊勤勞也武王成康所封數伯而同姓五十五地上不過百里下三十里以輔衞王室

謹案周同姓之封最廣左氏云姬姓四十人荀子儒效篇稱周公立七十一國姬姓獨五十三人焉史記謂同姓五十五國殆武王克商其始受國者止四十人而周公成康俱有所增益歟三代之時天子之號爲王而子弟之封者爲侯秦漢以後天子之號爲帝而子弟之封者爲王

杜佑通典云漢爵二等曰王曰侯王子而封爲王者實古之諸侯也故謂之諸侯王然則三代之諸侯與今之王雖爵名不同而實則一也故表於三代首列諸侯以當今之親王云

（周禮地官）載師以家邑之田任稍地以小都之田任縣地以大都之田任畺地（鄭康成注）家邑大夫之采地小都卿之采地大都公之采地王子弟所食邑也（賈公彥疏）春秋之義言弟者皆王之同母弟則母弟與王之庶子與公同食百里地在畺稍疏者與卿同食五十里地在縣又疏者與大夫同食二十五里地在稍

（禮記王制孔穎達疏）王之子弟有同母異母有親疏之異親寵者封之與三公同平常者與六卿同疏遠者與大夫同

謹案周初分封同姓以爲諸侯至後王子弟不得封于畿外而于畿內予之采邑其制雖不可詳考而見于先儒之說者如此蓋周初諸侯皆佐文武定天下者故封爲列國使之傳世相襲此即今日由軍功王者

世襲罔替之義後王子弟授采邑於畿內而以三等爲隆殺之差此卽今日由恩封王者以次遞殺之義也

（白虎通）樂記曰武王克殷反商下車封夏后氏之後於杞殷人之後於宋封王子比干之墓釋箕子之囚天下太平乃封親屬者示不私也卽不私封之何普天之下莫非王土率土之濱莫非王臣海內之衆已盡得使之不忍使親屬無短足之居一人使封之親親之義也以尚書封康叔據平安也王者始起諸父昆弟與己共財之義故可與共土一說諸父不得封

秦 未置

（史記秦始皇本紀）二十六年秦初幷天下丞相綰等言諸侯初破燕齊荊地遠不爲置王毋以鎭之請立諸子始皇下其議羣臣羣臣皆以爲便廷尉李斯議曰周文武所封子弟同姓甚衆然後屬疏遠相攻擊如仇讎周天子弗能禁止今海內賴陛下神靈一統皆爲郡縣諸子功臣以公賦

稅重賞賜之甚足易制天下無異意則安寧之術也置諸侯不便始皇曰廷尉議是分天下以爲三十六郡郡置守尉監

謹案秦爵二十十九關內侯二十徹侯但以賞有功而不以封同姓子弟其諸子自太子以外或號爲君如安國君是也或但稱公子如公子將閭公子嬰是也

漢

（荀悅漢紀高帝紀）六年春正月丙午立劉賈爲荊王王五十三縣高帝兄弟四人長曰伯早卒追號曰武哀侯封子信爲羹頡侯次兄曰喜字仲立仲爲代王弟曰交從上征伐有功立交爲楚王長庶子肥爲齊王王七十縣（武帝紀）元朔二年正月令諸侯王得以邑土分子弟于是藩國子弟畢侯矣（平帝紀）元始元年立故東平王雲太子開明爲王孫故桃鄉頃侯子成都爲中山王封宣帝元孫信三十六人爲列侯自漢初至此王子侯者凡四百八十人令諸侯王關內侯列侯無子有孫者若同產子皆

得爲嗣

（漢書諸侯王表）漢興之初懲亡秦孤立之敗于是剖裂疆土尊王子弟大啓九國武帝施主父之策下推恩之令使諸侯王得分戶邑自封子弟不行黜陟而藩國自析自此以來皇子始立者大國不過十餘城

（蔡邕獨斷）漢興以皇子封爲王者得茅土其他功臣及鄉亭他姓公侯各以其戶數租入爲限不受茅土亦不立社也漢制皇子封爲王者其實古諸侯也周末諸侯或稱王而漢天子自以皇帝爲稱故以王號加之總名諸侯王子弟封爲侯者謂之諸侯

（西京雜記）梁孝王入朝與上爲家人之讌乃問王諸子王頓首謝曰有五男卽拜爲列侯賜與衣裳器服王薨又分梁國爲五進五侯皆爲王

（三輔黃圖）漢儀冊封諸王必於祖廟冊命之示不敢專也

（王應麟玉海）高祖羹頡侯信等三人高后朱虛侯章等三人孝文管共侯罷軍等十四人景帝平陸侯禮等七人武帝一百七十八人元朔元年

前十三人茲侯明等至淮陵侯定國元朔二年後一百六十五人梁共王子張梁侯仁一人菑川懿王子龍邱侯代等十三人又諸王子元侯何等四人城陽共王子雷侯豨一人東莞侯吉等十二人又頃王子昌侯麥等二十人趙敬肅王子尉文節侯丙等十八人又六人不得封中山靖王子廣望節侯忠等十二人廣州惠王子蒲領侯嘉等四人又二人不得封年又繆王子井侯甘等二人河閒獻王子平城侯禮等十人又一人不得封年濟北正王子安陽侯樂等七人又式王子四人代共王子離石侯綰等九人齊孝王子博陽侯就等十人又一人不得封年魯共王子寧陽節侯恬等五人長沙定王子路陵侯童等十一人衡山王子一人膠東康王子皇虞侯建等三人

謹按玉海此條葢約漢書王子侯表云河閒獻王子平城侯禮等十人又一人不得封年今考表載河閒獻王子自沈陽侯自爲不得封年外尚有茲侯明等十一人玉海云十人者誤又玉海云濟北式王子四人

今考表載五人四字亦誤

（後漢書百官志）皇子封王其郡爲國列侯所食縣爲侯國本注曰承秦爵二十等爲徹侯金印紫綬以賞有功大者食縣小者食鄉亭得臣其所食吏民後避武帝諱爲列侯武帝元朔元年令諸王得推恩分衆子土國家爲封亦爲列侯

謹案漢同姓封爵二等曰王曰侯而侯則有縣侯鄉侯亭侯之別漢書王子侯表凡封侯而非縣名皆鄉亭侯也高帝封植過制遂卒致叛亂其後下推恩之令而支庶畢侯班固作王子侯表稱其建業承序以廣親親考其實則藉以銷其尾大之釁意不在乎展親也當時作左官之律設附益之條抑損減黜科禁日嚴夫始則縱以驕奢繼則多其猜忌豈非立法之未善哉

（漢書文帝本紀）四年五月復諸劉有屬籍家無所與（元帝本紀）初元元年夏四月賜宗室子有屬籍者馬一匹至二駟（成帝本紀）建始元年

二月賜宗室有屬籍者錢帛各有差

謹案漢時宗室疏屬其推恩之令見于史者如此特希闊一時之舉與今宗室月有養贍歲有祿米其恩意之厚薄迥殊矣

（後漢書光武帝本紀）建武十三年二月丙辰詔曰長沙王興真定王得河間王邵中山王茂皆襲爵為王不應經義其以興為臨湘侯得為真定侯邵為樂成侯茂為單父侯其宗室及絕國封侯者凡一百三十七人丁巳降趙王良為趙公太原王章為齊公魯王興為魯公○十五年封皇子輔為右翊公英為楚公陽為東海公康為濟南公蒼為東平公延為淮陽公荊為山陽公衡為臨淮公焉為左翊公京為瑯琊公十七年進右翊公輔為中山王其餘九國公皆即舊封進爵為王

謹案兩漢宗室之封有王有侯惟建武十三年降封趙等三國為公光武諸子初封亦為公而同姓子弟無為王者至十七年諸子皆進爵為王趙王良傳建武十三年降為趙公後薨子節王栩嗣至齊魯二王傳

又不言降封蓋亦皆于十七年進爵矣

（後漢書孝明八王列傳）彭城靖王恭永平九年賜號靈壽王樂成靖王黨永平九年賜號重熹王（章懷注曰取其美名也（東觀記）賜號未有國邑也）

謹案漢諸王皆以郡爲國惟後漢靈壽重熹二王初皆以美名爲王號其後乃建爲國此後世以美名爲王號之始

（後漢書東平王蒼列傳）永平十一年帝遣使手詔賜國中傳曰今送列侯印十九枚諸王子年五歲以上能趨拜者皆令帶之

（後漢書孝順帝本紀）永建元年正月甲寅詔宗室以罪絕者皆復屬籍

（洪适隸續）中山相薛君成平侯劉君斷碑趙氏誤以劉君爲成平侯相詳其額初無相字此蓋王子侯也西京列侯其傳國皆有世次東京枝葉既不繁而史筆又簡略其書于策者不過如東海王傳云王弟二十二人皆爲列侯爾

三國

（三國蜀志二主妃子列傳）劉永先主子後主庶弟章武元年六月立永爲魯王建興八年改封甘陵王劉理亦後主庶弟章武元年六月封爲梁王建興八年改爲安平王

（三國魏志文帝本紀）黃初三年三月乙丑立齊公叡爲平原王帝弟鄢陵公彰等十一人爲王初制封王之庶子爲鄉公嗣王之庶子爲亭侯公之庶子爲亭伯

（三國魏志武文世王公列傳陳壽評）魏世王公既徒有國土之名而無社稷之實又禁防壅隔同于囹圄位號靡定大小歲易

（魏文帝改封諸王爲縣王詔）先王建國隨時而制漢祖增秦所置郡至光武以天下損耗并省郡縣以今比之益不及焉其改封諸王皆爲縣主

謹案曹魏猜防宗室裴松之謂公國徒有老兵百餘人以衛其國又設防輔監國之官以伺察之王侯皆思爲布衣而不得則涼薄寡恩莫甚於此惟定庶子遞降之制爲能監前代而得損益之宜故晉因之而不

變焉

（三國吳志吳主權列傳）太和元年正月立故太子和爲南陽王居長沙子奮爲齊王居武昌子休爲琅琊王居武林

（宗室列傳）孫皎子允封丹陽侯孫奐封沙羨侯孫賁封都亭侯子鄰進封都鄉侯孫翊子松爲都鄉侯孫韶封建德侯孫楷臨城侯孫桓封丹徒

侯

晉

（杜佑通典）晉亦有王公侯伯子男六等之封惟安平公孚萬戶制度如魏諸王其餘縣公邑一千八百戶地方七十五里大國侯邑千六百戶地方七十里次國侯邑四千戶地方六十五里大國伯邑以下原闕一葉次國八十人小國六十人郡侯縣公亦如小國

（冊府元龜）西晉諸王皆主兵臨州以威勢相淩干戈並構墜於屠滅蓋有漸爾

謹案晉本紀泰始元年封王二十七人六年立皇子爲王咸寧三年又立齊王子二人爲王蓋鑒於魏之朘削宗室而侈廣其制如此當時許其自選官屬而王家人衣食御府别給之其寵異之者甚至不旋踵而諸王操戈相向以至亂亡劉宏傳所謂災難延於宗子自載籍以來骨肉之禍未有若此之甚者非獨惠帝不君威權下移實由封植太過權力相軋以釀其釁蓋矯慕封建之虛名未有不受禍者也

宋齊梁陳

（通典）宋氏一用晉制惟大小國皆有三軍凡王子爲侯者食邑皆千戶

（通典）梁封爵亦如晉宋之制

（南史梁武帝諸子列傳）昭明太子統長子東中郎將南徐州刺史華容公歡封豫章郡王次子枝江公譽封河東郡王曲江公詧封岳陽郡王

謹案通典謂宋封爵如晉制又謂梁如晉宋之制然晉時諸王支庶備有五等之封而宋梁自王以下見於史者惟王子侯而已此外惟梁時

昭明太子諸子嘗封公而他未有聞焉

（冊府元龜）陳因梁制有親王嗣王藩王之制親王起家則爲侍中皇太子冢嫡封王起家依諸王餘子並封公起家中書郞諸王子並諸侯世子起家給事江左承西晉諸王開國並以戶數相差爲大小三品陳自永安訖於禎明惟衡陽王昌特加至五千戶其餘不過二千小國至千戶

謹案宋齊二代猜忌骨肉諸王出鎭受制典籤梁武鑒於前政優假諸子事力雄強然或坐視君父之難或自搆蕭牆之兵幾與西晉八王無異考其立國實多慚德本實已搖徒欲廣樹屏藩終不足爲維城之固而封建之無益亦可睹已

北魏

（通典）後魏道武皇始元年始封五等至天賜元年減五等之爵始分爲四曰王公侯子除伯男之號皇子及異姓元功上勳者封王皇族及始藩王皆降爲公諸公降爲侯子亦比爲差王封大郡公封小郡侯封大縣子

封小縣其後復加伯男焉

謹案魏時同姓之封自王侯以外見於史者如紇羅封上谷公悉封襄陽公元英賜爵廣武伯陵封襄邑子弼封廣川子比干封吉陽男之屬班班可見其封王者皆以嫡子繼襲其封公侯者在國初則爲疏遠之族其後亦皆藩王之支庶大約與宋齊之制不殊但宋齊王子侯皆出于展親之恩而魏時宗室五等之封多出于酬勳之典也

北齊

（通典）北齊有王公侯伯子男六等之爵王位列大司馬上非親王則在三公下封內之調盡以入臺三分食一公以下四分食一

謹案北齊同姓之封自王以外見于史者平秦王歸彥以功別封長樂郡公又有建國子伏護建國侯乂若趙郡王琛初封南趙郡公清河王岳初封清河郡公及廣平公盛陽州公永樂則受封皆在魏世也

後周

（周書明帝本紀）武成元年正月封大將軍章武孝公導子亮爲永昌公翼爲西陽公九月進封輔成公邕爲魯國公安成公憲爲齊國公秦郡公直爲衛國公正平公招爲趙國公封皇弟儉爲譙國公純爲陳國公盛爲越國公達爲代國公通爲冀國公逌爲滕國公進封天水郡公廣爲蔡國公（武帝本紀）保定元年四月封孝閔皇帝子康爲紀國公皇子贇爲魯國公建德三年正月冊柱國齊國公憲衛國公直趙國公招譙國公儉陳國公純越國公盛代國公達滕國公逌並進爵爲王二月紀國公康畢國公賢酆國公貞宋國公實漢國公贊秦國公贄曹國公允並進爵爲王

謹案後周初無王爵雖皇子止封公至建國三年而文帝以下諸子皆進爵爲王惟疎遠者尚爲公爵若同姓侯伯子男之封則未有見于史者宇文導初封饒陽縣伯其受封在魏世也

隋

（通典）隋開皇中制國王郡王國公郡公縣公侯伯子男凡九等至煬帝

惟留王公侯三等餘並廢之皇伯叔昆弟皇子是爲親王

謹案隋宗室封爵等差不見于史疑亦略如晉宋之制也

唐

〔通典〕大唐高祖初受禪廣封宗室從弟及姪年始孩童者數十人皆封爲郡王太宗卽位問侍臣曰徧封宗子于天下便乎尚書右僕射封德彝對曰不便歷覽往古封王者今日最多兩漢以降惟封帝子及親兄弟若宗室疎遠者非有大功並不得濫叨名器所以別親疎也先朝敦睦九族一切封王爵命既崇多給力役葢以天下爲私殊非至公馭物之道也太宗然之於是率以疎屬降爵惟有功者數人得王餘並封縣公貞觀二年十二月始議列土之制特進魏徵議曰自隋氏亂離百殃俱起黎元塗炭十不存一始蒙聖帝敷至仁以流元澤沐春風而沾夏雨一朝棄之爲諸侯之隸衆心未定或致逃亡其未可一也既立諸侯當建社廟禮樂文物儀衞左右頓闕則理必不安粗修則事以下原闕一葉州刺史舒王元明幽州都

督燕王靈夔蘇州刺史許王元祥安州都督吳王恪相州都督魏王泰齊州都督齊王祐益州都督蜀王愔襄州刺史蔣王惲揚州都督越王正并州都督晉王治泰州都督紀王謹所任刺史幷功臣令世襲會長孫無忌等固辭遂廢不行

〔劉肅大唐新語〕武德中以景命維新宗室猶少至三從弟姪皆封爲王及太宗卽位問羣臣曰遍封宗子於天下便乎封德彝曰不便歷觀往古封王當今最多兩漢以降惟封帝子及兄弟若宗室疎遠者非有大功如周之郇滕漢之賈澤並不得濫居名器所以別親疎也太宗曰朕爲百姓理天下不欲勞百姓以養己之親也于是疎屬悉降爵爲公

謹案唐初議復古封建或可或否人持一說蕭瑀直欲裂土而封李百藥則欲俟刑措之教一行登封之禮云畢然後定疆理之制議山河之賞顏師古欲分置王國不得過大間以州縣錯雜而居馬周謂宜賦以茅土疇其戶邑必有行材隨器方授皆屬調停之見惟魏徵議以爲非

便其言可謂切中故節錄其文著于篇以見古法之不可泥也

（新唐書太宗本紀）貞觀十一年六月己未以諸王爲世封刺史十三年二月庚子停世封刺史

謹案唐太宗以諸王爲世封刺史未二年而罷則其事之難行太宗亦自知之矣至代宗時大臣奏議請封諸王分領戎帥以威天下此乃無其實而徒務其名非惟難以爲屏翰亦不足鳩厥宗矣

（冊府元龜）唐制皇弟兄皆封國謂之親王王之子承嫡者謂之嗣王皇太子諸子並封郡王王子承恩澤者亦封郡王諸子封郡公其嗣王郡王特進王子孫承襲者降封國公

謹案唐時宗室之封爲二等曰王曰公而王與公又各爲二等曰親王曰嗣王曰國公曰郡公詳見唐書宗室世系表茲不具論

（玉海）太和四年七月賜十六宅諸王綾絹二萬疋以內庫充開成二年五月壬申幸十六宅宴諸王三年四月甲午亦如之頒賜有差四年六月

庚申幸十六宅宴樂賜錢

〔新唐書宗室世系表〕唐有天下三百年子孫蕃衍可謂盛矣其初皆有封爵至其世遠親盡則各隨其人賢愚遂與異姓之臣雜而仕宦至或流落於民間甚可歎也

謹案唐宗室疎遠者與異姓之臣雜而仕宦甚至流落民間皆立法未善之所致也我

朝宗室員額不與庶姓相雜其未仕者

皇上又皆特給品秩展親之典夐絶往代矣

五季

〔冊府元龜〕五代之制大抵遵於唐室

〔章如愚山堂考索〕五代宗室諸王大率不能傳世漢周則多追封

謹案五代短祚諸王率鮮傳世故王子侯亦無見於史者

宋

（宋史職官志）列爵九等曰王曰郡王曰國公曰郡公曰縣公曰侯曰伯曰子曰男分國三等大國二十次國二十小國二百二十

（文獻通考）諸侯王與列侯皆以嫡子嫡孫世襲其所受之封爵苟非有罪者與無後者則爵不奪而國不除此法漢以來未之改也至唐則臣下之封公侯者始止其身而無子孫襲封者然親王則子孫襲封如故雖所謂茅土食邑多爲虛名然始所封之國與爵則父歿子繼世世相承宋皇子之爲王者封爵僅其身而子孫無問嫡庶不過承蔭入王宮爲環衛官廉車節鉞以序而遷如庶姓貴官蔭子入侍之例必須歷任年深齒德稍尊方特封以王爵而其祖父所受之爵則不襲也國朝會要載慶曆四年七月制封宗室乃以皇叔馮翊郡公德文爲東平郡王皇兄允讓爲汝南郡王皇弟允良爲華原郡王皇姪從讜爲穎國公從煦爲安國公宗說爲祁國公昭成太子孫宗保爲建安郡王華王孫宗達爲恩平郡王邢王孫宗望爲清源郡王自燕王薨而祖宗之後無有封王爵者至濮安懿王以

英宗之故安定郡王以藝祖之故方令世襲然又不以昭穆相承嫡庶爲別每嗣王歿則擇本宗直下之行尊者承襲於是濮安懿王有二十七子而得嗣封者七人四十六孫而得嗣封者亦七人蓋嗣濮王凡十四人纔更兩代耳嗣安定郡王凡二十七人纔更四代耳此例亦古所無也

〔玉海〕太平興國七年七月十三日甲午封皇子衞王廣平郡王同日拜平章事八年十月戊戌改皇子名己酉封元佐楚元僖陳眞宗韓元份冀元傑益十一月甲寅詔宰相序立在親王上以諸王年幼欲知謙損之道

端拱元年二月二十三日封元偓等國公邑一千戸

謹案宋爵九等而宗室之封見於通考者有王郡王國公郡公縣公侯六等然爵不世襲恩不旁推其恩誼視前代爲尤薄其有予以世襲者則又不以子孫相承而以行尊者序繼乖倫序而亂昭穆爲自古未有之謬制也

〔玉海〕紹興二十七年正月詔侍從各舉宗室京朝官材識行治者二人

特與召對

（宋實錄）景祐二年十一月乙未祀圜丘三聖並侑制詔宗室並轉官自諸司使以下至殿直並換西班官丙午宗室諸司使領刺史者十二人換諸衛大將軍領團練使諸司使十九人換諸衛大將軍內殿承制宗望已下百三十三人並爲將軍率府率副率用乙未赦書也先是宗子無遷官法及郊祀侑三聖上表乞推恩故爲此制舊自借職十遷乃至諸司副使今副率四遷卽遙領刺史八遷卽節度使熙寧二年十一月甲戌十一日中書密院議宣祖太祖太宗之子皆擇其後一人爲宗世世封公補環衛以奉祭祀祖宗袒免親將軍以下願出官者聽應舉者依外官條例非袒免親更不賜名授官從之五年九月癸丑以令鑠爲職方員外郎宗室試換文資自令鑠始

（宋史職官志）宗室敘遷之制太子右內率府副率轉太子右監門率府率太子右監門率府率轉右千牛衛將軍右千牛衛將軍轉右監門衛大將軍右監門衛大將軍轉遙郡刺

史遙郡刺史轉遙郡團練使繼諸王後見封國公及特旨即轉正刺史遙郡團練使轉遙郡防禦使繼諸王後見封國公及特旨即轉正團練使刺史轉團練使團練使轉防禦使防禦使轉觀察使觀察使轉節度觀察留後節度觀察留後轉節度使特旨轉左右衛上將軍左右衛上將軍節度使轉節度使同中書門下平章事節度使同中書門下平章事轉節度使兼侍中節度使兼侍中

謹案此宋時宗室敘遷之制頗似今宗室奉恩將軍以上以功遞加之法然宋時宗室雖王公皆以官敘遷今奉恩以上四等將軍與王公同爲封爵其制又不同也

遼

（遼史皇子表）德祖子安天保初以功王東丹國賜號明王（皇族表）遼太祖建國諸弟窺覦含容誘掖弗忍致辟古聖人猶難之雖其度量恢廓然經國之慮遠矣終遼之世其出於橫帳五院六院之閌者大愨固有元勳實多

謹案遼時有國王郡王而又有兼封二國者如表所載景宗子隆慶進

王秦晉之類亦古所未有後世惟金海陵父宗幹嘗封梁宋國王此外無封二國者矣

金

〈金史百官志〉金自景祖始建官屬統諸部以專征伐其官長皆稱曰貝勒滿洲語管理衆人之稱原作孛極烈今改正故太祖以都貝勒嗣位太宗以安班滿洲語安班大臣也原作諳版今改正貝勒居守安班尊大之稱其次曰固倫滿洲語國也原作國論今改正呼嚕滿洲語手背也原作忽魯今改正貝勒固倫言貴呼嚕言總帥也又有固倫貝勒或左右置所謂國相也其次諸貝勒之上則有英實滿洲語宴也原作乙室今改正呼嚕伊喇滿洲語黍也原作移賚今改正愛滿滿洲語部落也原作阿買今改正愛實滿洲語利也原作阿捨今改正烏達滿洲語買也原作吳迭今改正之號以爲陛拜宗室功臣之序

謹案金太祖太宗之世諸子弟未有封王者熙宗天會十三年始封宗翰爲晉王宗磐爲宋王蓋宗翰功最高而宗磐爲太宗適子太宗舍之而立熙宗故首封之其初親子弟多爲貝勒此即今貝勒之號所自昉

宗翰由固倫右貝勒爲太保領三省事封晉王是王尊於貝勒正與今位次相合而貝勒有安班固倫愛實之號等級不同亦與今貝勒貝子等級相似又金自天眷以後宗室封爵見於表者有國王郡王公三等至奉國上將軍鎮國上將軍輔國上將軍皆從三品武散官與今鎮國輔國奉國三等將軍專爲宗室封爵者不同然當時亦以敘遷宗室明時宗室三等將軍其爵號實昉於此云

元

（元史諸王表）元與宗室諸王位號無稱惟視印章以爲輕重厥後遂有國邑之名而賜印之等猶前日也

（王圻續文獻通考）元制封一字王者金印獸鈕兩字王者按阿穆爾克爲魏王之類金印螭鈕次有金印駝鈕金渡銀印駝鈕金渡銀印龜鈕有按托歡爲鎮南王之類止用銀印龜鈕等級不同如此又同姓有無爵邑而稱王者但曰宗王

謹案元時諸王各有分地歲使人至京師受歲賜其王爵既得傳世相

襲而諸王之支庶亦多封爲王者但元史疎略其制度不可詳考耳

明

（明史諸王列傳）明制皇子封親王制授金冊金寶祿歲萬石府置官屬護衛公侯大臣無敢鈞禮親王嫡長子年及十歲則授金冊金寶立爲王世子長孫立爲世孫冠服視一品諸子年十歲則授塗金銀冊銀寶封爲郡王嫡長子爲郡王世子嫡長孫則授長孫冠服視二品諸子授鎮國將軍孫輔國將軍曾孫奉國將軍四世孫鎮國中尉五世孫輔國中尉六世以下皆奉國中尉其生也請名其長也請婚祿之終身喪葬予費親親之誼篤矣

（明會典）親王分封其推恩則有郡王鎮國將軍輔國將軍奉國將軍中尉之差等萬曆七年定例親王之子例封郡王若以支屬嗣者自後長子襲封親王外餘子仍照原封世次授以本等爵級不得冒濫郡王爵郡王無子兄弟及兄弟之子不得請襲違者爲冒封

謹案明太祖慕古封建之制擇名城大都以王諸子若秦西安晉太原
燕北平皆臨要衝之地環邊萬里帀於三陲自以爲磐石之安矣然一
傳而靖難兵起遂至奪宗自是以後過爲防維諸王就國郡邑吏得持
其短長至其宗支繁衍歲祿猥多竭天下之賦不足以供過時不給以
致宗人聚謀焚署毆官諸宗命名請婚胥吏得以邀索貧者無以應則
沈擱不行婚嫁失時愁怨載道又多取隱僻不祥之字爲之制名以寓
姍笑禮部明知其然而無策以除其弊明政之不綱於此可見矣我
國家敦睦宗親
恩明誼美諸王之銘勳王室者皆延世無窮以
恩澤啓封者則以次降襲用以辨等差而昭獎勸至閑散宗室月有贍養之
銀歲有祿米之給婚喪嫁娶特加
恩賜我
皇上篤念宗親凡貝勒以下之降襲者皆設爲定制令得常保世封又

念睿忠親王有贊翊之功
特命配享
廟庭追諡續封而豫親王肅親王鄭親王克勤郡王子孫亦皆復其原封之號
以彰舊烈其果親王等之以罪廢者亦並復其屬籍
又
恩意尤爲優浹近復定親王之子給以一品章服郡王貝勒以下以次遞推
詔普給宗室冠帶優加職級新正
賜宴
乾清宮
賞賚豐渥又廣宗室御史及
陵寢官員額令咸得以才自效立法之周詳盡善有非三代以後所可幾及者
矣

欽定歷代職官表卷六十五

世爵世職表

朝代	公
三代	公
秦	
漢	
後漢	
三國	公 鄉公 附
晉	公 開國郡公 縣公
宋齊梁陳	開國郡公 縣公
北魏	開國郡公 散公
北齊	開國郡公 散郡公 開國縣公 散縣公
後周	開國公
隋	國公 郡公 縣公
唐	國公 開國郡公 開國縣公
五季	國公 開國郡公
宋	國公 郡公 開國公 開國郡公 開國縣公
遼	國公
金	國公 郡公
元	國公 郡公
明	公

侯	伯	子
侯	伯	子殷不設
徹侯關內侯附		
列侯關內侯亭侯附		
列侯關內侯亭侯附		
侯縣侯鄉侯亭侯關內侯附名號侯關中侯關內外侯附	伯亭伯附	子
侯開國郡侯縣侯鄉亭侯關內侯附	伯開國伯	子開國子
開國郡侯縣侯沐倉侯鄉亭侯關中關外侯附	開國郡伯縣伯	開國子
開國縣侯散侯	開國縣伯散伯	開國縣子散子
開國縣侯散縣侯	開國縣伯散縣伯	開國縣子散縣子
開國侯	開國伯	開國子
侯	伯	子
開國縣侯	開國縣伯	開國縣子
開國郡侯	開國縣伯	開國縣子
開國侯	開國伯	開國子
郡侯	郡伯	縣子
國侯郡侯	開國郡伯	縣子
侯	伯	子

男	輕車都尉	騎都尉
男殷不設		
男		
男開國男		
開國男		
開國縣男散男		
開國縣男開國鄉男散縣男		
開國男		
男		
開國縣男	勳官上輕車都尉輕車都尉	上騎都尉騎都尉
開國縣男		
開國男	上輕車都尉輕車都尉	上騎都尉騎都尉
縣男	上輕車都尉輕車都尉	上騎都尉騎都尉
縣男	上輕車都尉輕車都尉	上騎都尉騎都尉
男	上輕車都尉輕車都尉	上騎都尉騎都尉

雲騎尉	恩騎尉
雲騎尉	
雲騎尉	
雲騎尉	
雲騎尉	
雲騎尉	

謹案秦漢二十級之爵漢武功爵魏名號侯以下諸爵與九等異制今擇其以侯稱者附於侯表之下其不以侯稱者無所附麗則不入表漢魏之關內侯亭侯及縣鄉等侯名爲侯而位在子男下則改從附列唯晉以後之縣侯在伯子男上故別著之唐勳官在輕車都尉上者有上柱國柱國上護軍護軍在騎都尉下者有驍騎尉飛騎尉在雲騎尉下

者有武騎尉皆今制所無故不著恩騎尉爲
聖朝特設列古所未著謹缺其沿革而仍繫於表以誌令典焉

珍倣宋版印

世爵世職

國朝定制

世爵世職之等有九曰公曰侯曰伯曰子視一品曰男視二品曰輕車都尉視三品曰騎都尉視四品曰雲騎尉視五品曰恩騎尉視七品自公至輕車都尉又各有三等授爵自雲騎尉始雲騎尉襲一次加一雲騎尉則合爲騎都尉襲二次再加爲騎都尉兼一雲騎尉襲三次再加爲三等輕車都尉襲四次二等輕車都尉襲五次一等輕車都尉襲六次一等輕車都尉兼一雲騎尉襲七次三等男襲八次二等男襲九次一等男襲十次一等男兼一雲騎尉襲十一次三等子襲十二次二等子襲十三次一等子襲十四次一等子兼一雲騎尉襲十五次三等伯襲十六次二等伯襲十七次一等伯襲十八次一等伯兼一雲騎尉襲十九次三等侯襲二十次二等侯襲二十一次一等侯襲二十二次一等侯兼一雲騎尉襲二十三次三等公襲二十四次二等公襲二十五次一等公襲二十六次內有因陣亡給與者襲次已完仍授恩騎尉令其世襲

公侯伯子男輕車都尉騎都尉雲騎尉恩騎尉之爵以褒敘勳績酬庸懋賞次第其功績之大小而錫以世襲之等

國初定世爵自公至拖沙喇哈番共八等凡授爵自拖沙喇哈番始如拖沙喇哈番加一拖沙喇哈番則合爲一拜他喇布勒哈番再加則爲拜他喇

布勒哈番兼一拖沙喇哈番再加爲三等阿達哈哈番遞加至一等阿達
哈哈番如再加一拖沙喇哈番則爲一等阿達哈哈番兼一拖沙喇哈番
再加則爲三等阿思哈尼哈番積拖沙喇哈番二十有六則爲一等公開
創功臣策勳錫爵與河山共永封爵在順治七年九年
恩詔以前者世襲罔替或論功在
詔後立功在
詔前者亦世襲罔替其給予
敕書注明世次者仍按次承襲自後凡有忠誠宣力懋建軍功膺授功爵者除
奉
特旨世襲罔替外其餘自拖沙喇哈番襲一次遞加至一等公襲二十六次至
一等公以上爵無可加令以適子襲一等公以別子襲其餘爵康熙元年
定凡世爵合幷至公侯伯者其子弟承襲時照原繫幾人之爵仍與幾人
分襲雍正元年定一二三等公各錫以美名（如褒績公忠達公等）其外戚則倣古恩

澤侯義命爲承恩公乾隆元年總理王大臣奏定精奇尼哈番以下世爵清文並改用漢文精奇尼哈番爲一二三等子阿思哈尼哈番爲一二三等男阿達哈哈番爲一二三等輕車都尉拜他喇布勒哈番爲騎都尉拖沙喇哈番爲雲騎尉其清文從舊十四年定一二三等侯伯亦各錫以美名如奉義侯敦惠伯等自後膺封爵者凡勳猷殊等皆奉

特旨定錫嘉號十五年定自一等公襲二十六次至雲騎尉襲一次均按所開

襲次載入

誥敕又定陣亡人等子孫襲次已完者賞七品京官令其世襲罔替十六年世

襲七品官定爲恩騎尉與

國初所定共爲世爵九等

歷代建置

謹案公侯伯子男之爵昉於唐虞仍於三代其閒惟殷爵三等餘皆五等並分土建國傳之久遠封建一定世次不復差别其外則周有司勳

賞地之法盡如畿內卿大夫世食采邑之比大小各有差等而世次遠近亦無定制也秦去五等制爵二十級以賞戰功以徹侯擬公侯以關內侯擬圻內子男其餘以擬卿大夫士蓋髣髴其意云爾漢仍而用之制爵大者王小者侯侯秦之徹侯也二十級終漢代不廢復有武功爵之十一級則武帝一時之制也魏別置名號侯以下諸級復置國王公侯伯子男鄉亭關內侯諸列蓋五等之目至是復存晉宋以後有開國爵散爵之分有封郡封縣之別因時殊制以迄於元明行之不改然其言九等十二等者皆以親王郡王及諸爵並列而數之考王爵為寵錫親王之鉅典與酬賞功勳之制不同雖漢初功臣亦有分王唐代卿士功高者得以至於郡王要不得以為常制故篇中備採舊史原文而王爵則概不列之于表至輕車都尉以下古所未見唐置勳官始改隋之開府儀同三司為上下輕車都尉儀同三司為騎都尉帥都督為雲騎尉次列於勳官十二轉之中是為酬勳之始而宋以後因之其在古者

雖漢有輕車將軍騎都尉之職隋有八尉之目祇可溯其稱名之始而
非以爲沿革也恩騎尉則我
皇上創制殊典以優卹功臣尤爲前古勳官所未備焉考自古勳爵判爲兩途不相連屬爵有世襲而勳無世襲爵之世襲者並無世次之殊其有功臣受功而兼得他勳者亦不過虛崇美號而已夫爵所以酬勳也勳官亦所以酬勳也何容歧視而別置之且周家五等而下卿大夫士皆謂之爵其次等皆由遞積而上可詳考也惟我
聖朝恩施優渥品秩章明凡授爵自雲騎尉始積二十六等而爲一等公其一等侯伯子男輕車都尉之兼一雲騎尉者襲次亦因以遞加勳爵既合爲一世襲之遠近一視其功績之大小其陣亡授爵襲次已完者復制恩騎尉以優卹於無窮茂典隆恩均非前代所可企及茲以歷代規制不同之故撮敘大端於此以便考證並以見我
朝世爵定制實爲超軼於千古焉

三代

（杜佑通典）昔黃帝旁行天下分建萬國至於唐虞別爲五等曰公侯伯子男則虞書所謂輯五瑞備五玉是其制也夏與唐虞同殷制公侯百里伯七十里子男五十里

（禮記王制）王者之制祿爵公侯伯子男凡五等（鄭康成注按元命苞云公者爲言平也公平正直侯者候也候王順逆伯之爲言白也明白於德也子者奉恩宣德男者任功立業此五等者爲虞夏及周制殷則三等公侯伯也）公侯田方百里伯七十里子男五十里（鄭康成注此地殷所因夏爵三等之制也武王初定天下更立五等之爵增以子男而猶因殷之地周公攝政斥大九州之界公侯大者地方五百里其次侯四百里伯三百里子二百里男百里孔穎達疏案尚書武成云列爵惟五分土惟三既云列爵惟五故知增以子男也）

謹案鄭注孔疏皆以殷爵三等至周而仍爲五等惟杜佑以殷制地三等其爵亦有五等爲說少異當以注疏爲正

秦

（通典）秦制爵二十等以賞功勞二十徹侯十九關內侯十八大世長十

七駟車庶長十六大上造十五少上造十四右更十三中更十二左更十一右庶長十左庶長九五大夫八公乘七公大夫六官大夫五大夫四不更三簪裹二上造一公士

後漢書百官志劉昭注劉劭爵制曰商君爲政備其法品爲十八級合關內侯列侯凡二十等關內侯者依古圻內子男之義也秦都山西以關內爲王畿故曰關內侯也列侯者依古列國諸侯之義也

謹案鄭樵通志曰秦爵二十等最高徹侯乃得食縣其次關內侯食租稅於關內餘十八等大庶長以下則如吏職馬端臨文獻通考說亦相同大㫖悉本之劉劭蓋其時爵與階不分故共爲二十等今則徹侯關內侯當屬於爵而十八級當屬於階以其文不可割裂分屬且十八級者本以賞戰功亦今輕車都尉等官所緣起故與文武官階篇並錄斯文俾互見焉

漢

〔史記漢興以來諸侯年表〕漢興序二等裴駰集解劉昭曰漢封功臣大者王小者侯也司馬貞索隱應劭曰雖名爲王其實如古之諸侯高祖末年非劉氏而王者若無功上所不置而侯者天下共誅之

〔前漢書百官公卿表〕爵一級曰公士二上造三簪褭四不更五大夫六官大夫七公大夫八公乘九五大夫十左庶長十一右庶長十二左更十三中更十四右更十五少上造十六大上造十七駟車庶長十八大庶長十九關內侯二十徹侯皆秦制以賞功勞徹侯金印紫綬避武帝諱改曰通侯或曰列侯

謹案漢爵皆沿秦制故此文與秦互見而文武官階篇中互見亦同

〔通志〕漢有國王國侯亭侯三等王皆裂地侯以戶數爲差分民自此始漢初論功封侯者凡百四十三人食邑者除租每戶一歲更輸錢二百

〔史記〕平準書請置賞官命曰武功爵〔裴駰集解〕瓚曰茂陵中書有武功爵一級曰造士二級曰閑輿衛三級曰良士四級曰元戎士五級曰官首六級曰秉鐸七級曰千夫八級曰樂卿九級曰執戎十級曰左庶長十一級曰軍衛此武帝所制以寵軍功

焉

諸買武功爵官首者試補吏先除千夫如五大夫其有罪又減二等爵得至樂卿以顯軍功軍功多用越等大者封侯卿大夫小者郎吏吏道雜而多端則官職耗廢

謹案漢興不設五等其封爵以王侯概之復仍秦二十等之制以賞功勞鄭樵所謂三等之亭侯蓋即列侯中之小者耳其實仍二等也初制分土廣大旋以致亂其後稍復易置諸侯王得推恩分封其子弟衆建少力而國勢以安亦可知立制之未善矣至武帝立武功爵以寵軍功而買爵得至樂卿尤爲一時權設之計宜其行之未久而即罷也漢又有國大夫列大夫上聞爵見史記樊噲列傳如淳注以爲國大夫即官大夫列大夫即公大夫上聞爵則始於魏文侯勝齊天子賞文侯以上聞又有執帛執珪之爵見曹參灌嬰列傳注以爲孤卿執帛侯伯執珪以朝位比之呂氏春秋有得伍員位執珪之文蓋皆雜採古制而用之者以其非常制故不盡著而附識於此

〔後漢書百官志〕列侯所食縣爲侯國本注曰承秦爵二十等爲徹侯金印紫綬以賞有功功大者食縣小者食鄉亭得臣其所食吏民後避武帝諱爲列侯武帝元朔二年令諸王得推恩分衆子土國家爲封亦爲列侯舊列侯奉朝請在長安者位次三公中興以來唯以功德賜位特進者次車騎將軍賜位朝廷侯次五校尉賜位侍祠侯次大夫關內侯承秦賜爵十九等爲關內侯無土寄食所在縣民租多少各有戶數爲限

〔通志〕後漢爵亦三等皇子封王其郡爲國其列侯雖鄧寇元勳不過四縣

三國

〔三國魏志武帝紀〕建安二十年始置名號侯至五大夫與舊列侯關內侯凡六等以賞軍功〔裴松之注〕魏書曰置名號侯爵十八級關中侯爵十七級皆金印紫綬又置關內外侯十六級銅印龜鈕墨綬五大夫十五級銅印環鈕亦墨綬皆不食租與舊列侯關內侯六凡等臣松之以爲今之虛封蓋自此始

〔通典〕魏黃初三年初制封王之庶子爲鄉公嗣王庶子爲鄉侯公之庶子爲亭伯其後定制凡國王公侯伯子男六等次縣侯次鄉侯次亭侯次

關內侯又置名號侯爵十八級關中侯爵十七級關外侯爵十六級五大夫十五級自關內侯皆不食租虛封自魏始

謹案五等之制漢代不備至三國而復立而縣鄉亭侯關內侯復多爲之等以變通之蓋因漢大小列侯而漸分其制也裴松之謂虛封自魏始蓋指名號侯至五大夫諸爵而言杜佑則以關內侯以下皆不食租考名號侯以下有關中侯關內外侯之稱與關內侯相近其所以別爲新置者正以關內侯食封其餘不食封以是爲殊耳是杜佑之言爲未核也自秦置爵二十級而漢因之兩漢書所記之賜爵皆秦舊制也魏則別置諸爵合而稽之多至六十餘級故魏制載每有行賞則必賜爵始之以爲賞功終之以爲賜與誠未合於愼重之義矣

晉

〔晉書職官志〕武帝咸寧三年有司奏從諸王公更制戶邑皆中尉領兵大國次國小國皆制所近縣益滿萬戶又爲郡公制度如小國王亦中尉

領兵郡侯如不滿五千戶王置一軍一千一百人亦中尉領之南宮王承隨五萬各於泰始中封爲縣王邑千戶至是改正縣王增戶爲三千戶制度如郡侯亦置一軍自此非皇子不得爲王而諸王之支庶皆皇家之近屬至親亦各以上推恩受封其大國次國始封王之支子爲公承封王之支子爲侯繼承封王之支子爲伯小國五千戶以上始封王之支子爲子不滿五千戶始封王之支子及始封公侯之支子皆爲男非此皆不得封

（通志）晉有王公侯伯子男又有開國郡公縣公郡縣侯伯子男及鄉亭關內等侯凡十五等王大國二萬戶三軍兵五千次國一萬戶二軍兵三千下國五千戶一軍兵一千五百其公之制如五千戶國侯如不滿五千戶國並置一軍千人其伯子男以下各有差不置軍

宋齊梁陳

（宋書百官志）宋氏以來一用晉制惟王國大小國皆有三軍晉江左以來公國無中尉常侍侯國無大農侍郎伯子男唯典書以下無學官令吏職皆以次損省焉

（通志）宋皆因晉制惟大小國皆三軍齊因之梁因前代

（隋書百官志）梁制五等諸公位視三公班次之開國諸侯位視孤卿重號將軍班次之開國諸伯位視九卿班次之開國諸子位視二千石班次之開國諸男位視比二千石班次之

（通典）梁封爵亦如晉宋之制

（隋書百官志）陳承梁制其封爵爲九等之差郡王第一品嗣王藩王開國郡縣公第二品開國郡縣侯第三品開國郡縣伯第四品開國子第五品開國男第六品湯沐食侯第七品鄉亭侯第八品關中關外侯第九品

通志陳有郡王嗣王藩王開國郡公開國縣公侯伯子男沐食侯鄉亭侯關中關外侯凡十二等

謹案陳封爵自郡王以下隋書以爲九等通志以爲十二等蓋通志分王爲三開國公爲二隋書則王公各一等也考自漢制非劉氏不王列代仍之其自魏晉以迄陳隋諸王爵之制皆爲親藩分土而設於酬勳

之典無與唯開國公以下則皆計功而授爵然亦各開府食邑建置僚爵又或分土治民爲事權所屬與列爵賞功之制亦不相符合以其爲爵級所在故並撫錄其概備考核焉

後魏

（魏書官氏志）皇始元年始建曹省封拜五等天賜元年九月減五等之爵始分爲四曰王公侯子除伯男二號皇子及異姓元功上勳者封王宗室及始藩王皆降爲公諸公降爲侯侯子亦以此爲差於是封王者十人公者二十二人侯者七十九人子者一百三人王封大郡公封小郡侯封大縣子封小縣王第一品公第二品侯第三品子第四品（本志舊制諸以勳賜官爵者子孫世襲軍號太和十六年改降五等始革之止襲爵而已）世宗頒行職令王開國郡公（第一品）散公（從第一品）開國縣侯（第二品）散侯（從第二品）開國縣伯（第三品）散伯（從第三品）開國縣子（第四品）散子（從第四品）開國縣男（第五品）散男（從第五品）

北齊

(隋書百官志)後齊官制王第一品開國郡公從第一品散郡公開國縣公第二品散縣公開國縣侯從第二品散縣侯開國縣伯第三品散縣伯從第三品開國縣子第四品散縣子從第四品開國縣男第五品開國鄉男散縣男從第五品

後周

(隋書百官志)周制外命諸公九命諸侯八命諸伯七命諸子六命諸男五命

(通典)後周制封爵郡縣有公侯伯子男者皆加開國授柱國大將軍開府儀同者並加使持節大都督

謹案舊唐書言勳官之始出於周齊交戰之際本以酬戰士其後漸及朝流階爵之外更爲節級今考周齊爵制史書不詳即其載於舊唐書者亦止云周置上開府儀同三司開府儀同三司上儀同三司儀同三司而已其所謂十一號亦未盡載其目也隋書言隋採周制置上柱國

十一等以酬勤勞則周之十一號亦當不甚相遠史文闕軼無以察其緣起自魏晉以至後周亦略識其梗概而已

隋

〔隋書百官志〕國王郡王國公郡公縣公侯伯子男凡九等煬帝時並廢唯留王公侯三等

〔通典〕開皇中樊子蓋進爵封爲濟公言其公濟天下特爲立名無此郡國

〔隋書百官志〕高祖採後周之制置上柱國柱國上大將軍上開府儀同三司開府儀同三司上儀同三司儀同三司大都督帥都督都督總十一等以酬勤勞六年又別置武騎屯騎驍騎游騎飛騎旅騎雲騎羽騎八尉其品則正六品以下從九品以上上階爲郎下階爲尉煬帝罷

〔通典〕武騎尉屯騎尉驍騎尉游騎尉飛騎尉旅騎尉雲騎尉羽騎尉建節尉奮武尉宣惠尉綏德尉懷仁尉守義尉奉誠尉立信尉都十六尉並

隋置以爲武散官

謹案隋代開府儀同三司爲唐代輕車都尉之所從起至雲騎尉則始見於隋書八尉之中當時蓋特以爲官階及武散官而已未嘗有勳爵之名也然唯未立勳爵則階散卽所以酬勳故考隋代爵制自九等而下必及于十一階與十六尉也

唐

(唐書百官志)司封郎中掌封命朝會賜予之級凡爵九等一曰王食邑萬戶正一品二曰嗣王郡王食邑五千戶從一品三曰國公食邑三千戶從一品四曰開國郡公食邑二千戶正二品五曰開國縣公食邑千五百戶從三品六曰開國縣侯食邑千戶從三品七曰開國縣伯食邑七百戶正四品上八曰開國縣子食邑五百戶正五品上九曰開國縣男食邑三百戶從五品上

(通典)異姓卿士功業特盛者亦封郡王自至德元年至大曆三年封九異姓爲王者凡百一十三人

等並無官土其加實封者則食其封分食諸郡以租調給自武德至天寶實封者百餘人

自至德二年至大曆三年實封者二百六十五家

謹案唐爵九等功臣亦多至郡王者然爵土皆係虛名所給實封俱於內府支給繒布又多及身而止不復著承襲之典其制與前代異焉端臨通考云唐初如英衛之類其子尚襲封至中葉以後則此制盡廢如狄仁傑封梁公子元嗣未嘗襲梁公張說封燕公子均未嘗襲燕公也今考唐書玄宗本紀開元五年詔予公侯子孫承襲褚無量列傳無量請收敘唐初功臣世絕者雖在支庶亦得承襲玄宗允其請始與襲封是則開元中偶有襲封而肅代後則絕無其制也又云唐會要神龍二年七月制功臣段志元等二十五家所食實封並依舊給可見當時實封止受封者之身如此二十五家則持旨支給非通例也夫酬庸錫爵位至王公乃及身而止其子孫曾不得仰沾恩澤此唐制疏略不得優厚勳庸之義厥後強藩列鎮反得私竊土地而世守之亦輕重倒置積

漸使然也

(唐書百官志)司勳郎中掌官吏勳級凡十有二轉爲上柱國視正二品十有一轉爲柱國視從二品十轉爲上護軍視正三品九轉爲護軍視從三品八轉爲上輕車都尉視正四品七轉爲輕車都尉視從四品六轉爲上騎都尉視正五品五轉爲騎都尉視從五品四轉爲驍騎尉視正六品三轉爲飛騎尉視從六品二轉爲雲騎尉視正七品一轉爲武騎尉視從七品凡以功授者覆實然後奏擬戰功則計殺獲之數堅城苦戰功第一者三轉出少擊多曰上陣兵數相當曰中陣出多擊少曰下陣矢石未交陷堅突衆敵因而敗者曰跳盪殺獲十之四曰上獲十之二曰中獲十之一曰下獲凡酬功之等見任前資常選曰上資文武散官衛官勳官五品以上曰次資五品以上子孫上柱國柱國子勳官六品以下曰下資白丁衛士曰無資跳盪人上資加二階次資下資無資以次降凡上陣上獲五轉中獲四轉下獲三轉第二第三等遞降焉中陣之上獲眡上陣之中獲

中獲眡上陣之下獲下獲兩轉下陣之上獲眡中陣之中獲中獲眡中陣之下獲下獲一轉破蠻獠上陣上獲比兩番降二轉凡勳官九百人無職任者番上于兵部眡遠近爲十二番以強幹者爲番頭留宿衞者爲番月上外州分五番主城門倉庫執刀上柱國以下番上四年驍騎尉以下番上五年簡於兵部授散官不第者五品以下復番上四年六品以下五年簡如初再不中者十二年則番上六年八年則番上四年勳至上柱國有餘則授周以上親無者賜物太常音聲人得五品以上勳非征討功不除簿諸州授勳人歲第勳之高下三月一報戶部有蠲免必驗

謹案唐始列勳官爲十二轉之法以差序功績而定其品數蓋周禮司勳之遺意也其戰功有上陣中陣下陣之殊其敘資有上資中資下資無資之別而番上輪簡規制亦爲詳備但十二轉至上柱國而止而九等之爵不歸積算則以爵與勳分爲二途不相聯攝其實唐爵但係虛名並無分土而勳官之制則除授益輕至其末路遂不復有優崇之意

舊唐書言咸亨後戰士授勳動盈萬計身應役使可類僮僕據令乃與

公卿齊班以爲由其猥多出自兵卒之故此固末季粃政非立法之本

意然當時之濫予無次亦可概見矣

〔舊唐書職官志〕唐初改上開府儀同三司爲上輕車都尉開府儀同三

司爲輕車都尉儀同三司爲騎都尉上大都督爲驍騎尉大都督爲飛騎

尉帥都督爲雲騎尉都督爲武騎尉○勳官者出於周齊交戰之際本以

酬戰士其後漸及朝流階爵之外更爲節級周置上開府儀同三司開府

儀同三司上儀同三司儀同三司等十一號隋文帝因周之舊更增損之

武德初雜用隋制至七年頒令定爲上柱國柱國上大將軍大將軍上輕

車都尉輕車都尉上騎都尉騎都尉驍騎尉飛騎尉雲騎尉武騎尉凡十

二等起正二品至從七品貞觀十一年改上大將軍爲上護軍大將軍爲

護軍自外不改

〔通典〕漢文帝元年始用宋昌爲衞將軍位亞三司後漢章帝建初三年

使車騎將軍馬防同三司同三司之名自此始魏黃權以車騎將軍開府儀同三司開府之名自此始齊開府儀同三司如公梁開府儀同三司位次三公後魏亦有之北齊有開府儀同三司及儀同三司後周改爲開府儀同大將軍儀同大將軍仍增置上開府儀同大將軍上儀同大將軍隋文帝並以爲散官唐改上開府儀同三司爲上輕車都尉開府儀同三司爲輕車都尉儀同三司爲騎都尉

謹案開府儀同三司列代以爲散官隋唐以爲文散官與勳賞不相合而武德七年所制上輕車都尉騎都尉實由此而改其沿革之由不可沒也唯其與勳爵秩殊制故權差敘唐書及通典之文於此以著勳官之概而不復列之於表

〔通典〕輕車將軍漢武帝置以公孫賀爲之又有輕車校尉梁陳後魏北齊亦有輕車將軍唐採舊名置上輕車都尉輕車都尉騎都尉漢武帝置以李陵爲之更始初亦有晉以後歷代皆有之唐採舊名置上騎都尉騎

都尉

謹案漢以來輕車校尉輕車將軍及騎都尉乃將輕車及騎士之官皆以實職供事不爲繫銜唐省其職而採其名以爲勳官之等蓋所從者開府儀同三司之秩而所採者輕車校尉等官之名故並列於此以資考覽

〔通典〕驍騎尉飛騎尉雲騎尉武騎尉並隋置爲文散官按當作武散官通典誤唐採置自上柱國以下並爲勳官

謹案隋置八尉後加爲十六尉皆爲武散官唐採其四以爲勳官其雲騎尉則卽今制之所由昉也考雲騎尉隋以前所無有而八尉之由設實始於漢武帝之八校武帝置中壘屯騎步兵越騎長水胡騎射聲虎賁等八校尉後漢則爲五校皆掌宿衞兵魏晉以下五校之名與後漢同惟後魏五校各置二十人此實隋八尉之所由始也唐雲騎尉之秩因帥都督而改而其名則因隋之八尉故追溯其沿襲之由來者如此

至唐勳官之上柱國柱國上護軍護軍驍騎尉飛騎尉武騎尉今皆不

設而恩騎尉則出於

聖朝創制之特典逾格殊恩非復唐以來之所有故無從考證焉

五季

（文獻通考）封爵之差唐制王食邑五千戶郡王國公三千戶開國郡公二千戶縣公千五百戶縣侯千戶伯七百戶子五百戶男三百戶又有食實封者給縑帛每賜爵遞加一級唐末及五代始有特加邑戶而罷實封之給又去縣公之名封侯以郡

（宋史職官志）五代以來初敘勳官即授柱國

謹案五代封爵之制不詳於史惟親王之封代必有之今據文獻通考所載則列爵九等與唐不異惟去縣公而以郡侯代之且罷實封之給耳又據敘勳即授柱國之文則知勳官十二等非復唐代之制也

宋

（宋史職官志）司封郎中掌官封敘贈承襲之事列爵九等曰王曰郡王曰國公曰郡公曰縣公曰侯曰伯曰子曰男公國三等大國二十七次國二十小國二百二十

謹案宋史職官志又云爵一十二王嗣王郡王國公郡公開國公開國郡公開國縣公開國侯開國伯開國子開國男所載與此文少異蓋其先定制而中葉則漸有變更也

（宋史職官志）司勳郎中參掌勳賞之事凡勳級十有二曰上柱國正二品曰柱國從二品曰上護軍正三品曰護軍從三品曰上輕車都尉正四品曰輕車都尉從四品曰上騎都尉正五品曰騎都尉從五品曰驍騎尉正六品曰飛騎尉從六品曰雲騎尉正七品曰武騎尉從七品率三歲一遷必因其除授以加之凡賞有格若事應賞從其所隸之司考實以報則必審核其狀以格覆之謂之有法酬賞非格所載參酌輕重擬定以上尚書省謂之無法酬賞若功賞未酬而賞格改易者輕從舊格重從新格

（文獻通考）政和中罷勳官淳熙末朝議欲復之以旌有功如貼職之比

後亦不果行惟安南闍婆占城三國王始封加上柱國南丹州刺史加武騎尉焉

〔文獻通考〕宋又採秦制賜民爵曰公士端拱元年賜諸州高年一百二十七人爵公士景德中福建民有擒獲強盜者當授鎮將以遠俗非所樂並賜公士自後率爲例

〔岳珂愧郯錄〕階散勳官前世合於一至唐則析而爲二階勳功臣檢校唐析於四而宋則合於一隋置上柱國至都督總十一等以酬勤勞置六品以下散官八郎爲正階八尉爲從階柱國等號本以酬勞武騎諸稱並同郎位至唐一歸之於勳官則階散也勳官也唐雖因隋而所用未嘗因隋是謂前世合於一而唐則析爲二唐之有功者或敘階或賜勳或加以檢校或寵以名號而又申之以封爵重之以實封宋制每一遇郊官至某則加功臣若干字酬勳若干級進階若干等徹國若干戶並舉而與之故世但以爲煩而不見其用是謂唐析於四而宋則合於一所以神宗獨斷而盡去之也

謹案勳官與授爵本不相同唯其分職遞轉爲制有相近者故著其稱名之始唐代設此蓋祇以爲階散之互用至宋而遇郊錫賚進級紛紜不以爲酬功之等而以爲濫賞之資其爲失又殊甚矣岳珂所載頗盡階勳分合之曲折而宋代濫賞之失亦可概見故節錄其文於此以資考證焉

遼

（王世貞藝苑卮言）遼之封爵惟有國王郡王國公三等郡名率以漆水柳城混作蘭陵亦如宋高密建安之類國名則屢進屢改有加至二國者其初宗室與勳戚無異道宗太康五年詔惟王子封一字王餘並削降遼之外戚多以功封非盡由恩澤也

（王圻續文獻通考）勳級遼無考

金

（金史百官志）封爵正從一品曰郡王曰國公正從二品曰郡公正從三

品曰郡侯正從四品曰郡伯（舊曰縣伯成安二年更）正五品曰縣子從五品曰縣男凡勳級正二品曰上柱國從二品曰柱國正三品曰上護軍從三品曰護軍正四品曰上輕車都尉從四品曰輕車都尉正五品曰上騎都尉從五品曰騎都尉正六品曰驍騎尉從六品飛騎尉正七品曰雲騎尉從七品曰武騎尉

元

（續文獻通考）元制王正一品郡王從一品國公正二品郡公從二品國侯正三品郡侯從三品國伯正四品郡伯從四品縣子正五品縣男從五品上柱國正一品柱國從一品上護軍正二品護軍從二品上輕車都尉正三品輕車都尉從三品上騎都尉正四品騎都尉從四品驍騎尉正五品飛騎尉從五品雲騎尉正六品武騎尉從六品

明

（明史職官志）凡爵非社稷軍功不得封封號非特旨不得與或世或不

世皆給誥券

（續文獻通考）太祖下江左因勝國之舊爲五等爵以贈勳臣及文武之死綏者其後有王公侯伯之典而罷子男洪武十七年奏定有封爵者給誥皆如一品之制惟公侯用玉軸伯子男犀軸

（明史職官志）稽勳掌勳級凡文勳十正一品左右柱國從一品柱國正二品正治上卿從二品正治卿正三品資治尹從三品資治少尹正四品贊治尹從四品贊治少尹正五品修正庶尹從五品協正庶尹自五品以上歷再考乃授勳○武選掌功賞之事凡武官六品其勳十有二正一品左右柱國從一品柱國正二品上護軍從二品護軍正三品上輕車都尉從三品輕車都尉正四品上騎都尉從四品騎都尉正五品驍騎尉從五品飛騎尉正六品雲騎尉從六品武騎尉

謹案明初爲五等之爵後有王公侯伯而無子男既而仍設五等皆給誥券世襲凡襲封則徵其誥券稽其功過覈其宗支以第其世流降除之等吏部驗封司掌之此明代五等之制也至勳級則有文勳武勳之別考武勳盡從前代而文勳則別爲柱國卿尹之號核其要歸亦猶文

散武散之義而已茲以列代沿襲之故並列於篇以考見異同之制焉

又案世爵之制莫大於定功閥之大小以爲世襲之久近前代惟五等則有承襲其以軍功賜爵者類不及其子孫甚至唐封功臣爵至郡王亦皆及身而止其子孫無聞焉至如列代之開國公侯亦祇美其名稱功非佐命亦從給予非實如周禮之分王功曰勳國功曰功也漢家賜爵紛紜東西京無代無之有普天下均賜一級者其閑復令民得買爵而軍功之賞大者公侯卿大夫小者郎吏吏道雜而官職耗廢宋每遇郊祀錫賞勳爵無數以酬功之鉅典而僭濫用之殊不甚惜其敝甚矣其端皆由於爵制未定或多爲之節級以備賞賜或虛設其勳階以示褒寵而總無與於循名核實之義也我

朝自開國功臣世襲罔替其後有忠勤著績軍功異等者咸授以二十六等之爵列爵之等級即爲世襲之等級無有及身授爵而子若孫不得襲封者至於敘次軍功則以現任官職之大小討其立功之參等而分

別除授戰功則有功牌之五等攻城則有難易之六等水戰則有奪舟之三等陣亡授爵則自雲騎尉至輕車都尉兼一雲騎尉有差皆計功覈實澤及子孫無或有虛錫之爵公侯伯既褒以美名其有勳積懋著復特承

諭旨既俾得世襲罔替其已得世襲之爵又以軍功得封合爲一爵者一等男以下按次承襲至一等男以上則均爲世襲罔替

皇上復優念陣亡之後襲次已畢復錫恩騎尉以傳之永久班爵既定較如畫一而

隆恩所逮有加無已以視前代襲爵不分大小勳官徒爲虛設者品制之詳明德澤之宏遠誠不可以道里計矣

欽定歷代職官表卷六十五

欽定歷代職官表卷六十六

聖賢後裔世職併衍聖公官屬表

	漢	後漢	三國	晉	宋齊梁陳	北魏	北齊	後周	隋	唐	五季	宋	遼	金	元	明
衍聖公	褒成侯	褒成侯	宗聖侯	奉聖亭侯	奉聖侯	崇聖大夫 崇聖侯	恭聖侯	鄒國公	紹聖侯	褒聖侯 文宣公	文宣公	衍聖公		衍聖公	衍聖公	衍聖公

翰林院五經博士	世襲太常寺博士
子思書院山長	
翰林院五經博士	太常博士

世襲國子監學錄	世襲國子監學正
尼山洙泗二書院山長	
尼山洙泗二書院學錄	國子監學正

四氏學教授學錄	聖廟執事官
廟學教授 學正 學錄	
廟學教授	
廟學教授 學正 學錄	
三氏教授 司教授 學錄 四氏學教授 學正 學錄	

世襲六品官	司樂	奎文閣典籍
文宣公兼曲阜令兗州功曹參軍泗水令		
文宣公兼曲阜主簿曲阜令		
文宣公後仕仙源縣官		
衍聖公兼曲阜令		
孔氏爲曲阜縣尹	司樂	典籍
曲阜世襲知縣	司樂	典籍

屯田管勾　林廟守衛司百戶　知印

守廟百石卒史

守廟百石吏卒

管勾

管勾　林廟守衛百戶　知印

掌書	書寫	奏差
掌書		
掌書	書寫	奏差

隨朝伴官

衍聖公世封聖賢後裔世職幷孔林各官

國朝官制

衍聖公世襲正一品

掌奉至聖孔子闕里廟祀順治元年題准封爵一如前朝階正一品班列

尚書上二年改

賜三臺銀印十三年依例授光祿大夫十六年依例給清漢文三臺銀印乾隆

十四年改給清漢篆文一品三臺銀印有大慶典衍聖公並蒙

錫蔭初公階正一品而蔭子則仍依正二品康熙六十一年始視正一品蔭一

子五品官著爲例

聖賢後裔翰林院五經博士二十六人正八品俱世襲

孔氏北宗一人掌奉中庸書院祀南宗一人掌奉衢州孔子廟祀元聖周

公復聖顏子宗聖曾子亞聖孟子先賢仲子閔子冉子伯牛冉子仲弓端

木子言子卜子顓孫子有子周子明道程子伊川程子張子邵子後裔各

一人朱子後裔二人先儒韓子後裔一人關氏後裔三人各掌奉其先世之祀孔氏北宗以衍聖公次子承襲餘並以嫡子襲孔氏顏氏曾氏孟氏東野氏仲氏閔氏冉氏端木氏卜氏言氏顓孫氏有氏博士十五人屬於衍聖公餘各就其家除授有闕則督撫核明應襲之人咨部題請承襲

聖裔太常寺博士一人正七品世襲

掌奉聖澤書院祀以衍聖公第三子承襲

聖裔國子監學錄二人正八品

一奉尼山書院祀一奉洙泗書院祀並由衍聖公於族內選用

聖裔國子監學正一人正八品世襲

掌奉儀封聖廟祀順治八年衍聖公奏准世襲如故

聖裔世襲六品官一人

掌分獻崇聖祠

國初仍前代曲阜用孔氏世職知縣乾隆六年山東巡撫白鐘山言曲阜知

縣向由衍聖公保舉選用每多瞻徇請在外揀選調補不必拘用孔氏奉

旨允行以現任世職知縣授爲世襲六品官遇有缺出揀選調補悉照執事官

之例

四氏學教授一人正七品學錄一人正八品

教授掌訓課孔顏曾孟四氏生徒以學錄文行兼優歷俸六年者陞補學

錄掌副教授訓迪生徒而教公之子弟於孔氏歲貢廩生捐貢及廩生內

選用初教授學錄止由衍聖公保舉咨部除授乾隆二十六年山東布政

使奏定令衍聖公將揀選應補人員移送撫臣驗看送部具題

聖廟執事官四十人三品二人四品四人五品六人七品八人八品十人九品十人

掌凡祭祀分獻及爵帛香祝之執事雍正四年

特旨增設各按品級給章服著衍聖公於孔氏子孫內選擇人品端方威儀嫻

雅者報部充補每年各給俸祿銀二十兩或曾經出仕而退休在籍或身

有職銜而未曾出仕以及貢監生童等皆可入選

司樂一人奎文閣典籍一人屯田管勾一人（並正七品）林廟守衛司百戶一人（秩視衛守備）

知印一人掌書一人書寫一人奏差一人隨朝伴官六人（並正七品）

司樂掌樂章樂器而教肄樂生典籍掌奎文閣書籍及禮生管勾掌祀田錢穀之出入祭祀則供其牲牷粢盛治膳羞醯醢之屬其屬有屯官八員鉅野鄆城平陽各二人東阿獨山二屯各一人分掌五屯以供祀事百戶掌陵廟之戶籍供其洒掃戶役之事主守禮器祭祀則司滌濯掌犧牲之宰割自司樂以下分職治事凡四司知印掌書書寫掌公府文書信印奏差掌齎衍聖公表箋章奏隨朝伴官掌隨從衍聖公朝覲辦事初無常員遇朝覲輒咨部給銜乾隆十五年始額定六員以上官皆由衍聖公保舉咨部補授

歷代建置

漢

〔山東通志〕孔子九世孫騰漢高帝過魯封爲奉嗣君一云奉聖君（謹案奉嗣

闕里文獻考作奉祀疑此有傳譌

（闕里文獻考）孔氏世嫡自漢高帝過魯封九世孫騰爲奉祀君始創推恩之例

（漢書孔光列傳）元帝卽位徵孔霸以師賜爵關內侯食邑八百戶號褒成君霸上書求奉孔子祀元帝下詔曰其令師褒成君關內侯霸以所食邑八百戶祀孔子焉

（荀悅漢紀）元始元年封周公後公孫相如爲褒魯侯孔子後孔均爲褒成侯追謚孔子爲褒成宣尼公

（漢書平帝本紀）元始元年封孔子後孔均爲褒成侯奉其祀

（漢書恩澤侯表）褒成侯均以褒成烈侯霸曾孫奉孔子後侯

謹案孔騰奉祀之封不見於史通典敘聖裔封爵始於孔霸然霸自以帝師蒙恩非由先聖得封如前此尙有蓼侯聚矣至元始褒成之侯是爲尊崇先聖後裔世爵之始

（袁宏後漢紀）建武五年封孔子後孔安爲殷紹嘉公十三年殷紹嘉公爲宋公周承休公爲衞公十四年夏四月辛巳封孔子後孔志爲褒成侯

（後漢書光武帝本紀）建武十四年封孔子後志爲褒成侯

（後漢書儒林列傳）世祖封均子志爲褒成侯志卒後子損嗣永元四年徙爲褒亭侯世世相傳至獻帝初國絶

（洪适隸釋）後漢魯相乙瑛置孔子廟卒史碑司徒臣雄司空臣戒稽首言魯前相瑛言詔書崇聖道勉六藝孔子作春秋制孝經演易繫辭經緯天地幽贊神明故特立廟褒成侯四時來祠事已即去廟有禮器無常人掌領請置百石卒史一人典主守廟春秋饗禮則出王家錢給犬酒直臣愚以爲如瑛言可許制曰可永興元年魯相平行長史事卞守長擅言詔書爲孔廟百石卒史一人掌主禮器選年卌以上經通一藝雜試能奉宏先聖之禮爲宗所歸者謹案文書守文學掾魯孔龢師孔憲戶曹吏孔覽等雜試龢修春秋嚴氏經通高第事親至孝能奉先聖之禮爲宗所歸除

穌補名

謹案後漢書儒林傳永元四年褒成侯損徙封褒亭侯然魯相乙瑛立卒史碑韓敕造孔子廟禮器碑史晨祠孔子廟碑皆稱褒成之封瑛碑立於永興元年敕碑立於永壽二年晨碑立於建寧二年皆在永元之後是損未嘗徙封傳之誤爾

三國

(三國魏志文帝本紀)黃初二年詔以議郎孔羨爲宗聖侯邑百戶奉孔子祀令魯郡修起舊廟置百戶吏卒以守衛之

(隸釋)魏魯孔子廟碑黃初元年大魏受命以魯郡百戶命孔子二十一世議郎孔羨爲宗聖侯令魯郡修起舊廟置百石吏卒以守衛之洪云魏志黃初二年正月詔以議郎孔羨爲宗聖侯奉孔子祀令魯郡修起舊廟置吏卒守衛碑云元年史作二年誤也後漢書孔僖傳注以羨爲崇聖侯亦誤也

謹案黃初宗聖之封史以爲二年碑以爲元年或據碑謂史誤非也文帝受禪在建安二十五年十一月越二月卽爲二年碑因孔羨之封追本受禪之事而言之爾至百石吏卒卽漢之百石卒史史作百戶則其誤無疑但漢卒史乃吏名而魏志及碑皆作吏卒則有不可曉者

晉

（晉書武帝本紀）泰始三年徙宗聖侯孔震爲奉聖亭侯太元十一年秋八月庚午封孔靖之爲奉聖亭侯奉宣尼祀

宋齊梁陳

（宋書禮志）奉聖亭侯孔亭五世孫繼之替慢不祀宋文帝元嘉八年有司奏奪爵至十九年又授孔隱之兄子熙先謀逆又失爵二十八年更以孔惠雲爲奉聖侯後有重疾失爵孝武大明二年又以孔邁爲奉聖侯

（宋書文帝本紀）元嘉十九年詔奉聖之嗣速議繼襲魯郡民孔景等五戶居近孔子墓側蠲其課役供給洒掃

謹案漢始置孔氏守廟百石卒史至宋時但給洒掃戶則百石卒史意晉時亦不復置矣明始以洒掃戶有才德者充林廟守衛百戶則洒掃戶雖非官而歷代相承實林廟守衛司百戶所由始故附載其事以著緣起而表則不列其後來所設之洒掃戶亦不瑣載焉

（南史梁敬帝本紀）太平二年詔求魯國孔氏族爲奉聖侯

（南史陳廢帝本紀）光大元年以儀同三司兼從事中郎孔英悊爲奉聖亭侯奉孔子祀

北魏

（北史魏孝文帝本紀）延興三年詔以孔子二十八世孫魯郡孔乘爲崇聖大夫給十戶以供洒掃太和十九年幸魯城親祠孔子廟詔拜孔氏四人顏氏二人爲官又詔選孔氏子孫一人封崇聖侯邑百戶以奉孔子祀

謹案文獻通考後魏封孔子二十七葉孫乘爲崇聖大夫孝文太和十九年改封二十八葉孫珍爲崇聖侯與北史孝文紀以孔乘爲二十八

世孫互異又考太和十九年詔拜顏氏二人爲官是爲褒錄顏氏之始

北齊

（北史齊文宣帝本紀）天保元年詔改封崇聖侯孔長爲恭聖侯邑一百戶以奉孔子祀

（馬端臨文獻通考）北齊改封三十一代孫爲恭聖侯

後周

（北史周宣帝本紀）大象二年詔進封孔子爲鄒國公邑數準舊立後承襲

隋

（文獻通考）隋文帝仍舊封孔子後爲鄒國公煬帝改封爲紹聖侯

（隋書煬帝本紀）大業四年詔立孔子後爲紹聖侯

唐

（唐書禮樂志）高祖武德九年封孔子之後爲褒聖侯

（杜佑通典）唐貞觀十一年封孔子裔德倫爲褒聖侯神龍初授褒聖侯崇階朝散大夫仍許子孫傳襲

（新唐書禮志）武后天授元年封孔子爲隆道公神龍元年以鄒魯百戶爲隆道公采邑以奉歲祀子孫世襲褒德侯

（舊唐書玄宗本紀）開元二十七年追贈孔宣父爲文宣王褒聖侯改封文宣公

（闕里文獻考）三十五代孫璲之唐玄宗開元二十七年詔謚孔子曰文宣王以其嗣爲文宣公任長吏代代勿絶三十六代萱襲封文宣公兼兗州泗水令三十七代齊卿唐德宗建中三年襲封文宣公兼兗州功曹三十八代惟晊憲宗元和十三年襲封文宣公授兗州參軍三十九代策明經及第授曲阜縣尉襲封文宣公四十一代昭儉襲封文宣公兼曲阜令

（劉肅大唐新語）自漢魏以來歷代皆封孔子後爲褒成侯或號褒聖侯至開元二十七年詔冊孔子爲文宣王其嗣褒成侯改封文宣公令右丞

相裴耀卿攝太尉持節就國子監冊命訖有司奠祭樂用宮懸八佾之舞

詔曰弘我王化在乎儒術皆發揮此道啓迪含靈則生人以來未有如夫

子也所謂自天攸縱將聖多能德配乾坤身揭日月故能致天下之太平

成天下之大經美政教移風俗君君臣臣父父子子人到於今受其賜不

其猗歟文多不盡載

（山東通志）四十一代昭儉襲封文宣公累宰曲阜子光嗣哀帝天祐二

年授泗水令林廟主

謹案呂兆祥陋巷志載唐德宗貞元六年南郊赦書節文授四十一代

孫顏五品正員官文宗以四十三代孫覽爲殿中侍御史宏式爲同州

參軍皆推恩聖裔特加敘錄非官制之常故今刪不錄

五季

（山東通志）光嗣爲灑掃戶孔末所害末自爲曲阜令光嗣子仁玉育於

外家長訴於朝乃誅末後唐時以仁玉襲封文宣公

（闕里文獻考）孔氏子孫爲曲阜縣令昉於唐咸通間續至後唐始以文宣公兼之四十三代仁玉孔末之亂生甫九月匿於外家後唐明宗長興元年魯人訴於朝乃誅末以公主孔子祀授曲阜主簿三年選龔邱令封文宣公晉高祖天福五年改曲阜令後周太祖廣順二年詔以曲阜令兼監察御史

（呂兆祥陋巷志）後周太祖廣順二年駕幸曲阜詔顏子之後以四十六代孫涉授曲阜縣主簿

謹案此事雖於官制無關然歷代卒以世爵崇孔氏而襃錄諸賢後裔者明以前不數見故亦存之以著緣起

宋

（文獻通考）太祖乾德四年以文宣王四十四代陵廟主進士孔宜爲兗州曲阜縣主簿太宗太平興國三年孔宜可授太子贊善大夫襲封文宣公天禧元年以文宣王四十六代孫光祿寺丞聖佑襲封文宣公

(宋史祖無擇列傳)至和二年上言開元諡孔子爲文宣王以其後爲文宣公以祖之美諡而加後嗣不經甚矣乞明詔有司詳求古制別定美號於是下近臣議改爲衍聖公

(宋史哲宗本紀)元祐元年改封孔子後爲奉聖公不預他職

謹案聖裔封號前代更易不一而衍聖公之號始於宋至和二年至元祐又改爲奉聖旋又復舊自是以後相承不改焉

(闕里文獻考)元張頦廟學記孔子舊宅因廟建學昉於魏之黃初其間興廢不常有宋大中祥符三年殿中丞公自牧奏就廟側創學帝曰講學道藝貴近廟庭當許於齋廳內說書乾興元年孫宣公守兗州於廟建學請以楊光輔爲講書奉禮郎始賜學田元祐四年尹復泰以文潞公薦爲教授給田二十頃以贍生員選任教導其重如此要必以講六經之道傳聖人心法爲職而小學之教節目纖悉宜有分任其事者考之碑刻則學正錄皆孔氏子孫爲之蓋當時乃教授自署毋亦選擇而使以寓激勸與

抑因其親愛俾帥幼而入學者與

（山東通志）宋真宗大中祥符二年就廟建學以訓孔氏子孫哲宗元祐元年置教授一員於舉到文官內差或委本路監司保舉有行義人充令教訓本家子弟尹復泰以文潞公薦爲教授本年又置學錄一員

謹案此條所載教授學錄緣起較張頲記爲詳故互見以備考

（闕里文獻考）明劉健重修三氏學記闕里三氏學建於宣聖廟之東南以教孔顏孟三氏子孫廟之建其來遠矣學則自宋大中祥符間始考厥初止以教孔氏子孫其後益以顏孟二氏蓋自元祐間始

（山東通志）宋真宗改曲阜爲仙源縣仁宗皇祐三年詔自今仙源縣官復於孔氏子弟中選用徽宗崇寧間又詔文宣王後常聽一人任兗州仙源縣官有丞有簿有尉大抵皆世職也

（山東通志）孟子四十五代孫寧宋仁宗景祐四年孔道輔薦於朝授鄒縣主簿奉孟子祀

謹案此爲襃錄孟氏之始又闕里文獻考載宋真宗天禧五年詔於夫子後選差朝官一人監督孔氏廟役時道輔以知仙源縣充徽宗崇寧二年詔文宣王家選親族一人判司簿尉事卽以家長承襲元代由省臣擇孔氏中廉幹者一人委充提領監修官依族長授八品冠帶蓋沿其制明初猶以翰林檢閱官孔涇爲族長其後衍聖公自擇族人爲之始無品秩其提領監修官明初改爲提領林廟事亦無品秩沿襲至今

國朝則族長沿舊名而提領林廟事改稱林廟舉事亦均無品秩且既設

聖廟執事官卽以執事官兼此二事不無專設故今不載於表中而於

刱置之初附載其源流如此

遼未置

謹案遼史不載孔氏世爵亦無先賢之裔蒙襃錄者蓋聖裔聚族於山東而諸賢之裔亦皆居宋地故也

金

（金史熙宗本紀）天眷三年以孔氏四十九代孫璠襲封衍聖公

（闕里文獻考）金廟學教授章宗明昌元年敕於四舉五舉終場進士出身人內選博學經史衆所推服者充秩正八品○元張頷廟學記金氏因之廩賜教育有加無替○金熙宗皇統閒仍改仙源爲曲阜章宗承安二年敕衍聖公年及十七許兼曲阜令不許別行差占○金党懷英重修至聖文宣王廟碑廟有層閣以備庋書詔以奎文名之

謹案此爲奎文閣賜名之始至元乃設官以典之

（王圻續通考）章宗明昌三年四月詔曰衍聖公秩視四品階正八品不稱可超遷中議大夫永著於令

元

（元史太宗本紀）五年詔以孔子五十一世孫孔元措襲封衍聖公

（元史孔思晦列傳）孔氏族人相與議思晦嫡長且賢宜襲封爵奉祠事狀上政府事未決仁宗親取孔子譜牒按之曰以嫡應襲封者思晦也復

奚疑特授中議大夫襲封衍聖公月俸百緡加至五百緡賜四品印泰定三年山東廉訪副使王鵬南言襲封上公而階止於四品於格弗稱明年升嘉議大夫至順二年改賜三品印

（闕里文獻考）元王思誠子思書院學田記鄒之中庸精舍卽沂國公授受故址而爲之延祐二年朝廷改爲子思書院設山長以司訓導○元潘迪子思書院新廟記中庸精舍大德間宋尹彰擴爲書院請額設官朝廷允之許立子思書院置山長一員職視大庠校官

（山東通志）尼山書院在尼山之麓實毓聖之區也元至順二年衍聖公孔思晦請設尼山書院山長本年以彭璠爲山長璠卒以益都路馬猶子爲山長洙泗書院在孔林之東孔子自衞反魯與弟子講道於洙泗之上魯記所載孔子講堂卽此也元時創建請額至順二年衍聖公孔思晦請設山長聽衍聖公保族人之賢者任之

（闕里文獻考）元虞集尼山創建書院記至順三年衍聖公思晦用林廟

管勾髗實理言請復尼山祠廟置官師奉祠薦彭璠可用至元二年中書

左丞王公懋德率同列執政者白丞相置尼山書院以璠爲山長

（山東通志）元世祖中統初詔立曲阜廟學選師儒充教授正錄各一

（闕里文獻考）元呂思誠加封啓聖王碑世祖龍飛車馬混一自上都大

都及天下郡邑立廟學曲阜林廟尤加修崇於是定襲封之嗣除孔氏一

人尹曲阜縣

（山東通志）金元常以衍聖公知縣事故有世襲縣尹武宗至大二年設

曲阜廟學典籍一員仁宗延祐七年遣說書王存義赴曲阜以太牢祀孔

子是年爲聖廟設司樂一員管勾一員

（闕里文獻考）掌書設自元成宗元貞二年

明

（明史儒林列傳）洪武元年命孔希學襲封衍聖公置官屬曰掌書曰典

籍曰司樂曰知印曰奏差曰書寫各一人立孔顏孟三氏教授司教授學

錄學正各一人立尼山洙泗二書院各設山長一人又命其族人希大爲曲阜世襲知縣

（明史職官志）衍聖公孔氏世襲正二品袍帶誥命朝班一品洪武元年授孔子五十六代孫希學襲封其屬掌書典籍司樂知印奏差書寫各一人皆以流官充之曲阜知縣孔氏世職洪武元年授孔子裔孫希大爲曲阜世襲知縣翰林院世襲五經博士正八品孔氏二人正德元年授孔子五十九世孫彥繩主衢州廟祀宋孔端友從高宗南渡家於衢州此孔氏南宗也正德二年授孔聞禮奉子思廟祀顏氏一人景泰三年授顏子五十九世孫希惠曾氏一人嘉靖十八年授曾子六十代孫質粹仲氏一人萬曆十五年授子路裔孫仲呂孟氏一人景泰三年授孟子裔孫希文周氏一人景泰七年授先儒周敦頤裔孫冕程氏二人景泰七年授先儒程頤裔孫克仁崇禎三年授先儒程顥裔孫接道邵氏一人崇禎三年授先儒邵雍裔孫繼祖張氏一人天啓二年以先儒張載裔孫文運爲博士朱氏二人景泰六年授先儒朱熹裔孫梃嘉靖二年又授墅爲博士奉婺源廟祀教授司教授從九品學錄學司並未入流孔顏曾孟四氏各一人又尼山洙泗二書院各學錄一人先是元代封孔子後裔爲衍聖公賜三品印洪武元年太祖既以孔希學襲封衍聖公因詔禮臣曰孔子萬世帝王之師而其後嗣止三品弗稱襃崇

其授希學秩二品賜以銀印

〔闕里文獻考〕四氏學學錄宋元祐始置當時尙有學正一員與學錄同

以孔氏充而令教授自署金元閒閒用異姓正錄秩皆九品明洪武七年

裁學正止設學錄一員秩未入流宣德元年定以聖裔任令衍聖公保舉

孔氏年德俱尊學問優長者咨部除授

〔山東通志〕聖澤書院孔子宰中都處也明設太常博士一員以主祀事

以衍聖公三子承襲

〔闕里文獻考〕尼山書院洙泗書院元順帝至正二年初設山長以異姓

碩儒任後令衍聖公保舉族人之賢者爲之明武宗正德二年改名學錄

秩從九品

〔山東通志〕唐褒德侯孔德倫在河南寧陵刱建祖廟明正統九年詔還

廟於儀封嘉靖十四年特授聖裔爲國子學正專主祀事

〔闕里文獻考〕唐天寶閒文宣公避亂遷居寧陵者數世遂於其地建立

聖廟後以子孫流寓寧陵者主其祀事會河圮遷居儀封明正統九年詔即於儀封立廟嘉靖十四年始置官以孔繼寅爲學正秩正九品令世襲

謹案太常博士及國子監學正二官明史職官志及儒林傳皆不載

〔闕里文獻考〕明劉健重修三氏學記闕里三氏學洪武始定名爲孔顏孟三氏教授司教授學錄各一員學錄即以孔氏子孫爲之○三氏子孫教授司萬曆年間增入曾氏又改名四氏學○元仁宗延祐三年衍聖公兼曲阜尹思誠以非嫡罷職專尹曲阜其子克欽孫希大皆世襲縣尹明洪武七年希大坐事罷職因改世襲爲世職令衍聖公保舉族人之賢者送部選授領剌赴任○漢魯相乙瑛以孔子廟有禮器無人掌領請置百石卒史一人掌之後世以其管轄洒掃百戶其官遂爲百戶又以職司巡徼有武備焉合典籍司樂管勾等三員爲兵農禮樂四司始用孔氏後以生員明弘治間始以洒掃戶才德兼優者充之止由衍聖公委用不由部

（山東通志）山東巡撫方大猷請崇聖賢以培人才疏衍聖公屬官員役明洪武元年設管勾一員司五屯錢糧司樂一員司樂舞生典籍一員司禮生書籍掌書一名司文移書寫一名司繕寫知印一名司印務奏差一名司差遣以上皆由衍聖公保舉堪用人數咨部銓用

（闕里文獻考）知印書寫並明洪武二年建隨朝伴官洪武十七年設

謹案聖裔世爵始自西漢若餘官則後漢始置百戶卒史然至晉時已廢後魏孝文嘗官孔氏顏氏而亦未聞世襲也至唐末始以文宣公兼曲阜令宋時又置廟學教授自是歷代相承遞有增設更元及明置官漸備然四時將享主鬯者雖膺上公之封而駿奔者不皆服官之侶至國朝設六等執事官然後牽牲贊采章紱焜煌先聖祀典於是有光真足以補前朝之闕典矣至曲阜世職知縣明隆慶時御史趙可懷已有舉用非人民受其殃之奏而因循不廢者徒以此爲報先師之盛意而無術以善處之爾今以曲阜知縣改授世職六品官品職視舊爲崇而無

民社之責爲職事之所不及尊師重道之意通變宜民之術並行不悖

斟酌盡善尤爲前代之所不及也

欽定歷代職官表卷六十六

欽定歷代職官表卷六十七

師傅保加銜表

朝代		太師 太傅 太保
三代	太師 太傅 太保	
秦		
漢	太師 太傅 太保	
後漢	太傅	
三國	太傅 太保	
晉	太宰 太傅 太保	
宋齊梁陳	太宰 太傅 太保	
北魏	太師 太傅 太保	
北齊	太師 太傅 太保	
後周	太師 太傅 太保	
隋	太師 太傅 太保	
唐	太師 太傅 太保	
五季	太師 太傅 太保	
宋	太師 太傅 太保	
遼	太師 太傅 太保	
金	太師 太傅 太保	
元	太師 太傅 太保	
明	太師 太傅 太保	

少師少傅少保	太子太師太傅太保
少師 少傅 少保	師氏 保氏
	師傅
少傅	太傅
	太傅
	太師 太傅 太保
	太傅
	太師 太傅 太保
	太師 太傅 太保
少師 少傅 少保	
	太師 太傅 太保
	太師 太傅 太保
	太師 太傅 太保
少師 少傅 少保	太師 太傅 太保
少師 少傅 少保	太師 太傅 太保
	太師 太傅 太保
	太師 太傅 太保
少師 少傅 少保	太師 太傅 太保

太子少師少傅少保
少傅
少傅
少師 少傅 少保
少傅
少師 少傅 少保
少師 少傅 少保
少傅
少師 少傅 少保
少師 少傅 少保
少師 少傅 少保
少師 少傅 少保
少師 少傅 少保
少師 少傅 少保
少師 少傅 少保
少師 少傅 少保

師傅保加銜

國朝官制

太師太傅太保正一品 少師少傅少保從一品 太子太師太子太傅太子太保從一品

太子少師太子少傅太子少保正二品

以上皆虛銜無職掌亦無員額凡大臣宣力中外勞績懋著者則奉

特旨加銜或爲

贈典以示優寵焉

歷代建置

謹案太師太傅太保古謂之三公其貳稱三孤必得其人而後授之無其人則寧闕故曰官不必備惟其人也後漢每一帝卽位必置太傅錄尚書事參預政柄非古義矣其餘各代皆以師傅稱上公位三公上多以他官兼領或不備置三少則或不置元魏始稱三師其實一也若東宮師傅代各殊制亦多以他官兼領者唐天寶以前凡三師官雖有其

位而無其人其後多以畀藩鎭得之者或不以爲榮宋政和新制改三師爲三公與三孤多爲階官而東宮六傅領以宰執大臣然三公之濫授莫甚於宣和之際其名尤多不正如鄆王楷以唱名第一超拜太傅景王杞濟王栩並以國公進太傅是以子爲師傅也內侍童貫拜太傅進太師是以廝役爲師傅也嗣是而緇衣黃冠亦閒崇以師傅之號而典章掃地盡矣明制三公三孤俱爲勳戚文武大臣加官贈官而東宮師傅亦無定員無專授然明世文臣多不敢居三公之位而東宮師傅類以累考或恩澤得之亦非慎重名器之意今詳考歷代之得失並著於篇然後知我

國家參取古制用爲加銜無專權干政之虞無循資濫授之弊立法之善爲前代所不及也

三代

〔禮記文王世子〕記曰虞夏商周有師保〔鄭康成註〕記所云謂天子也

謹案韓詩外傳三公者何曰司空司徒司馬司馬主天司空主地司徒主人今尚書歐陽夏侯說天子三公一曰司徒二曰司馬三曰司空文子堯之治天下也舜爲司徒契爲司馬禹爲司空注三公之官淮南子說苑並同尚書刑德考曰益爲司馬禹爲司徒禹爲司空三公象三台月令疏云書傳有司馬司徒司空公領三卿此夏制也是虞夏以前以司徒司馬司空爲三公矣古周禮說天子立三公曰太師太保太傅五經異義云周公爲傅召公爲保太公爲師周公太公無爲司徒司空之文知師保傅三公官名也五帝三王不同物此周之制也然則許慎謂五帝三王惟周以師保傅爲三公周以前則有異今據文王世子虞夏商周有師保則五帝三王並如古周禮說不特周有師保也又考路史後紀黃帝紀乃立四輔三公六卿三少二十有四官案靈樞經有黃帝問少師之文與羅泌之說合是書雖出僞託然實採掇諸書而成亦必依附古義知舊籍所載黃帝嘗有是官也又云陶唐氏立三公六卿百揆暨百執事然則虞夏商周之前已有師保明矣非至虞夏商周

始創此官也

〔杜佑通典〕殷太甲時伊尹爲太保

謹案環濟要略曰三公太師太傅太保也殷時有阿衡伊摯佐之太甲改爲保衡皆三公官也又詩長發篇鄭康成箋曰阿衡湯所依倚而取平也故以爲官名太甲時曰保衡書君奭篇孔安國傳曰伊尹爲保衡言天下所取安所取平均與杜佑以保衡爲太保立義各異以今考之古人所稱有官有號伊尹之稱阿衡當由湯倚任至重加以殊名如周之有師尚父非商設有此官以伊尹充之也洎乎太甲之世則以伊尹爲太保遂兼其官而稱之謂之保衡亦如唐宋宰相出鎮稱使相宰相封公稱公相兼二名而言之非至太甲之世又改名保衡也故書稱俾阿衡專美有商詩稱實維阿衡實左右商王皆不出伊尹之名姓而後人知爲伊尹以爲伊尹之專號故也使阿衡爲商代之官名豈有專歸一人以爲稱謂者哉今從禮記杜佑之說定商惟有太保而阿衡之

名表中亦刪不錄焉

（尚書盤庚）邦伯師長（孔安國傳）衆長公卿也（孔穎達正義）衆官之長故爲三公六卿也

（尚書說命）樹后王君公（孔穎達正義）三公則君公之內包之

（尚書微子）父師少師（孔安國傳）父師太師三公少師孤卿

謹案漢官儀殷伊尹爲太保胥餘爲太師故文王世子註謂殷亦兼有師保墨子武丁得傅說舉以爲三公然則殷具三公明矣史記殷有太師疵少師彊抱其樂器以適周漢書古今人表亦同蓋皆樂官之長如論語之太師摯少師陽其官名與公孤偶同實非公孤之職謹附識於此

（尚書周官）立太師太傅太保茲惟三公論道經邦燮理陰陽（孔安國傳）師天子所師法傅相天子保保安天子于德義者此惟三公之任佐王論道以經緯國事和理陰陽言有德者乃堪之官不必備惟其人（孔安國傳）三公之官不備員惟其人有德者乃處之少師少傅少保曰三孤（孔安國傳）此三官名曰三孤孤特也言卑于公

尊于卿特置此三者貳公宏化寅亮天地弼予一人（孔安國傳）副貳三公宏大化敬信天地之教以輔我一人之治

謹案逸周書武寤解尹氏八士太師三公咸作有績神無不饗別太師於三公之外與周官之制異未足據也

（尚書金縢）二公曰我其爲王穆卜（孔穎達正義）武王時三公惟周召與太公耳知二公是召公太公也

（周禮）卿老二鄉則公一人（鄭康成註）老尊稱也王置六卿則公有三人也三公者內與王論道中參六官之事外與六鄉之教其要爲民是以屬之鄉焉

謹案康成大傳註一公兼二卿舉下以爲稱太宰司徒同職則稱司徒公宗伯司馬同職則稱司馬公司寇司空同職則稱司空公考王置六卿六鄉各領一鄉大傳注謂公領二卿則一公領二鄉明矣與鄉老文可以互證春秋傳宋立四鄉二師掌之二師猶天子三公也二師掌四鄉則是一公領二鄉也倘襲周官鄉老之制而孔安國書傳謂一公止

領一卿豈一公止領一卿乎未足爲據也

〔國語〕太保六之太師七之〔韋昭注〕太保太師天子三公佐王論汜監衆官不得掌事故次之

謹案國語此文但及太保太師不及太傅或徇農之事太傅不與非無其職也太保太師次司徒蓋亦次徇農之先後非序官也

〔春秋公羊傳〕諸公者何天子三公天子三公者何天子之相也天子之相何以三自陝而東者周公主之自陝而西者召公主之一相處乎內是言三公爲二伯也

〔漢書百官公卿表〕周官太師太傅太保是爲三公蓋參天子坐而議政無不總統故不以一職爲官名又立三少爲之副少師少傅少保是爲孤卿記曰三公無官言有其人然後充之舜之于堯伊尹于湯周公召公于周是也

〔通典〕武王時太公成王時周公畢公爲太師成王時畢公爲太傅召公

爲太保
謹案蔡氏沈謂周公方條治事之官未及師保之職所謂未及者鄭重而未及言之也然考詩大明維師尚父毛傳云師太師史記齊世家書太誓註並稱文王立太公望爲太師初學記通典又謂周武王時太公爲太師成王時周公爲太傅召公爲太保儀禮逸禮太公爲太師周公爲太傅召公爲太保史記周本紀成王卽位周公畢公並爲太傅書顧命孔傳云太保畢毛稱公則三公矣冢宰第一召公領之司馬第四畢公領之司空第六毛公領之則是閱文武成康之世三公不特具其職且並未嘗闕其人周公作周禮時似不應不及三公也然而周官載公孤於六卿之前周禮則不之及者周官敘官之書故必首三公也周禮列六官之職三公無專職故不能不闕如也詩長發降于卿士實惟阿衡正義云三公兼卿士詩常武太師皇父正義云三公兼卿士之官竹書紀年殷王卽居亳其卿士伊尹然則三公類兼六卿六卿之職何一

非三公之職耶六卿之職具而三公之職亦具矣大司徒敘官曰鄉老二鄉則公一人此三公之兼職也職無可名故公孤不列於六卿之前職有可名故二公並繫于司徒之屬此周公著作之體也

（禮記文王世子）凡三王教世子必以禮樂立太傅少傅以養之欲其知父子君臣之道也太傅審父子君臣之道以示之少傅奉世子以觀太傅之德行而審諭之太傅在前少傅在後入則有保出則有師

（漢書賈誼列傳）成王幼召公爲太保周公爲太傅太公爲太師保保其身體傅傅之德義師道之教訓此三公之職也於是爲置三少皆上大夫也曰少師少傅少保是與太子宴者也

謹案文王世子所引記曰虞夏商周有師保有疑丞設四輔說者曰天子必有四鄰作記者取以成世子之記考尙書大傳曰天子必有四鄰前曰疑後曰丞左曰輔右曰弼大戴禮曰應而不窮者謂之道輔善而相義者謂之充絜廉而切直者謂之弼博聞強記者謂之丞注道或謂

之疑充或謂之輔是所謂四輔也然賈誼所稱三公三少即今周官所載非別爲東宮官屬故後漢翟酺傳亦云昔成王之政周公在前召公在後畢公在左史佚在右四子挾而維之目見正容耳聞正言一日即位天下曠然言其法度素定也蓋王之師保疑丞即世子之師保疑丞而非別設其官以教之也若大戴所記謂周公在前太公在左召公在右史佚在後而翟酺云云語各不同則傳聞各異耳

（周禮地官）師氏中大夫一人上士二人掌以媺詔王以三德教國子（鄭康成注）國子公卿大夫之子弟師氏教之而世子亦齒焉 保士下大夫一人中士二人（註）書序曰周公爲師召公爲保相成王爲左右聖賢兼此官也 掌養國子以道乃教之六藝

謹案文王世子所載以太傅少傅爲重而師保則附言賈誼所述直以太保太傅太師屬之召公周公太公而以爲太保太傅太師爲三公以三少爲上大夫皆與此文迥異蓋周禮至漢武帝時始出文王世子及賈誼疏皆在其前故傳聞異詞核實而論師氏似專掌教授如今之內廷教讀

保氏似專掌調護如今之諳達太保太傅太師少保少傅少師則統領其事如今之總師傅其官有尊卑其任有專司兼攝而所職則大略相同互相出入故諸儒所記各舉其一端似相近而實相足康成保氏註引書序周公爲師召公爲保相成王爲左右聖賢兼此官昔人謂太師太保康成誤以師氏保氏當之今考經典釋文君奭序保太保也師太師也馬云保氏師氏皆大夫官則康成保氏注乃本馬融君奭註也師氏保氏不得當太保太師故書牧誓亞旅師氏次在司徒司馬司空之後孔安國傳云師氏大夫官顧命師氏虎臣次在太保奭芮伯彤伯畢公衞侯毛公之後孔安國亦云大夫官是也中大夫之與三公康成何至混而爲一蓋康成原不以師氏爲太師保氏爲太保特謂周公爲太師亦兼師氏之職召公爲太保亦兼保氏之職以相成王也成王沖齡踐阼尚不得闕國子之教故三公復充師氏保氏之任保氏註明云兼此官既云兼此官則非卽此官明矣鄭註未嘗合而爲一也

秦

（章如愚山堂考索）秦制闕三師之位

（通典）太子師保二傅殷周已有逮乎列國秦亦有之

謹案秦之太子師傅見於史記商君列傳然秦使太子扶蘇北監蒙恬兵于上郡而以趙高傅公子胡亥教之決獄然則所謂太子師傅者其失職也久矣又孔叢子載陳勝以孔鮒爲太師蓋沿用古制偶立斯名非秦有是官故不著焉

漢

（漢書百官公卿表）太傅高后元年初置金印紫綬後省八年復置後省元壽二年復置位在三公上太師太保皆元始元年置金印紫綬太師位在太傅上太保次太傅

謹案漢志太傅位在三公上考漢紀永光三年太傅韋元成爲御史大夫御史大夫位在太傅下以太傅爲御史大夫在當時並非左遷豈以

太傅位雖尊而御史大夫職特重歟又漢紀武帝紀載元狩五年太子太傅嚴青翟爲丞相太傅止爲御史大夫而太子太傅乃爲丞相然則當時雖設師傅而遷除他官不甚拘拘于太少之秩次也

（漢紀平帝紀）大司徒孔光爲太傅左將軍甄豐爲少傅元始元年太傅孔光爲太師車騎將軍王舜爲太保大司空左將軍甄豐爲少傅

（宋書百官志）太師漢初不置平帝始復置太師官而孔光居焉東京又廢獻帝初復置後又廢太傅漢高后元年初用王陵太保平帝元始元年始用王舜後漢不置

謹案荀悅漢紀高祖紀有太保叔孫通固諫之文然則高祖時已有太保而漢書百官公卿表謂元始元年始置宋百官志謂平帝元始元年始用王舜與漢紀異

（漢書孔光列傳）爲帝太傅位四輔（馬宮列傳）四輔爲國維綱

謹案漢又置少傅甄豐爲少傅與太師太傅太保並爲四輔然百官表

不載蓋王莽更制所立非定制也

〔漢書百官公卿表〕太子太傅少傅皆秩二千石

謹案漢太子二傅屬官有太子門大夫庶子先馬舍人今析入詹事府表內此不具載

〔後漢書百官志〕太傅上公一人掌以善導無常職世祖以卓茂爲太傅後省其後每帝初卽位輒置太傅錄尙書事

謹案續漢書稱每帝卽位輒置太傅一人錄尙書事今考袁宏後漢紀光武中元二年明帝卽位以鄧禹爲太傅明帝紀永平十八年章帝卽位以趙熹爲太傅章帝紀章和元年和帝卽位以鄧彪爲太傅和帝紀元興元年殤帝卽位張禹爲太傅安帝紀建光四年北鄉侯卽位以馮石爲太傅順帝紀永建元年以桓焉爲太傅靈帝紀建寧元年以陳蕃爲太傅又以胡廣爲太傅中平六年獻帝卽位以袁隗爲太傅其中惟質帝紀桓帝紀未見立太傅之文而靈帝紀則兩立太傅與司馬彪所

云徵有不同考魯相史晨祠孔廟奏銘云時副言太傅太尉司徒司空大司農府治所部從事列太傅於太尉之上後漢書樊準傳永和初上書五府調省中都官吏注云太傅太尉司徒司空大將軍虞詡傳詡曰宜令四府九卿三公也註云太傅太尉司徒司空凡稱五府四府皆首列太傅於此見漢之太傅重于三公也

〔通典〕後漢惟有太傅一人而無師保（董卓自稱太師非漢本制）

謹案後漢書趙典傳曰公卿表典篤學博聞宜備國師說者以爲國師卽太師然則後漢之不置太師亦無其人則闕之意也

〔後漢書百官志〕太子太傅一人中二千石職掌輔導太子禮如師不領官屬太子少傅二千石亦以輔導爲職悉主太子官屬（〔劉昭注〕漢官曰員吏十三人）

謹案後漢紀光武紀建武二十八年上問羣臣誰可傅太子者皆曰執金吾陰識可也博士張佚正色曰今陛下立太子爲陰氏乎卽爲陰氏則陰侯可爲天下則固用天下之賢上曰善欲置傅者以輔太子今博

士不難正朕況太子乎卽拜佚爲太子太傅而以桓榮爲少傅然則後漢命太傅始于卓茂命太子太傅始于張佚桓榮也又考後漢不置詹事以少傅領東宮官屬與西京異其官屬自太子率更以下別詳詹事府篇

三國

（三國蜀志後主列傳）册曰今以禪爲皇太子使使持節丞相亮授印綬敬聽師傅行一物而三善皆得焉可不勉與

謹案華陽國志獻帝建安二十四年先主以許靖爲太傅章武元年先主卽帝位許靖爲司徒無代爲太傅者蓋建安二十四年尚襲後漢之制故設太傅至蜀改元或省其職華陽國志謂蜀初闕三司之位以待天下（晉志三司卽太尉司徒司空亦曰三公）太傅在三司上蜀且闕三司之職則太傅不常設可知矣又考華陽國志延熙元年立子璿爲皇太子瑤爲安定王以典學從事巴西譙周爲太子家令梓潼李譔爲僕射皆名儒也則後

主時惟立宮官未見設太子太傅少傅惟魏略曰禪立爲太子諸葛亮爲太子太傅然考諸書及諸葛亮集亮不爲太子太傅故裴松之以爲此魚豢妄說則冊文云敬聽師傅者當別有其人或先主時亦曾設此官耳

（宋書百官志）太師魏世不置

（晉書職官志）魏初惟置太傅以鍾繇爲之後又置太保以鄭沖爲之

（三國魏志三少帝本紀）昔周成建保傅之官近漢顯宗崇寵鄧禹所以優崇雋乂必有尊也其以太尉爲太傅

謹案司馬懿以太尉進太傅且斬大司馬不與託以朝議避忌見晉書宣帝紀此由曹爽等陽以名號尊之而陰奪其權如漢初安國侯以右丞相遷帝太傅耳其後太傅置左右長史掾屬舍人各十人加以典兵則又篡奪陰謀自生亂制非太傅職司所本有亦非魏代之常經故不具錄焉

（通典）魏官九品第三品太子保傅

（王應麟玉海）漢魏故事太子於二傅執弟子禮通典太子於二傅皆爲書不曰令少傅稱臣而太傅不臣文帝爲太子涼茂爲太傅何夔爲少傅謂之二傅

謹案魏世無東宮文帝爲太子乃魏國太子也自後二傅之官遂闕不著

（三國吳志）諸葛恪列傳恪以大將軍領太子太傅中書令孫宏領少傅恪更拜太傅

謹案吳之太傅自諸葛恪外見於書紀者惟陸機著論云張昭爲齊傅而已若東宮二傅多以他官兼領如闞澤拜太子太傅領中書如故薛綜爲太子少傅領選職薛瑩以選曹尚書領太子少傅之類是也惟張温吾粲官太子太傅少傅程秉以交阯長史徵拜太子太傅當爲專任耳

晉

（晉書職官志）太宰太傅太保周之三公官也晉以景帝諱故採周官之

名置太宰以代太師之任秩增三司與太傅太保皆爲上公論道經邦燮理陰陽無其人則闕以安平獻王孚居之自渡江以後其名不替而居之者甚寡太宰太傅太保爲文官公冠進賢三梁黑介幘

謹案晉以景帝之諱改太師之官名晉書職官志既云改太宰又云改太保已自相違異通典則云改太師更屬參差然晉志明云採周官之名周官無太師之文則杜佑所說爲無據至太保雖見於周官而古文尙書晉初未出所謂周官當卽周禮周禮有冢宰無太保保氏又下大夫秩不相當則其爲太宰更無疑義況宋齊相沿並稱太宰尤證據昭然蓋作保者史之誤字惠帝紀稱齊王冏爲太師者亦史之駁文或其初避諱作師字後乃定爲宰歟

（晉荀勗薦三公保傅表）三公保傅宜得其人若使楊珧參輔東宮必當仰稱聖意

（晉書職官志）太子太傅少傅泰始三年始各置一人尚未置詹事官事

無大小皆由二傅並有功曹主簿五官太傅中二千石少傅二千石其訓導者太傅在前少傅在後皇太子先拜諸傅然後答之後以儲副體尊遂命諸公居之以本位重故或行或領時侍中任愷武帝所親敬復使領之蓋一時之制也咸寧元年以給事黃門侍郎楊珧爲詹事掌宮事二傅不復領官屬及楊珧爲衞將軍領少傅省詹事遂崇廣傅訓命太尉賈充領太保司空齊王攸領太傅所置吏屬復如舊二傅進賢兩梁冠黑介幘五時朝服佩水蒼玉其後太尉汝南王亮車騎將軍楊駿司空衞瓘石鑒皆領傅保猶不置詹事惠帝元康元年復置詹事二傅置丞一人秩千石主簿五官掾功曹史主記門下史錄事戶曹法曹倉曹賊曹功曹書佐門下亭長門下書佐省事各一人給赤印安車一乘及黃陵建宮乃置六傅三太三少以景帝諱師故改太師爲太保（晉原別有太保此太保據前文當爲太宰之誤）通省尚書事詹事文書關由六傅自元康之後諸傅或二或三（通典無此二字疑此衍）或四或六渡江之後有太傅少傅不立師保

〔通典〕晉太子六傅各有丞一人

〔司馬光資治通鑑〕永熙元年立廣陵王遹爲皇太子以中書監何劭爲太子太師衞尉裴楷爲少師吏部尙書王戎爲太傅前太常張華爲少傅衞將軍楊濟爲太保尙書和嶠爲少保胡三省注晉東宮六傅惟此時具官

謹案晉潘尼集有皇太子釋奠頌云元康三年春閏月越二十四日旣齊輿駕于太學太傅在前少傅在後恂恂乎宏保訓之道考通鑑永熙元年東宮六傅已全具而潘尼于元康三年作頌仍止稱太傅少傅者蓋晉泰始初獨有太子太傅少傅故當時訓導之職二傅領之皇太子釋奠其前後特于六傅內舉其最重者耳

宋齊梁陳

〔宋書百官志〕太宰一人太傅一人太保一人是爲三公無其人則闕

謹案宋太宰惟孝武帝時以江夏王義恭爲之以後無人

（宋書百官志）太子太傅一人丞一人少傅一人丞一人並有功曹主簿五官太傅中二千石少傅二千石

（南齊書百官志）齊惟置太傅

謹案齊亦有太宰太保然惟以爲贈無生得之者故志以爲惟置太傅

（南齊書百官志）太子太傅少傅府置丞功曹五官主簿

（南齊書王儉列傳）儉領太子少傅舊太子敬二傅同至是朝議接少傅以賓友之禮

（隋書百官志）梁有太宰太傅太保〇太子太傅一人位視尚書令少傅一人位視左僕射置丞功曹主簿五官

謹案職官要錄曰三少舊視左僕射冠服同三太也

（隋書百官志）陳制官品秩太宰太傅太保秩萬石品並第一太子二傅中二千石品並第二

（通典）太子六傅自宋以下惟有傅而無師保

北魏

〔通典〕後魏以太師太傅太保謂之三師上公也

謹案溫子昇集有爲上黨王穆讓太宰表考晉宋以後江左皆名太師爲太宰而北魏官氏志及唐六典通典載魏官制仍稱太師不稱太宰子昇表稱太宰或當時熟習舊名相襲未改歟

〔唐六典〕三師訓導之官也其名卽周之三公漢始尊師傅之位在三公上謂之上公無所統職後魏特稱三師以正其名然非道德崇重則不居其位無其人則闕之

謹案魏淮陽王欣大統中爲太傅文帝曰王三爲太傅再爲太師自古人臣未聞此例可知三師之官在魏固甚重也

〔通典〕後魏太子太師太傅太保謂之東宮三師少師少傅少保謂之東宮三少孝明在東宮宣武皇帝欲以崔光爲太司師傅光固辭帝令太子南面再拜宮臣皆從太子拜光北面立不敢答拜惟西向拜謝而出乃授

光太子少傅

北齊

（隋書百官志）後齊循後魏置太師太傅太保是爲三師擬古上公非勛德崇者不居〇太子太師太傅太保是爲三師掌師範訓導輔翊皇太子少師少傅少保是爲三少各一人掌奉皇太子以觀三師之德出則三師在前三少在後

謹案魏收傳文宣除收爲太子少傅仍兼太子詹事攷隋百官志北齊設太子三師三少又別設詹事各爲專職收以太子少傅兼詹事蓋一時之制也又收未嘗爲少傅而溫特進集有冬夜酬魏少傅直史館詩魏收傳收爲太子少傅直館則太子少傅當時亦通稱少傅也

後周

（隋書百官志）周太祖師周之建職置三公三孤以爲論道之官

（周書蕭圓肅列傳）建德三年授太子少傅圓肅以任當師傅調護是職

乃作少傅箴

謹案成周立三公三孤王之師保卽世子之師保後周建官多倣成周故杜佑謂東宮三師三少後周不置然蕭圓肅之授太子少傅明著於史當是爲圓肅而特設者歟

隋

(隋書百官志)三師不主事不置府僚蓋與天子坐而論道者也

謹案師傅保北魏尊爲三師北齊因之後周依周禮又以爲三公隋初以爲三師煬帝廢之三師自漢魏以來皆開府置僚屬至隋因後周不置僚屬蓋又省三少不置也

(隋書百官志)太子置太師太傅太保少師少傅少保

唐

(舊唐書職官志)太師太傅太保各一員謂之三師並正一品訓導之官大抵無所統職無其人則闕之(通典)天寶以前凡三師官雖有其位而無其人

〈唐六典〉三師或親王拜者但存其名耳

〈資治通鑑〉貞觀六年上以新令無三師官二月丙戌詔特置之

謹案此本舊唐書太宗紀而新書百官志則云隋廢三師貞觀十一年復置疑誤

〈新唐書百官志〉太子太師太傅太保各一人從一品掌輔導皇太子每見迎拜殿門三師合拜每門必讓三師坐太子乃坐與三師書前名惶恐後名惶恐再拜太子出則乘路備鹵簿以從少師少傅少保各一人從二品掌曉三師德行以諭皇太子奉太子以觀三師之道德自太師以下惟其人不必備

謹案唐貞觀以還太子師傅皆宰相兼領如魏徵長孫無忌房玄齡蕭瑀高士廉岑文本于志寧等皆領師傅之職而房玄齡蕭瑀高季輔等又下兼三少乃其後非疾廢眊瞶不任事者即休戎罷師不知書者處之而又疎棄斥逐之越月踰時不得召見甚至搢紳多耻爲之然則與

是列者非所以示尊寵其與設官之初意大不侔矣

五季

〔資治通鑑〕安審琦曰皇甫太師寂無音問〔胡三省注〕皇甫遇未必加官至太師也而安審琦以太師稱之蓋五季之世官賞無章當時相稱謂不復論其品秩就人臣極品而稱之

〔玉海〕唐制太師太傅太保爲三師太尉徒司空爲三公並爲宰相親王使相加官五代之制司徒遷太保太保遷太傅太傅遷太尉太尉遷太師檢校者亦如之

謹案洪邁云唐節度使帶檢校其初止左右散騎常侍如李愬在唐鄧時所稱者也後乃轉尙書及僕射司空司徒能至此者蓋少僖昭以降藩鎭彊強武夫得志纔建節鉞其資級已高於是復升太保太傅太尉其上惟有太師故將帥悉稱太尉今觀胡氏所云則五季時并薄太尉而徑稱太師故遼人多呼節度使爲太師見金史世紀相沿固有所自

矣此本無預於官制而史文有此稱號恐滋考證者之疑故存而訂正之焉

〈五代會要〉長興四年四月以祕書監劉贊為秦王傅時言事者請為秦王置師傅上顧問近臣皆以秦王名勢隆盛不敢置議請自選擇乃降是命

謹案五季凡師傅官見于新五代史各傳如馮道為太師趙光逢為太保安重誨為太子太師李鏻為太子太傅等大約一準唐制然僭濫相仍概不足述姑著此以見一時之事云

宋

〈宋史職官志〉宋承唐制以太師太傅太保為三師為宰相親王使相加官凡除授則自司徒遷太保自太傅遷太尉檢校亦如之若宰臣官至僕射致仕者以在位久近或已任司空司徒則拜太尉太傅等官若太師則為異數自趙普以開國元勳文彥博以累朝耆德方特拜焉政和二年九月詔以太師太傅太保古

三公之官今爲三師古無此稱合依三代爲三公爲真相之任仍考周制立三孤少師少傅少保亦稱三少爲次相之任

（柯維騏宋史新編職官志）宣和七年詔復三公不領三省事治平著令親王不兼三師至徽宗朝皇子有真授者

（歐陽修歸田錄）皇子顥封東陽郡王除婺州節度使檢校太傅翰林買學士黯上言太傅天子師臣也子爲父師於體不順中書檢勘自唐以來親王無兼師傅官者蓋自國朝命官秖以差遣爲職事自三師三少以降皆是虛名故失於因循爾議者皆以買言爲當也

（葉夢得避暑漫錄）本朝宰相以三師致仕者元豐以前惟三人趙韓王太師張鄧公太傅王魏公太保元豐文潞公始以太師繼之

（陸游老學菴筆記）史魏公自少保六轉而至太師文潞公自司空四轉蔡太師自司空三轉秦太師自少保兩轉而已

（王闢之澠水燕談錄）國朝享國百三十餘年人臣爲太師者惟趙忠獻

文潞公二人者耳

謹案宋三公自太祖以來未嘗備官獨宣和末三公至十八人蓋太師三人太傅四人太保十一人三少不計也又宋太師未嘗並除紹聖初始有文彥博吳王顥宣和中蔡京童貫鄭紳靖康初燕王俁越王偲紹興初秦檜張俊紹熙末史浩嗣秀王伯圭建隆至紹熙宰臣生拜太師者五趙普文彥博蔡京秦檜史浩惟蔡秦二人以相臣特拜其他皆還政加恩也親王生拜太師者五人楚王元佐燕王元儼吳王顥燕王俁趙王偲皆以父兄行得之嗣秀王伯圭以宗室特拜太師蓋王于光宗爲親伯父用優禮也又政和之制除三公三孤者必須建節加檢校太子少保少師之類然後除開府儀同三司既除開府然後除三孤三公南渡後如張韓劉岳諸武臣猶是如此其後一得建節即經除開府至三孤三公益非舊制矣

（宋史職官志）東宮官太子太師太傅太保太子少師少傅少保

（馬端臨文獻通考）宋師傅不常設仁宗升儲置三少各一人李昉以參知政事兼掌賓客及陞左相遂進兼少傅此宰相兼宮僚之始也丁謂兼少師馮拯兼少傅曹利用兼少保是時實爲東宮官餘多以前宰執爲致仕官亦隨本官高下除授太子少師少傅少保以待前執政其少師亦不輕除若因遷轉則遞進一官至太師卽遷司空矣天禧末皇太子同聽政乃以首相兼少師自後神宗欽宗孝宗光宗在東宮皆不置

（宋史新編職官志）其後錢象祖兼少傅史彌遠賈似道兼少師皆宰相兼宮僚也

（石林燕語）國朝宰相執政未有兼東宮職事者天禧末仁宗初立爲皇太子因命宰相丁謂馮拯兼少師少傅樞密使曹利用兼少保而任中正王曾爲參知政事錢惟演爲樞密副使皆兼賓客前此所無也謂等因請師傅十日一赴資善賓客以下隻日互陪侍講從之

謹案宋制以宰相兼宮僚至天禧末乃以首相兼太子少師故宮僚特

重然宋初實儀左右僕射東宮三師爲表首議云東宮三師爲表首討論故實全無證據其左右僕射援引制勑合爲表首者其事有六云云大旨謂上臺君父之官東宮臣子之官不得以東宮三師一品爲尊然則宮僚雖以宰相充而百官表次仍當在僕射後特史彌遠賈似道之流爲首輔而兼充少師則東宮三師望愈重矣

遼

（遼史百官志）南面朝官三師府太師穆宗應曆三年見太師唐古特西番也原作唐骨德今改太傅太宗會同元年命馮道守太傅太保會同元年劉昫守太保少師耶律資忠傳見少師蕭巴格原作把哥今改正少傅少保掌印耶律伊遜蒙古語九數也原作乙辛今改重熙中掌太保印

謹案北魏始改三公爲三師宋政和中始復周官公孤之名遼則太尉司徒司空自爲三公而師傅稱三師蓋參取北魏以來之舊制也

（遼史百官志）南面東宮三師府太子太師太宗大同元年見太子太師

李崧太子太傅世宗天祿五年見太子太傅趙瑩太子太保大同元年見太子太保趙瑩太子少師聖宗太平十一年見太子少師蕭從順太子少傅耶律哈里（滿洲語有水寬甸處也原作合里今改正）重熙中爲太子少傅太子少保大同元年見太子少保馮玉

金

（金史百官志）三師太師太傅太保各一員皆正一品師範一人儀刑四海〇東宮官宮師府太子太師太子太傅太子太保正二品太子少師太子少傅太子少保正三品掌保護東宮導以德義海陵天德四年始定制宮師府三師三少詹事院詹事三寺十率府皆隸焉

元

（元史百官志）三公太師太傅太保各一員正一品銀印以道燮陰陽經邦國有元襲其名號特示尊崇太祖十二年以國王置太師一員太宗即位建三公其拜罷歲月皆不可考世祖之世其職常缺而僅置太保一員

至成宗武宗而後三公並建無虛位而東宮常置三師三少蓋亦不恆有也

謹案元視宋制故師傅亦稱三公而又有所謂大司徒司徒太尉之屬或置或不置則亦一時之制也

（王圻續文獻通考）元成宗大德十一年六月（時武宗已即位）置宮師府立太子太師少師太傅少傅太保少保等官

明

（明史職官志）太師太傅太保爲三公正一品少師少傅少保爲三孤從一品掌佐天子理陰陽經邦宏化其職至重無定員無專授洪武三年授李善長太師徐達太傅（先是常遇春已贈太保）三孤無兼領者建文永樂閒罷公孤官仁宗復設（永樂二十二年八月復置三公三少）宣德三年勑太師英國公張輔少師吏部尚書蹇義少傅兵部尚書華蓋殿大學士楊士奇少師兼太子少傅戶部尚書夏原吉各輟所領侍左右咨訪政事公孤之官幾於專授逮義原吉

老士奇還領閣務自此以後公孤皆虛銜爲勳戚文武大臣加官贈官而文臣無生加三公者嘉靖二年加楊廷和太傅辭不受其後文臣得加三公惟張居正萬曆九年加太傅十年加太師

（續文獻通考）明初設三公府正一品府罷而李善長徐達以丞相兼太師太傅

謹案明文臣自張居正外多不敢居三公之位故孫承宗傳云加太傅力辭不受先以冊立東宮加太保及神宗實錄成加官亦如之並辭免復以考滿詔加太傅復辭不受而勳臣得之者前後凡十五人內太師六人太傅四人太保五人亦制之失中者也

（明史職官志）太子太師太子太傅太子太保並從一品掌以道德輔導太子而謹護翼之太子少師太子少傅太子少保並正二品掌奉太子以觀三公之道德而教諭焉太子賓客正三品掌侍太子贊相禮儀規誨過失皆東宮大臣無定員無專授洪武元年太祖有事親征慮太子監國別

設宮僚或生嫌隙乃以朝臣兼宮職李善長兼太子少師徐達兼太子少傅常遇春兼太子少保治書侍御史夏原吉范顯祖兼太子賓客三年禮部尙書陶凱請選人專任東宮官罷兼領庶於輔導有所責成帝諭以江充之事可爲明鑑立法兼領非無謂也由是東宮師傅止爲兼官加官及贈官惟永樂閒成祖幸北京以姚廣孝專爲太子少師留輔太子自是以後終明世皆爲虛銜於太子輔導之職無與也

謹案太子賓客唐官也始於漢四皓之侍從太子至武帝爲太子立博望苑使通賓客晉惠帝令衞庭王略楊毖裴憲華恆備太子賓友其時雖非官而謂之東宮賓客唐顯慶元年始以太子太傅兼侍中韓瑗中書令來濟禮部尙書許敬宗左僕射兼太子少師于志寧並爲皇太子賓客遂爲官員定置四人掌調護侍從規諫凡太子有賓客之事則爲上齒資位閒重其流不雜宋置二人或以宰執兼之太子事以師傅禮其後相仍不替明洪武初徵儒士王本杜斆趙民望吳源爲四輔官兼

太子賓客位尚書上蓋亦宮師之亞也

國朝不設斯官故附著於此

欽定歷代職官表卷六十七

欽定歷代職官表卷六十八

文武官階表

朝代	文職 光祿大夫榮祿大夫
三代	九命
秦	
漢	萬石中二千石
後漢	萬石中二千石
三國	第一品
晉	第一品
宋齊梁陳	十八班十七班
北魏	第一品從一品
北齊	第一品正從
後周	九命
隋	第一品正從
唐	開府儀同三司
五季	開府儀同三司
宋	開府儀同三司
遼	開府儀同三司
金	開府儀同三司 儀同三司 特進 崇進
元	開府儀同三司 儀同三司 特進 崇進 金紫光祿大夫 銀青光祿大夫 光祿大夫 榮祿大夫
明	特進光祿大夫 特進榮祿大夫 光祿大夫 榮祿大夫

資政大夫通奉大夫	通議大夫中議大夫
八命	七命
二千石比二千石	千石比千石
二千石比二千石	千石比千石
第二品	第三品
第二品	第三品
十六班十五班	十四班十三班
第二品從二品	第三品從三品
第二品正從	第三品正從
八命	七命
第二品正從	第三品正從
特進光祿大夫	金紫光祿大夫銀青光祿大夫
特進光祿大夫	金紫光祿大夫銀青光祿大夫
特進光祿大夫	金紫光祿大夫銀青光祿大夫
崇祿大夫	金紫崇祿大夫
金紫光祿大夫銀青榮祿大夫光祿大夫榮祿大夫	資德大夫資政大夫資善大夫正奉大夫通奉大夫中奉大夫
資德大夫資政大夫資善大夫正奉大夫通奉大夫中奉大夫	正議大夫通議大夫嘉議大夫太中大夫中大夫亞中大夫
資德大夫資政大夫資善大夫正奉大夫通奉大夫中奉大夫	正議大夫通議大夫嘉議大夫太中大夫中大夫亞中大夫

中憲大夫朝議大夫	奉政大夫奉直大夫
六命	五命
八百石比八百石	六百石比六百石
八百石比八百石	六百石比六百石
第四品	第五品
第四品	第五品
十二班十一班	十班九班
第四品從四品	第五品從五品
第四品正從	第五品正從
六命	五命
第四品正從	第五品正從
正議大夫通議大夫太中大夫中大夫	中散大夫朝議大夫朝請大夫朝散大夫
正議大夫通議大夫太中大夫中大夫	中散大夫朝議大夫朝請大夫朝散大夫
正奉大夫中奉大夫太中大夫中大夫	中散大夫朝奉大夫朝散大夫朝請大夫
正議大夫通議大夫嘉議大夫太中大夫中大夫少中大夫	中議大夫中憲大夫中順大夫朝請大夫朝散大夫朝列大夫
中議大夫中憲大夫中順大夫朝請大夫	奉政大夫奉議大夫奉直大夫奉訓大夫
中議大夫中憲大夫中順大夫朝請大夫朝列大夫	奉政大夫奉議大夫奉直大夫奉訓大夫

承德郎儒林郎	文林郎徵仕郎
四命	三命
五百石四百石比四百石	二百石比三百石
四百石比四百石	三百石比三百石
第六品	第七品
第六品	第七品
八班七班	六班五班
第六品從六品	第七品從七品
第六品正從	第七品正從
四命	三命
第六品正從	第七品正從
朝議郎承議郎奉議郎通直郎	朝請郎宣德郎朝散郎宣議郎
朝議郎承議郎奉直郎通直郎	朝請郎宣德郎朝散郎宣議郎
朝奉郎承直郎奉直郎通直郎	朝請郎宣德郎朝散郎宣奉郎
奉政大夫奉議大夫奉直大夫奉訓大夫	承德郎承直郎承務郎儒林郎
承德郎承直郎儒林郎承務郎	文林郎承事郎徵事郎從事郎
承德郎承直郎儒林郎承務郎	文林郎承事郎徵仕郎將仕郎

修職郎修職佐郎	登仕郎登仕佐郎
二命	一命
二百石	百石斗食
二百石	百石斗食
第八品	第九品
第八品	第九品
四班三班	一班一班
第八品從八品	第九品從九品
第八品正從	第九品正從
二命	一命
第八品正從	第九品正從
給事郎承事郎承奉郎承務郎	儒林郎登仕郎文林郎將仕郎
給事郎徵事郎承奉郎承務郎	儒林郎登仕郎文林郎將仕郎
給事郎承事郎承奉郎承務郎	儒林郎登仕郎文林郎將仕郎
文林郎承事郎徵仕郎從仕郎	登仕郎將仕郎登仕佐郎將仕佐郎
登仕郎將仕郎登仕佐郎將仕佐郎	
修職郎迪功郎修職佐郎迪功佐郎	登仕郎將仕郎登仕佐郎將仕佐郎

武職 建威將軍 振威將軍	武顯將軍 武功將軍
驃騎大將軍	輔國大將軍 鎮軍大將軍
驃騎大將軍	輔國大將軍 鎮軍大將軍
驃騎大將軍	輔國大將軍 鎮軍大將軍
	鎮國大將軍
開府儀同三司 儀同三司 特進 崇進	金紫光祿大夫 銀青榮祿大夫 光祿大夫 榮祿大夫
	龍虎衛上將軍 金吾衛上將軍 驃騎衛上將軍 奉國上將軍 鎮國上將軍
特進光祿大夫 特進榮祿大夫 光祿大夫 榮祿大夫	龍虎將軍 金吾將軍 驃騎將軍 奉國將軍 定國將軍 鎮國將軍

武義都尉　武翼都尉
冠軍大將軍　懷化大將軍　懷化將軍　雲麾將軍　歸德大將軍　歸德將軍
冠軍大將軍　懷化大將軍　懷化將軍　雲麾將軍　歸德大將軍　歸德將軍
冠軍大將軍　懷化大將軍　雲麾將軍　歸化將軍
龍虎衛上將軍　金吾衛上將軍　驃騎衛上將軍　奉國上將軍　輔國上將軍　鎮國上將軍
昭武大將軍　昭勇大將軍　昭毅大將軍　安遠大將軍　懷遠大將軍
昭武將軍　昭毅將軍　昭勇將軍　安遠將軍　定遠將軍　懷遠將軍

昭武都尉　宣武都尉
忠武將軍　壯武將軍　懷化中郎將　宣威將軍　明威將軍　歸德中郎將
忠武將軍　壯武將軍　懷化中郎將　宣威將軍　明威將軍　歸德中郎將
忠武將軍　壯武將軍　宣武將軍　明威將軍
昭武大將軍　昭毅大將軍　昭勇大將軍　安遠大將軍　定遠大將軍　懷遠大將軍
廣威將軍　宣威將軍　明威將軍　信武將軍　顯武將軍　宣武將軍
廣威將軍　宣威將軍　明威將軍　信武將軍　顯武將軍　宣武將軍

武德騎尉 武德佐騎尉	武略騎尉 武略佐騎尉
定遠將事寧遠將軍懷化郎將游騎將軍游擊將軍歸德郎將	昭武校尉昭武副尉懷化司階振威校尉振威副尉歸化司階
定遠將軍寧遠將軍懷化郎將游騎將軍游擊將軍歸德郎將	昭武校尉昭武副尉懷化司階振威校尉振威副尉歸化司階
定遠將軍寧遠將軍游擊將軍游騎將軍	昭武校尉昭武副尉振威校尉振威副尉
廣威將宣威將軍明威將軍信武將軍顯武將軍宣武將軍	武節將軍武德將軍武義將軍武略將軍
武節將軍武德將軍武毅將軍武略將軍	承信校尉昭信校尉忠武校尉忠顯校尉
武節將軍武德將軍武毅將軍武略將軍	承信校尉昭信校尉忠武校尉忠顯校尉

武信騎尉武信佐騎尉	奮武校尉奮武佐校尉
致果校尉致果副尉懷化中候翊麾校尉翊麾副尉歸德中候	宣節校尉宣節副尉懷化司戈禦侮校尉禦侮副尉歸德司戈
致果校尉致果副尉懷化中候翊麾校尉翊麾副尉歸德中候	宣節校尉宣節副尉懷化司戈禦侮校尉禦侮副尉歸德司戈
致果校尉致果副尉翊麾校尉翊麾副尉	宣節校尉宣節副尉禦侮校尉禦侮副尉
承信校尉昭信校尉忠武校尉忠顯校尉	忠勇校尉忠翊校尉修武校尉敦武校尉
忠勇校尉忠翊校尉修武校尉登武校尉	保義校尉進義校尉保義副尉進義副尉

修武校尉修武佐校尉
仁勇校尉仁勇副尉懷化執戟長上陪戎校尉陪戎副尉歸德執戟長上
仁勇校尉仁勇副尉懷化執戟長上陪戎校尉陪戎副尉歸德執戟長上
仁勇校尉仁勇副尉陪戎校尉陪戎副尉
保義校尉保義副尉進義校尉進義副尉

珍倣宋版印

文武官階

國朝官制

光祿大夫正一品　榮祿大夫從一品　資政大夫正二品　通奉大夫從二品　通議大夫正三品

中議大夫從三品　中憲大夫正四品　朝議大夫從四品　奉政大夫正五品　奉直大夫從五品

承德郎正六品　儒林郎從六品　文林郎正七品　徵仕郎從七品　修職郎正八品　修職佐郎從八品

登仕郎正九品　登仕佐郎從九品

以上文官階若吏員出身者其從六品正七品俱爲宣德郎不及九品者

爲未入流初制一品正從俱光祿大夫後從一品改榮祿大夫凡官階五

品以上爲

誥授六品以下爲

敕授武官亦如之

建威將軍正一品　振威將軍從一品　武顯將軍正二品　武功將軍從二品　武義都尉正三品

武翼都尉從三品　昭武都尉正四品　宣武都尉從四品　武德騎尉正五品　武德佐騎尉從五

品武略騎尉正六品武略佐騎尉從六品武信騎尉正七品武信佐騎尉從七品奮武校尉正八品奮武佐校尉從八品修武校尉正九品修武佐校尉從九品

以上武官階初提督總兵官或加都督及都督同知僉事等銜其左右都督俱爲正一品後裁去加銜定提督爲從一品故武階至從一品而止又正一品從一品初俱爲榮祿大夫正二品爲驃騎將軍從二品爲驍騎將軍正三品爲昭勇將軍從三品爲懷遠將軍正四品爲明威將軍從四品爲宣武將軍正五品爲武德將軍從五品爲武略將軍正六品爲昭信校尉從六品爲忠顯校尉正七品爲奮力校尉其旗員武職初有封承德郎文林郎者亦改照漢人之例其旗員之八九品武職仍依舊爲修職郎登仕郎後又改從一品爲振威大夫正二品爲武顯大夫從二品爲武功大夫正三品爲武義大夫從三品爲武翼大夫正四品爲昭武大夫從四品爲宣武大夫正五品爲武德郎從五品爲武略郎正六品爲武信郎從六品爲武信佐郎正七品爲奮武郎乾隆五十一年欽奉

諭旨武職階級自應與文臣相埒今文職則係正一品起而武職則係從一品起顯然少予一階且文職自正一品至從九品共十八階武職自從一品至七品止十一階多寡顯有懸殊所有武職人員現在所缺正一品之階應照朕前次欽定領侍衛內大臣將軍爲正一品之例增入一階其自正七品以下較文職所少之五階亦應於內外武職衙門微末員弁內按其職守酌定正從照文職一體釐正以昭畫一再舊例武官正從一品俱封榮祿大夫正二品至從五品俱封將軍既未爲允當嗣更定新例則皆稱大夫因思將軍爲專閫主帥大夫係文臣之稱乃舊例則封將軍而今又更封大夫名義殊覺紊淆嗣後武職正一品至從二品俱應封爲將軍正三品至從九品應分別酌與都尉騎尉校尉等字樣遞爲差等以示區別著軍機大臣會同大學士吏兵二部詳晰定議具奏遵

旨奏准武職自正一品領侍衛內大臣起至從八品止共十六階又自從一品

提督起至正七品共十一階較之文職自大學士起至從九品止共十八

階似覺參差惟查文職之十八階乃合內外統計始有此數武職合內外
統計止有十六階較之文職少正九從九二階應遵
旨增設所增官階查八旗有藍翎長太僕寺委署固山達向無品級今應將藍
翎長作爲正九品太僕寺固山達作爲從九品又綠營七品以下未經設
有官階查有經制外委千總外委把總及額外外委亦向無品級今應將
經制外委千總作爲正八品經制外委把總作爲正九品額外外委作爲
從九品增入官階內外合計以足十八階之數與文職相埒至
封典名號謹遵
諭旨一二品俱封爲將軍三四品俱封爲都尉五六七品俱封爲騎尉八九品
俱封爲校尉仰見我
皇上綜理萬機闡宏六典念文武有兼資之職守斯官階有並重之章程令甲
昭垂百代不易伏考官之有階古名散官武散官階唐列四十有五宋列
三十有一金列四十有二元列三十有四明列三十然散冗失制如唐制

同一從四品而分上下上曰宣威將軍下曰明威將軍又曰歸德中郎將

推之五品以下皆然義例不明繁簡寡當金制自從二品以上仍襲文階

名號正三品以下乃列將軍校尉副尉之名則文武之資相混淆也元列

階至八品而止明列階至六品而止則較文資過爲簡略豈如我

皇上設官分職陳殷置輔無不甄覈名實審挈重輕武階之數旣並埒乎文資

而干城之寄其稱名亦與文資迥異定階爵節級之顯秩寓酬庸勵武之

微權貔虎桓桓有不果敢奮職者歟

歷代建置

謹案周以九命正邦國之位而國語曰內官不過九御外官不過九品

則九品之名其來舊矣曹魏始定九品之制至梁分爲十八班而九品

不廢北魏以九品分正從隋唐以來因之然品旣分正從而正從之中

又有上階下階之分與夫陞授加授之別或析而四或析而六名稱叢

互遷改靡定而等列反因之滋晦散官之號肇見于隋隋開皇之制以

居曹有職務者爲職事官其無職務者爲散官故有特進左右光祿大夫金紫光祿大夫銀青光祿大夫朝議大夫朝散大夫等號並爲散官然漢制光祿大夫太中大夫議郎中郎侍郎郎中皆無員多至數十人而特進奉朝請亦皆無職守優游祿秩卽如成都侯王商以特進領城門兵置幕府得舉吏亦正是加官攝官之例而非以爲正職則官之有散自漢已有之魏晉以後或置左右光祿金紫光祿太中中散等大夫並無員以優耆宿北魏又嘗置散官五等其品第五至第九百官有闕則取其中以補之蓋當時之仕于朝者不任以事則置之散官此正如後世宮觀設官之比而亦以儲才需用且得與諸執事官均其勞佚也逮唐因隋制乃雜採以爲階秩之目凡入仕者皆帶散位謂之本品又參取前代之散號將軍益以校尉以爲武散官其武騎屯騎等尉在隋比曹郎者則一歸之於勳官而散官始定爲虛號矣若夫勳號出於周齊交戰之際本以酬戰士其後漸及朝流階爵之外自爲節級周置上

開府儀同三司等十一號隋有上柱國以下總十一等以賞勳勞其後屢有增改唐承徽以後以國初勳號與散官頗多同名年月既久漸相錯亂咸亨五年三月更下詔申明各以類相比所謂武德初光祿大夫比今日上柱國者卒之名目猥多無裨政體相沿至明柱國以下文武各爲勳號而制又一變夫勳自爲勳本不與階爲附麗故唐時有功者或敘階或賜勳尚能隨事分授以寓一時之微權初無層積坐進之故自宋以降每遇郊賞若考滿者其酬勳若干級進階若干等即並舉而予之故明人有言有階特進而勳止柱國者未有左柱國不帶特進者然則既無相濟之用正無取此相混之名矣我

國家稽古建官循名責實文官之階定爲九品品有正從凡十八等武階自從一品至從七品凡十二等嗣復欽遵

諭旨定爲十八等文以大夫郎爲稱武以將軍都尉騎尉校尉爲稱盡革漢唐以來散號勳號雜號之制洵爲法則精而密施于事則簡而易知者

矣茲表文武官階先撮其概而以歷代沿革之故條具于後至前代文武階不分分之自唐始故武階表亦自唐始而隋以上不復贅列云

三代

〔禮記王制〕王者之制祿爵公侯伯子男凡五等諸侯之上大夫卿下大夫上士中士下士凡五等〔鄭康成注〕爵秩次也上大夫曰卿〔孔穎達疏〕此大都總記三王制度

謹案公侯伯子男至中士下士爵也古無爵與階之分爵卽階也故諸侯之卿大夫士與諸侯並列爲爵秦漢以降爵爲酬庸之號而百職事之在列者各循資以進階始與爵分矣故錄此以著緣起而表則託始于周焉

〔國語〕外官不過九品

〔周禮春官〕大宗伯以九儀之命正邦國之位壹命受職〔鄭康成注〕始見命爲正吏謂列國之士于子男爲大夫王之下士亦一命再命受服〔注〕鄭司農云爲上士康成謂列國之大夫再命于子男爲卿王之中士亦再命

命受位〔注〕鄭司農云受下大夫之位康成謂此列國之卿王之上士亦三命四命受器〔注〕鄭司農云爲上大夫康成謂此公之孤也王之下大夫亦四命五命賜則〔注〕鄭司農云出爲子男康成謂王之下大夫四命出封加一等五命六命賜官〔注〕鄭司農云子男入爲卿康成謂此王六命之卿七命賜國〔注〕王之卿六命出封加一等者八命作牧〔注〕鄭司農云一州之牧王之三公亦八命九命作伯〔注〕上公有功德加命爲二伯鄭司農云長諸侯爲方伯典命掌諸侯之五儀諸臣之五等之命上公九命爲伯侯伯七命子男五命王之三公八命其卿六命其大夫四命及其出封皆加一等公之孤四命其卿三命其大夫再命其士一命侯伯之卿大夫士亦如之子男之卿再命其大夫一命其士不命

謹案王之下士一命于周禮無正文後鄭以序官有上士中士下士之名又典命大夫四命之下空文宜有三命二命一命故云王之下士一命若先鄭以再命爲上士則王之中士下士以爲同一命可知也九命上公得置孤卿一人周制二王之後稱公春秋有虞公虢公州公均不見有孤惟晉有太傅陽子與太師賈佗蓋晉爲方伯立孤容與公同然有孤二人僭也王制云小國之卿與下大夫一命與此卿命異者王制

多據夏殷故容有不同也

秦

（漢書百官公卿表）爵一級曰公士二上造三簪褭四不更五大夫六官大夫七公大夫八公乘九五大夫（顏師古注）五大夫大夫之尊也十左庶長十一右庶長十二左更十三中更十四右更十五少上造十六大上造十七駟車庶長十八大庶長十九關內侯二十徹侯皆秦制

謹案劉劭曰春秋傳有庶長鮑商君爲政備其法品爲十八級合關內侯列侯凡二十等其制因古義古者天子寄軍政於六卿啓戰于甘乃召六卿大夫之在軍爲將者也周之六卿亦以居軍在國則以比長閭胥族師黨正州長鄉大夫爲稱其在軍則以卒伍司馬將軍爲號所以異在國之名也秦依古制其在軍賜爵爲等級其師人皆更卒也有功賜爵則在軍吏之例自一爵以上至不更四等皆士也大夫以上至五大夫五等比大夫也九等依九命之義也自左庶長以上至大庶長九

卿之義也馬端臨曰秦爵二十等其十八等自大庶長以下又似官也

考春秋時秦已有庶長不更之號至孝公以衛鞅爲左庶長惠文王以

樗里疾爲庶長昭襄王以白起王齕爲左庶長又商鞅爲大良造司馬貞曰卽大上造也

白起犀首皆爲大良造白起樗里疾亦爲左右更王陵司馬喜

皆爲五大夫然則似惟二等之侯爲特賜之號而大庶長以下之十八

級者皆有位于朝循級遞進而非專在軍吏之列者矣故著此以存一

代之制而表則不具云

漢

〔章如愚山堂考索〕漢世公有三等太師太傅太保爲上公丞相太尉御

史大夫爲三公大將軍驃騎車騎將軍爲比公卿有三等前後左右將軍

爲上卿太常至少府皆稱正卿執金吾太子太傅將作少府詹事大長秋

水衡都尉京兆馮翊扶風爲陪卿大夫有三等二千石爲上大夫千石爲

中大夫六百石爲下大夫大夫之下復有士

謹案杜佑曰漢以太常光祿勳衛尉太僕廷尉大鴻臚宗正大司農少府謂之九寺大卿其所列本於後漢百官志然漢書公卿表又載有執金吾京兆尹左馮翊右扶風及水衡都尉不在此九卿之數考史載汲黯朱買臣爲主爵都尉（後爲右扶風）列於九卿鄭當時至九卿爲內史（後爲京兆）尹寧成爲中尉（後爲執金吾）徙內史亦稱九卿石建傳稱左內史（後爲左馮翊）減宣爲九卿張敞爲京兆尹上書言臣前備位列卿王尊爲京兆尹御史奏尊不宜備位九卿毋將隆爲執金吾詔稱隆位九卿惟水衡都尉則龔遂傳云上以遂年老不任公卿拜爲水衡都尉而于定國傳亦云遷水衡都尉超爲廷尉似水衡都尉在列卿之中又特爲冗散者然公卿表亦列之則名曰九卿實則十四卿也又古者天子諸侯皆名執政大臣曰正卿（見徐堅初學記）其下爲大夫士自周以來始有三公九卿之號漢世九卿無卿字而九卿大率多秦漢官也故存其概於此其後亦不具云

（杜佑通典）漢官秩差次中二千石二千石比二千石比千石八百石比

八百石六百石比六百石五百石四百石自四百石至二百石爲長吏比四百石三百石比三百石二百石百石自百石以下有斗食佐史之秩爲

少吏

謹案漢官之制定名以祿百石而上差等十六此爲後世品秩所自始若丞相太尉司徒司空不在此目蓋漢制三公號稱萬石其秩崇矣又王莽改中二千石曰卿二千石爲上大夫比二千石爲中大夫千石爲下大夫六百石爲元士五百石爲命士四百石爲中士三百石爲下士百石秩曰庶士事無足錄然與古相準故附著於此

（通典）後漢官秩差次中二千石二千石比二千石千石比千石六百石比六百石四百石比四百石三百石比三百石二百石比二百石百石斗

食佐史

謹案後漢官秩之次大率多仍舊制惟無八百石比八百石五百石而增比二百石耳

三國

〔通典〕魏官置九品第一品第二品第三品第四品第五品第六品第七品第八品第九品

謹案魏官品之制卽周之所謂九命漢之所謂祿石皆所以辨高卑之等級其制始定于魏後世雖互有沿革而卒莫能易而或者謂魏延康元年二月尚書陳羣以天朝選用不盡人材始立九品官人之法（是時魏未受禪蓋亦漢法也）擇以州郡之賢有識鑒者區別人物第其高下而通典所載魏官自黃鉞大將軍至諸州郡防門明列品第或當時循陳羣之法謂某品人則可登某品所謂品者逆設以待其人益遠益訛遂爲官秩之定論此其說非也夫通典所謂九品者官品也以別官之崇卑陳羣所謂九品者人品也以定人之優劣二者皆出于曹魏之初皆名以九品然人品自爲人品官品自爲官品卽劉毅衛瓘論中正九品之獘所云上品無寒門下品無勢族及云計資定品使天下觀望惟以居位爲貴

人者蓋如後世權貴之人挾勢博科第干薦舉之類而非謂中正者逆設此官之品目以待所品之人也

（三國吳志三嗣主列傳）永安二年三月備九卿官

謹案三國鼎峙之際運祚曰淺稽古之事宜多未備觀吳至此始備九卿而蜀又不設史官則其官品之闊略可知也

晉

（通典）魏置九品晉因之

謹案晉書李重列傳重上書曰建樹官司功在簡久階級少則人心定久其事則政化成而能否著然晉官亦爲九品其祿秩差次大約亦如漢制而李重以爲階級宜少者疑當時人多倖進遷轉紛繁故請爲之裁制非晉于九品之外又有所增設也

宋齊梁陳

（隋書百官志）職官之制魏晉繼及大抵略同爰及宋齊亦無改作梁武

受命之初官班多同宋齊之舊天監初命尚書刪定郎濟陽蔡法度定令爲九品秩定帝于品下注一品秩爲萬石第二第三爲中二千石第四第五爲二千石至七年革選徐勉爲吏部尙書定爲十八班以班多者爲貴同班者則以居下者爲劣又詔以將軍之名高卑舛雜命更加釐定於是有司奏置一百二十五號將軍凡十品二十四班亦以班多爲貴其制品十取其盈數班二十四以法氣序制簿悉以大號居後以爲選法自小還大也其不登二品應須軍號者凡十四號別爲八班以象八風所施甚輕又有一百九號將軍亦爲十品二十四班五施于外國選序依此承用轉則進一班黜則退一班班卽階也班以優劣爲前後

謹案梁定班法與品互用其十八班官有清濁自十二班以上並詔授表啓不稱姓從十一班至九班禮數復爲一等又流外有七班寒微士人爲之從此班者方得進登第一班夫梁承齊後者也品秩之定久矣而蔡法度之所定其所以寓禮數者不附於品而列之以班意自齊而

上未有班次則禮數亦附于品梁既立班以爲禮文之節卽品非所專用而易以爲班若謂班專爲選事而設則丞相太宰太傅等官爲第十八班初不關選法或謂品制不廢班與品疑相須而成然將軍之號二百四十八爲班凡五十六班制之多乃如此亦又何假于品也要之梁制品尙寡故自九而一乃極于丞相班尙繁故自一而十八亦極于丞相班多者品貴品少者班尊二者相爲用而貴賤等差於此參見而互明耳

〔隋書百官志〕陳遵梁制爲十八班而官有清濁又有戎號擬官自一品至於九品凡二百三十七諸將起自第六品以下板則無秩其雖除不領兵領兵不滿百人幷除此官而爲州郡縣者皆依本條減秩石二千石減爲千石千石降爲六百石自四百石降而無秩其州郡縣自各以本秩論凡板將軍皆降除一品諸依此減降品秩

謹案陳制相國丞相等官品爲第一其秩萬石中二千石有差自此以下明列爲九其秩自中二千石至二百石有差亦爲十八班其官惟論

清濁從濁得官微清則勝于轉大抵並遵梁制也

北魏

〔魏書官氏志〕皇始元年始建曹省備置百官天興元年十一月詔吏部郎鄧淵典官制立爵品太和中高祖詔羣寮議定百官著于令二十三年高祖復次職令世宗初頒行之以為永制前世職次皆無從品魏氏始置之亦一代之別制也

謹案魏氏之初法制簡略設官分職罕依故實既列九品又有從品而每品又有上中下三等之差蓋一品之閒析而為六此太和十八年之制也至二十三年高祖復次職令三師二大乃不入品其四品以下每品及從品又各分為上下階則一品之中猶析而四誠一代之別制矣

北齊

〔隋書百官志〕後齊制官多循後魏

謹案齊遵魏制九品各有從其三師三大亦入第一品則猶是魏太和

之初制也又有流內比視官十三等自視從第三品起至視從第九品

止惟此與魏異耳

後周

〔隋書百官志〕周太祖命尚書盧辨遠師周之建職其所制班序三公九命三孤八命六卿七命上大夫六命中大夫五命下大夫四命上士三命中士再命下士一命諸公九命諸侯八命諸伯七命諸子六命諸男五命諸公之孤卿四命侯之孤卿公之大夫三命子男之孤卿侯伯之大夫公之上士再命子男之大夫公之中士侯伯之上士一命公之下士侯伯之中士下士子男之士不命

謹案北周謂王朝之官爲內命諸侯及州縣官爲外命而九命之中又分爲正命亦猶魏之上下階也通典所載後周官品太師太傅太保王爵國公俱列正九命而周書盧辨傳無之明爲史之闕文矣辨所述六官太祖以魏恭帝三年始命行之厥後世有損益宣帝嗣位事不師古

官員班品隨意變革朝出夕改蓋亦莫能詳錄也

隋

〔山堂考索〕隋開皇中有正從九品上下階

〔隋書百官志〕又有流內視品十四等又有流外勛品二品三品四品五品六品七品八品九品之差又視流外亦有視勛品視二品視三品視四品視五品視六品視七品視八品視九品之差極于胥吏皆無上下階煬帝卽位多所改革三年定令品自第一至於第九惟置正從而除上下階其朝之班序以品之高卑爲列自一品至九品置光祿等九大夫建節等八尉以爲散職

謹案官之有品自曹魏始品之有從乃自元魏始顧元魏列品第曰第幾品從幾品而未目爲正從高齊始别之至隋而曰正曰從截然不可紊矣隋九品各有正從自四品以下每品分爲上下凡十三階自太師至諸樂師謂之流內流內自此始焉又置視正二品至九品品各有從

自行臺尚書令至公國侍郎謂之視流內視流內自此始焉又煬帝自三年定令之後驟有制置制置未久隨復改易其餘亦不可備知云

唐

（新唐書百官志）吏部郎中掌文官階品凡文官九品有正有從自正四品以下有上下爲三十等凡文散階二十九從一品曰開府儀同三司正二品曰特進從二品曰光祿大夫正三品曰金紫光祿大夫從三品曰銀青光祿大夫正四品上曰正議大夫正四品下曰通議大夫從四品上曰太中大夫從四品下曰中大夫正五品上曰中散大夫正五品下曰朝議大夫從五品上曰朝請大夫五品下曰朝散大夫正六品上曰朝議郎正六品下曰承議郎從六品上曰奉議郎從六品下曰通直郎正七品上曰朝請郎正七品下曰宣德郎從七品上曰朝散郎從七品下曰宣議郎正八品上曰給事郎正八品下曰徵仕郎從八品上曰承奉郎從八品下曰承務郎正九品上曰儒林郎正九品下曰登仕郎從九品上曰文林郎從

九品下曰將仕郎

謹案後漢延平元年鄧隲爲車騎將軍儀同三司儀同之名自此始也魏黃初三年黃權爲車騎將軍開府儀同三司開府之名自此始也其品第一梁班第十七陳秩萬石北齊從一品後周置上開府儀同三司開府儀同三司上儀同三司儀同三司等十一號以酬勛勞隋因之唐惟置開府儀同三司爲散官品特進兩漢及魏晉皆以爲加官從本官服品第二位次諸公下在開府驃騎上梁班第十七北齊爲第二品隋爲正二品散官而唐因之秦郎中令屬官有中大夫漢太初元年更名光祿大夫秩比二千石晉太始初分爲左右皆銀章青綬若加金章紫綬者爲金紫光祿大夫自晉以後皆爲兼官光祿大夫梁班第十三後魏初從第一品後改第二品後周正八品隋爲正一品散官後改光祿大夫爲從一品左光祿大夫正二品右光祿大夫從二品唐初猶有左右貞觀後惟有光祿大夫金紫光祿大夫梁第十四班陳爲中二千石

北齊從二品隋因爲散官後改爲正三品銀青光祿大夫北齊三品隋爲正三品散官後改從三品然金紫銀青合居光祿之上今反居下則北魏定令之誤也正議大夫通議大夫俱隋置太中大夫本秦官秩比千石梁班第十一北齊從第三品中大夫北齊爲第四品中散大夫後漢置秩六百石或曰王莽所置梁班第十朝議大夫隋置爲從三品散官朝請大夫隋置爲正五品散官朝散大夫隋置爲正四品散官後改從五品又宋齊梁陳北魏北齊諸九品散官皆以將軍爲品秩謂之加戎號隋開皇六年始置六品以下散官並以郎爲正階尉爲從階正六品上爲朝議郎下爲武騎尉從六品上爲通議郎下爲屯騎尉正七品上爲朝議郎下爲驍騎尉從七品上爲朝散郎下爲游騎尉正八品上爲給事郎下爲飛騎尉從八品上爲承奉郎下爲旅騎尉正九品上爲儒林郎下爲雲騎尉從九品上爲文林郎下爲羽騎尉煬帝又置八郎八尉六品置建節尉奮武尉七品置宣惠尉綏德尉八品置懷仁尉守

義尉九品置奉誠尉立信尉並爲正從又六品置承議郎通直郎七品置宣德郎朝散郎八品置登仕郎將仕郎九品置常從郎奉信郎亦爲正從唐以郎爲文職尉爲武職遂採開皇大業之制以爲六品以下散官焉

（唐六典）凡敘階之法有以封爵有以親戚有以勳庸有以資廕有以秀孝有以勞考有除免而復敘者皆循法以申之凡應入三品五品者皆待別制而進之不然則否凡文武百僚之班敘官同者先爵爵同者先齒

謹案唐制流內九品三十階之外初又有視流內起正五品至從九品又有流外自勳品以至九品流外自此始又有視流外亦自勳品以至九品開元初乃稍罷之蓋亦患其繁冗而思所以釐正之矣

（舊唐書職官志）兵部郎中掌天下武官以階品凡敘階有二十九凡敘階之法亦如文散官之制

（新唐書百官志）武散階四十有五從一品曰驃騎大將軍正二品曰輔

國大將軍從二品曰鎭軍大將軍正三品上曰冠軍大將軍懷化大將軍正三品下曰懷化將軍從三品上曰雲麾將軍歸德大將軍從三品下曰歸德將軍正四品上曰忠武將軍正四品下曰壯武將軍懷化中郎將從四品上曰宣威將軍從四品下曰明威將軍歸德中郎將正五品上曰定遠將軍正五品下曰寧遠將軍懷化郎將從五品上曰游騎將軍從五品下曰游擊將軍歸德郎將正六品上曰昭武校尉正六品下曰昭武副尉懷化司階從六品上曰振威校尉從六品下曰振威副尉歸德司階正七品上曰致果校尉正七品下曰致果副尉懷化中候從七品上曰翊麾校尉從七品下曰翊麾副尉歸德中候正八品上曰宣節校尉正八品下曰宣節副尉懷化司戈從八品上曰禦侮校尉從八品下曰禦侮副尉歸德司戈正九品上曰仁勇校尉正九品下曰仁勇副尉懷化執戟長上從九品上曰陪戎校尉從九品下曰陪戎副尉歸德執戟長上

謹案漢元狩二年霍去病爲驃騎將軍秩等大將軍梁班第二十四後

周九命隋正四品唐爲武散官輔國將軍發漢置晉王濬拜輔國大將軍後周七命隋從六品鎭軍冠軍俱魏置後周鎭軍八命冠軍七命隋並正六品雲麾將軍梁班第十八忠武將軍梁班第十九壯武將軍梁班第十六明威將軍定遠將軍梁班並第十二寧遠將軍晉置游騎將軍魏置游擊將軍漢置宣威將軍唐置其懷化歸德等號並唐置以授蕃官若校尉之號漢始有之隋置武騎等十六尉以爲六品以下從階唐乃採前代諸校尉舊名置自正六品以下各有副尉爲武散官云

五季

（范質五代通錄）馮道自敘云階自將仕郎至開府儀同三司

謹案五代之典章紊矣然官階大約一如唐制故著此以存其概

宋

（宋史職官志）宋官人受授之別有官有職有差遣官以寓祿秩敘位著職以待文學之選而別爲差遣以治內外之事其次又有階有勳有爵

〔柯維騏宋史新編職官志〕官無常員亦無專職悉分領中外差遣官惟寄祿而已神宗論輔臣倣唐六典酌古今而肇新之元豐三年命官詳定於是寄祿以階而百司各還所職其後徽宗增文武階高宗釐郎大夫之序實詳且備遂爲永制云

〔宋史職官志〕文散官二十九開府儀同三司從一 特進正二 光祿大夫從二 金紫光祿大夫正三 銀青光祿大夫從三 正奉大夫正四上階 中奉大夫正四 太中大夫從四上階 中大夫從四 中散大夫正五上階 朝奉大夫正五 朝散大夫從五上階 朝請大夫從五 朝奉郎正六上階 承直郎正六 奉直郎從六上階 通直郎從六 朝請郎正七上階 宣德郎正七 朝散郎從七上階 宣奉郎從七 給事郎正八上階 承事郎正八 承奉郎從八上階 承務郎從八 儒林郎正九上階 登仕郎正九 文林郎從九上階 將仕郎從九

謹案宋初沿唐制設文階而等級小異以開府儀同三司爲宰臣使相階以光祿大夫金紫光祿大夫正奉大夫爲執政階朝散大夫朝請大夫朝奉郎宣德郎承事郎承奉郎儒林郎文林郎登仕郎將仕郎以上

爲京朝官至侍從階凡十有五元豐中李清臣論國朝踵襲近代之弊牙校有銀青光祿大夫階蓋唐自肅代以後官賞冗濫久而益失下至州郡胥吏軍班校伍一命便帶銀青光祿大夫階殆與無官者等後唐長興二年詔不得薦銀青階爲州縣官賤之至矣宋改官制乃稍釐正之惟除授蕃官猶用此制如三班借差三班差使或悉帶銀青祭酒而等第加勳焉

（邵博聞見後錄）元豐三年初行官制以階易官寄祿新格中書令侍中同平章事爲開府儀同三司左右僕射爲特進吏部尚書爲金紫光祿大夫五曹尚書爲銀青光祿大夫左右丞爲光祿大夫六曹侍郎爲正議大夫給事中爲通議大夫左右諫議爲太中大夫祕書監爲中大夫光祿卿至少府監爲中散大夫太常至司農少卿爲朝議大夫六曹郎中爲朝請朝奉朝散大夫凡三等員外郎爲朝請朝奉朝散郎凡三等起居舍人爲朝散郎司諫爲朝奉郎正言大常國子博士爲承議郎太常祕書殿中丞

爲奉議郎太子中允贊善大夫中舍洗馬爲通直郎著作佐郎大理寺丞爲宣德郎光祿衞尉寺將作監丞爲宣議郎大理評事爲承事郎太常寺太祝奉禮郎爲承奉郎祕書省校書郎正字將作監主簿爲承務郎

謹案宋初各曹遷轉皆自有流品元豐新制以階易官乃雜取唐制及祖宗舊制而損益之定爲二十四班以之寄祿而品秩之別遂無他名此階與官之所由相混也然品秩之別亦於斯可見故具著之又元豐初三光祿正議中散朝議六階各分左右詞人爲左餘人爲右旣而寄祿官並分左右紹聖三年詔寄祿轉正議大夫光祿大夫銀青光祿大夫分左右朝請大夫中散大夫亦仍舊存左右餘並罷之崇寧初因刑部尚書鄧洵武請又換選人七階三京府判官等官爲承直郎節度掌書記等官爲儒林郎防團判官等官爲文林郎防團推官等官爲從事郎縣令等官爲通仕郎試階知縣等官爲登仕郎三京軍巡判官等官爲將仕郎大觀初又增宣奉正奉中奉奉直四階政和末又改通仕郎

爲從政郎登仕郎爲修職郎將仕郎爲迪功郎而寄祿之制始備紹興舉行元祐之法亦分左右至淳熙始並去左右字而自開府至迪功凡三十七階如故焉

（宋史職官志）武散官三十一　驃騎大將軍從一　輔國大將軍正二　鎮國大將軍從二　冠軍大將軍正三上　懷化大將軍正三　雲麾將軍從三上　歸化將軍從三　忠武將軍正四上　壯武將軍正四　宣武將軍從四上　明威將軍從四　定遠將軍正五上　寧遠將軍正五　游騎將軍從五上　游擊將軍從五　昭武校尉正六上　昭武副尉正六　振威校尉從六上　振威副尉從六　致果校尉正七上　致果副尉正七　翊麾校尉從七上　翊麾副尉從七　宣節校尉正八上　宣節副尉正八　禦武校尉從八上　禦武副尉從八　仁勇校尉正九上　仁勇副尉正九　陪戎校尉從九上　陪戎副尉從九

謹案宋武選舊制自內客省使至閤門使使各有副爲橫班自皇城使至供備庫使爲諸司正使自皇城副使至供備庫副使爲諸司副使內殿承制內殿崇班爲大使臣自東頭供奉官至三班借職爲小使臣元

豐中釐定官制廢文散階而武臣將軍校尉之號尚依其舊則亦沿唐制也

〔宋史職官志〕武選新官太尉通侍大夫正侍大夫宣正大夫履正大夫協忠大夫中侍大夫中亮大夫中衞大夫翊衞大夫親衞大夫拱衞大夫左武大夫右武大夫正侍郎宣正郎履正郎協忠郎中侍郎中亮郎翊衞郎拱衞郎左武郎右武郎武功大夫武德大夫武顯大夫武節大夫武略大夫武經大夫武義大夫武翼大夫武功郎武德郎武顯郎武節郎武略郎武經郎武義郎武翼郎敦武郎（山堂考索作訓武郎蓋避光宗嫌名也）修武郎從義郎秉義郎忠訓郎忠翊郎成忠郎保義郎承節郎承訓郎下班祗應

謹案宋政和二年武選亦易新名正使爲大夫副使爲郎橫班十二階正副亦然是以有郎居大夫之上者其後以新名未足又增置宣正履正協忠翊衞親衞大夫郎凡十階通爲橫班太尉本秦主兵官特以爲武官之首自太尉至下班祗應凡五十二階正侍郎以下郎居大夫上

議者以爲非序紹興中乃釐正之以郎居下又以下班祗應之上增進武校尉進義校尉其下增進武副尉進義副尉守闕進義副尉進勇副尉守闕進勇副尉初政和中欲以將軍校尉諸階易橫班以下諸使至三班借職而西班用事者嫌其塗轍太殊亦請改爲郎大夫蓋周制師帥皆中大夫旅帥皆下大夫卒長以下皆士漢之諸郎有五官左右中郎將而羽林虎賁俱以郎爲號則宋武階之爲郎大夫固有因于古也又內侍階唐制與文臣同宋別置階官欲不相溷政和二年改爲十二階曰供奉官曰左侍禁曰右侍禁曰左班殿直曰右班殿直曰黃門曰祗候侍禁曰祗候殿直曰祗候黃門曰內品曰祗候內品曰貼祗候內品又醫官階十有四亦政和二年更定自和安大夫以下爲大夫者六其郎亦如大夫之名數又有翰林良醫等凡十號皆繁雜不可備書故附著於此

（遼史太祖本紀）神册六年夏五月詔正班爵

（太宗本紀）大同元年春正月降重貴爲崇祿大夫檢校太尉

謹案崇祿大夫五代史晉家人傳作光祿大夫蓋遼以太宗名改之則亦做自唐以來之舊制也

（遼史韓延徽列傳）子德樞守左羽林大將軍遷特進太尉（南樸翰列傳）加特進檢校太師天祿二年加開府儀同三司（額布特列傳）蒙古語冬也原作烏不呂今改正加金紫崇祿大夫檢校太尉（耶律諾觀列傳）蒙古語綠色也原作奴瓜今改正加金紫崇祿大夫（楊浩列傳）加特進檢校太師（耶列棠古列傳）從原文不改加鎮國上將軍

謹案遼之官品于史無考故撫此以存其概然崇祿等號疑亦祇是加官而非以爲品秩之差也

金

（金史百官志）文官九品階凡四十有二從一品上曰開府儀同三司中

曰儀同三司中次曰特進下曰崇進正二品上曰金紫光祿大夫下曰銀青榮祿大夫從二品上曰光祿大夫下曰榮祿大夫正三品上曰資德大夫中曰資政大夫下曰資善大夫從三品上曰正奉大夫中曰通奉大夫下曰中奉大夫正四品上曰正議大夫中曰通議大夫下曰嘉議大夫從四品上曰太中大夫中曰中大夫下曰少中大夫正五品上曰中議大夫中曰中憲大夫下曰中順大夫從五品上曰朝請大夫中曰朝散大夫下曰朝列大夫（舊曰奉德大夫天德二年更）正六品上曰奉政大夫下曰奉議大夫從六品上曰奉直大夫下曰奉訓大夫正七品上曰承德郎下曰承直郎從七品上曰承務郎下曰儒林郎正八品上曰文林郎下曰承事郎從八品上曰徵事郎下曰從仕郎正九品上曰登仕郎下曰將仕郎從九品上曰登仕佐郎下曰將仕佐郎（此二階大定十四年創增）

謹案金雜採唐宋舊制而增置崇進榮祿大夫資德大夫資政大夫資善大夫嘉議大夫少中大夫中議大夫中憲大夫中順大夫朝列大夫

奉政大夫奉議大夫奉直大夫奉訓大夫等號其榮祿資政中議中憲奉政奉直之號則相沿至今特品秩各異耳

〔金史百官志〕武散官凡仕至從二品以上至從一品者皆用文資自正三品以下階與文資異元本作同今據續文獻通考改正三品上曰龍虎衞上將軍中曰金吾衞上將軍下曰驃騎衞上將軍從三品上曰奉國上將軍中曰輔國上將軍下曰鎮國上將軍正四品上曰昭武大將軍中曰昭毅大將軍下曰昭勇大將軍從四品上曰安遠大將軍中曰定遠大將軍下曰懷遠大將軍正五品上曰廣威將軍中曰宣威將軍下曰明威將軍從五品上曰信武將軍中曰顯武將軍下曰宣武將軍正六品上曰武節將軍下曰武德將軍從六品上曰武義將軍下曰武略將軍正七品上曰承信校尉下曰昭信校尉從七品上曰忠武校尉下曰忠顯校尉正八品上曰忠勇校尉下曰忠翊校尉從八品上曰修武校尉下曰敦武校尉正九品上曰保義校尉下曰進義校尉從九品上曰保義副尉下曰進義副尉此二階大定十四年

創增

謹案金武階以將軍校尉爲號蓋沿唐及宋初舊制竊意遼制亦大略如此而金因之又金司天翰林官舊制自從七品而下止五階至天眷定制司天自從四品而下立爲十五階自欽象大夫以下爲大夫者十有一探賾郎以下爲郎者十有四太醫官自從六品而下止七階天眷制自從四品而下立爲十五階自保宜大夫以下爲大夫者十有一保愈郎以下爲郎者十有四內侍之制自從四品以下十五階自中散大夫以下爲大夫者十有一通禁郎以下爲郎者十有四教坊舊用武散官大定二十九年以爲不稱乃創定二十五階明昌三年自從四品以下更立爲十五階自雲韶大夫以下爲大夫者十有一肅和郎以下爲郎者十有四亦附著于此

元

〈元史百官志〉文散官四十二開府儀同三司儀同三司特進崇進金紫

光祿大夫銀青光祿大夫以上俱正一品光祿大夫榮祿大夫以上從一品資德大夫資政大夫資善大夫以上正二品正奉大夫通奉大夫中奉大夫以上從二品正議大夫通議大夫嘉議大夫以上正三品太中大夫中大夫亞中大夫以上從三品舊爲少中延祐改亞中中議大夫中憲大夫中順大夫以上正四品朝請大夫朝散大夫朝列大夫以上從四品奉政大夫奉議大夫以上正五品奉直大夫奉訓大夫以上從五品承德郎承直郎以上正六品儒林郎承務郎以上從六品文林郎承事郎以上正七品徵事郎從事郎以上從七品登仕郎將仕郎以上正八品登仕佐郎將仕佐郎以上從八品文散官四十二階由一品至五品爲宣授六品至九品爲敕授則中書署牒宣授則以制命之其官常對品惟九品無散官則舉其職而已武官雜職亦如之

謹案唐制自三品以上官冊授五品以上制授六品以下敕授元則一品至五品爲宣授六品至九品爲敕授則明制之五品以上授誥命六品以下授敕命實本諸此而

國朝因之者也元之九品無散官但舉其職正如今未入流之比爾

（元史百官志）武散官三十四階龍虎衛上將軍金吾衛上將軍驃騎衛上將軍以上正二品　奉國上將軍鎮國上將軍以上從二品　昭武大將軍昭勇大將軍昭毅大將軍以上正三品　安遠大將軍懷遠大將軍以上從三品　廣威將軍宣威將軍明威將軍以上正四品　信武將軍顯武將軍宣武將軍以上從四品　武節將軍武德將軍以上正五品　武義將軍武略將軍以上從五品　承信校尉昭信校尉以上正六品　忠武校尉忠顯校尉以上從六品　忠勇校尉忠翊校尉以上正七品　修武校尉敦武校尉以上從七品　保義校尉進義校尉以上正八品　保義副尉進義副尉以上從八品

謹案元武散官悉沿金之舊號惟無從一品及正從九品而差易其等秩耳又元內侍散官一十四自正二品至從四品爲大夫者六自正五品至從八品爲郎者八又司天散官一十四自從三品至正五品爲大夫者五自從五品至從八品爲郎者九又太醫散官自十五自從三品至正五品爲大夫者六自從五品至從八品爲郎者八又教坊司散官

一十五自從三品至正五品爲大夫者六自從五品至從八品爲郎者九亦附著于此

明

〔王圻續文獻通考〕明太祖以中外文武百司職名之沿革品秩之崇卑勛階之升轉俸祿之損益歷年滋久屢有不同無以示成憲于後世乃命儒臣重定其品階勛祿之制以示天下

〔明史職官志〕文選掌官吏班秩凡文官之品九品有正從爲級一十八不及九品曰未入流文之散階四十有二以歷者爲差正一品初授特進榮祿大夫陞授特進光祿大夫從一品初授榮祿大夫陞授光祿大夫正二品初授資善大夫陞授資政大夫加授資德大夫從二品初授中奉大夫陞授通奉大夫加授正奉大夫正三品初授嘉議大夫陞授通議大夫加授正議大夫從三品初授亞中大夫陞授中大夫加授太中大夫正四品初授中順大夫陞授中憲大夫加授中議大夫從四品初授朝列大夫

陞授朝議大夫加授朝請大夫正五品初授奉議大夫陞授奉政大夫從五品初授奉訓大夫陞授奉直大夫正六品初授承直郎陞授承德郎從六品初授承務郎陞授儒林郎吏材幹出身者授宣德郎正七品初授承事郎陞授文林郎吏材幹授宣議郎從七品初授將仕郎陞授徵仕郎正八品初授迪功郎陞授修職郎從八品初授迪功佐郎陞授修職佐郎正九品初授將仕郎陞授登仕郎從九品初授將仕佐郎陞授登仕佐郎

謹案明文職散官之制凡初入仕任內未及初考而遷調改除陞等者及考覈平常量才降等而非貶降者皆得初授階初考稱職任內已及初考遷調改除而品級仍前或任內已陞授未及再考遷調改除而品級仍前者皆得陞授階凡及兩考而事跡顯著者皆得加授階又建文二年以周禮卿大夫士之制更定品級階勳遂更尚書爲特進資政上卿侍中爲資政卿侍郎爲資政亞卿郎中資政中大夫員外資政大夫給事中嘉政中士正九品爲保義士從九品爲保義下士時用方孝孺

議請倣周禮建官故有此制永樂時悉改仍舊焉

〔明史職官志〕凡武官六品散階三十正一品初授特進榮祿大夫陞授特進光祿大夫從一品初授榮祿大夫陞授光祿大夫正二品初授驃騎將軍陞授金吾將軍加授龍虎將軍從二品初授鎮國將軍陞授定國將軍加授奉國將軍正三品初授昭勇將軍陞授昭毅將軍如授昭武將軍從三品初授懷遠將軍陞授定遠將軍加授安遠將軍正四品初授明威將軍陞授宣威將軍加授廣威將軍從四品初授宣武將軍陞授顯武將軍加授信武將軍正五品初授武德將軍陞授武節將軍從五品初授武略將軍陞授武毅將軍正六品初授昭信校尉陞授承信校尉從六品初授忠顯校尉陞授忠武校尉

謹案明武官六品之外亦有正七品從七品未入流爲安撫僉事蠻夷長官之屬此當如前代流外視流外之比故不著於表又明初定欽天監散官自正議大夫以下大夫郎凡六等後改從品級授以文職散官

太醫院亦如文職授散官又洪武四年定內官散官自正四品至從五品爲大夫者四自正六品至從八品爲郎者六考唐之宦者所歷散官與文官同金元別設內侍階亦以郎大夫爲號而明因之則仍與士流相溷惟宋自爲十二階然品秩優重於名器實爲褻瀆我

朝惟欽天監太醫院官仍明制授文職散官而內官則但定爲五等其散官冗號盡行革除詳見內務府太監職制條下於以澄流品而抑僥倖誠足爲萬代不易之令式矣

欽定歷代職官表卷六十八

欽定歷代職官表卷六十九

王府各官表

朝代	長史
三代	
秦	
漢	
後漢	
三國	
晉	
宋齊梁陳	長史
北魏	長史
北齊	長史
後周	
隋	長史
唐	長史
五季	
宋	長史
遼	內史
金	府尉長史
元	內史府內史
明	長史

散騎郎	護尉	典儀
	郎中令衛士長	僕
	郎中令衛士長	
	魏郎中令	
	郎中令典衛令	
司馬	郎中令典衛令	
司馬	郎中令典衛令	
司馬	郎中令典衛令	
司馬	典衛	
司馬	典軍	
判官		
司馬		
長史參軍		
司馬		文學
司馬	典軍	
	護衛指揮司	典儀衛

府屬參領	佐領	驍騎校
中尉		
中尉		
中尉		
中尉		
中尉		
中尉		
中尉		

管領	典膳	司庫
治書	食官長	私府長 中御府長
治書	食官長	
典書令		
記室參軍 典書令	食官長	
記室參軍 參軍 行參軍 長兼行參軍 典書令		
記室參軍 參軍 行參軍 長兼行參軍 典書令	食官	
記室參軍 參軍 行參軍 長兼行參軍	食曹參軍事 食官長	
記室參軍 參軍 行參軍	食曹參軍事 食官長	
記室		
記室		
記室參軍		
記室 典簿		管勾承發架閣庫
典簿	典膳正	庫大使

司匠	牧長
	廄長
	廄長
	牧長
	廄牧長
	廄牧長
士曹參軍事	騎曹參軍事 廄牧長
士曹參軍事 工正	騎曹參軍事 廄牧長
工正	

珍倣宋版印

王府各官

國朝官制

親王府世子郡王府長子長史各一人正三品 貝勒司儀長一人正四品

掌總府中之政令率僚屬以各共府事員額並順治八年定乾隆十八年

奏准諸王長史貝勒司儀係首領官若僅於所屬官內簡補恐有遷就嗣

後員缺於下五旗前鋒護軍驍騎各參領及世職官與所屬應陞人員簡

擬正陪送部引

見補授凡王府以下各官自五品以上出缺引

見補授六品以下咨送兵部補授

散騎郎親王府四人世子郡王府三人長子二人

掌佐長史理府事皆以世職領之初制每旗各設散騎郎無定員雍正四

年定制各王屬下散騎郎仍舊選充貝勒貝子等散騎郎俱停止

護衛親王府二十人一等六人從三品二等六人從四品三等八人從五品 世子十七人一等六人二等五人三等六人

郡王府十五人一等六人二等四人三等五人長子十五人一等二人二等四人三等六人貝勒十人二等六人三等四人貝子六人公四人俱三等護衛

掌隨護宿衛王府護衛自二等以下均帶藍翎初制爲正品乾隆十九年護衛典儀俱改爲從品

典儀親王府六人從四品二人從五品二人從六品二人世子五人從四品一人從五品從六品各二人郡王府四人從五品從六品各二人長子三人從五品二人從六品一人貝勒三人從五品一人從六品二人貝子三人從六品一人從七品二人公三人從七品一人從八品二人

掌儀節導引

五旗王公府屬參領旗各五人從三品佐領旗各七人從四品驍騎校每佐領下一人從六品

掌王府所屬旗籍之政令凡田賦戶口出納盈縮之數綜其實而稽之

管領親王府四人郡王府三人正六品

掌王府文移及遣委之事

典膳親王府一人郡王府一人從六品

掌王府之膳羞

司庫親王府二人郡王府二人從七品

掌會計王府之庫藏

司匠親王府四人郡王府四人從八品

掌王府繕造修葺之事

牧長親王府四人郡王府三人從八品

掌王府之牧事親王府馬羣牧長二人牛羣羊羣牧長各一人郡王府馬

羣牛羣羊羣牧長各一人

歷代建置

謹案三代時封建諸侯列國皆設官分職以治其民其法制備見於經

傳兩漢晉宋諸侯王之官亦皆國官也宋齊梁陳以至隋唐諸王有府

官有國官然兩漢以降王公率無分土所謂國官者乃虛名耳至宋置

府官而國官不設亦變通之道宜然也我
朝所設王府各官因事制宜劑繁簡而協於中其官名職掌有在昔本爲府官者有在昔爲國官而今王府亦設之者亦莫非斟酌損益以適乎古今之宜也

三代

〔周禮天官〕太宰乃施典于邦國設其參傅其伍陳其殷置其輔〔鄭康成注〕參謂卿三人伍謂大夫伍人殷衆也謂衆士也王制諸侯上士二十七人其中士下士各居其上之三分輔府史庶人在官者也

謹案太宰職設其參置其伍參謂參卿伍謂伍大夫是侯國無論同異姓皆得設三卿五大夫然周初封同姓諸侯其設官之盛如左傳定四年祝佗曰分唐叔懷姓九宗職官五正注云五正五官之長疏云殷時爲五行官長襄二十五年傳自六正五吏三十師注云六正三軍之六卿蓋晉初封國已立五正故其後增至六正也是周初建同姓之國其設官或不止參卿矣明堂位虞氏官五十夏后氏官百商二百周三百

凡四代之官魯兼用之然則魯建官職且得同於王朝漢同姓諸侯王設官之盛蓋本周制也然當時諸侯君國子民卿大夫以下皆以分理一國之事其規制與今日王府官本自不同今第錄周禮太宰職以誌緣起而並不以著於表云

秦未置

漢

〔漢書百官公卿表〕諸侯王國有太傅輔王內史治國民中尉掌武職丞相統衆官羣卿大夫都官如漢朝景帝中五年令諸侯王不得復治國天子爲置吏改丞相曰相省御史大夫廷尉少府中正博士官大夫謁者郎諸官長丞皆損其員

謹案百官公卿表謂天子爲置吏改丞相曰相卽後漢志云國家惟爲置丞相御史大夫以下皆自置之是也漢紀宣帝詔膠東相王成治有異等其秩二千石隸釋三公山碑頌云顧明公垂恩罔極保我國君洪

氏謂以明公稱山之神國相爲國君東海廟碑有東海相南陽桓君山陽滿君蓋漢自令諸侯王不得治國國相實專司國政其職與太守無異故國除爲郡則以國相爲太守郡建爲國則以太守爲國相並非兩官漢稱太守爲府君故碑有國君之稱耳又百官公卿表載中尉掌武職漢舊儀載中尉與王相爭權常不和考荀悅前漢紀載梁王以公孫詭羊勝爲中尉號將軍蓋中尉掌武職故得將軍之名蓋將相權相抗也又百官公卿表謂內史治國民成帝時省內史更令相治民漢紀載元鳳元年戴王薨後宮有遺腹相內史不以奏本始元年廣川王去有罪內史相劾收責之以此知相與內史凡事皆相濟故相可以兼內史之職也

〔後漢書百官志〕皇子封王其郡爲國每置傅一人相一人皆二千石本注曰傅主導王以善禮如師不臣也相如太守有長史如郡丞○中尉一人比二千石本注曰職如郡都尉主盜賊郎中令一人僕一人皆千石本

注曰郎中令掌王大夫郎中宿衞官如光祿勳自省少府職皆併焉僕主車及馭如太僕本注曰太僕比二千石武帝改但曰僕又皆減其秩治書比六百石本注曰治書本尚書更名大夫比六百石本注曰無員掌奉王使至京師奉璧賀正月及使諸國本皆持節後去節謁者比四百石本注曰掌冠長冠本員十六人後減禮樂長本注曰主樂人衞士長本注曰主衞士醫工長本注曰主醫藥永巷長本注曰宦者主宮中婢使祠祀長本注曰主祠祀皆比四百石郎中二百石本注曰無員○侯國每國置相一人其秩各如本縣本注曰主治民如令長不臣也但納租於侯以戶數爲限其家臣置家丞庶子各一人本注曰主侍侯使理家事列侯舊有行人洗馬門大夫凡五官中興以來食邑千戶以上置家丞庶子各一人不滿千戶不置家丞又悉省行人洗馬門大夫

〔漢紀孝惠紀〕改諸侯王相國爲丞相〔景帝紀〕初諸侯得自除吏御史大夫以下官屬擬于天子國家惟置丞相黃金印自吳楚反之後奪諸侯

權爲置二千石去丞相曰相銀印其後惟得衣食租稅而已貧或乘牛車

時欒布有功封鄃侯爲燕相有治迹民爲立生祠中元三年罷諸侯王御

史大夫官（元帝紀）令諸侯相位在郡守下

（洪适隸釋司隸從事郭究碑）竹邑者侯國屬沛南和者鉅鹿之邑漢列

侯大者食縣置相一人其秩各如本縣主治民如令長爾高陽令楊著碑

曰漢王國相則秩二千石侯國相纔與令長等耳思善者汝南之小國碑

首題以高陽者蕞爾國不若壯哉縣也

（王應麟玉海）漢諸侯王官有廄長私府長中御府長食官長常侍長史

治書

謹案漢諸侯王國設官爲備有表志所不載而散見於紀傳者如路溫

舒爲廣陽私府長龔舍爲楚王常侍馬宮爲楚王長史又廄長見王尊

傳食官長見梁王襄傳尙食監見馮唐傳又史記淳于意爲齊太倉長

而齊有中御府長信亦見意傳又宋書百官志云前漢王國已置文學

亦兩漢表志之所未載也漢初參用封建之法諸侯王地大人衆備設衆官以治國事與三代時列國無異其後諸侯王不得治民王國之官員數品秩並加減損又皆朝廷爲置不得自置晉宋以降所置王國官大率沿漢制而增損之今國官既廢而府官之護衞典儀典膳實即漢時王國郎中令衞士長僕及食官長之職也又漢時王國有長史與今王府長史名同然漢王國置相職與郡太守同其長史即郡丞之職今王府長史乃沿宋齊以後府官之名與漢之王國長史名同而實異矣

(玉海)爲太傅者韋孟唐生於楚賈誼於梁夏侯始昌於昌邑轅固於清河師丹彭宣慶普於東平韓嬰於常山伏理於高密戴德於信都丁姓於中山鄧彭祖於真定衞綰於河間杜林於東海疆封東海王重選官屬以林爲傅時諸王傅或多交游惟林有召必至何敞於濟南爲相者曹參石慶於齊董仲舒於江都膠西張敞於膠東王尊於東平褚太於梁孔霸於高密內史則梁之韓安國楚之何武中尉則昌邑之王吉淮陽之韋元成王式爲昌邑王師以三百五篇諫

吳王濞傳有太子師傅河閒獻王立毛氏詩左氏春秋博士高帝時諸侯得除內史以下漢獨爲置丞相梁孝王以至親故得自置相二千石傅寬爲齊右丞相或者侯國亦有兩相乎漢與諸王侯皆自治民聘賢楚三聘龔舍爲常侍東平憲王辟牀撫爲西曹掾尋以爲師友

三國

（杜佑通典）魏定制凡置王公侯伯子男六等有保傅相常侍侍郎郎中令太尉大農文學友謁者大夫雜署令丞

晉

（晉書職官志）王置師友文學各一人景帝諱故改師爲傅友者因文王仲尼四友之名號改太守爲內史省相及僕有郎中令中尉大農爲三卿大國置左右常侍各一人省郎中置侍郎二人典書典祠典衛學官令典書丞各一人治書四人中尉司馬世子庶子陵廟牧長各一人謁者四人中大夫六人舍人十人典府各一人

謹案晉潘尼贈陸機出爲吳王郎中令詩云帝曰爾諧爲王卿士俯僂從命奚恤奚喜晉職官志以郎中爲王國三卿之一故陸機爲吳王郎中令而潘尼詩有卿士之稱又晉傅咸集載理李含表云臣州秦國郎中令始平李含忠公清正才經世務實有史魚秉直之風蓋晉世郎中令位列三卿首故特重其選也

宋齊梁陳

〔宋書百官志〕宋氏以來一用晉制雖大小國皆有三軍晉制典書令在常侍下侍郎上江左則侍郎次常侍而典書令居三軍下矣江左以來公國則無中尉侍郎三軍侯國又無大農侍郎伯子男惟典書以下又無學官令矣吏職皆以次損省焉○宋太宗以來皇子皇弟雖非都督亦置記室參軍

〔南齊書百官志〕諸王師友文學各一人○國官郎中令中尉大農爲三卿左右常侍侍郎上軍中軍下軍三軍典書典祠學官典衛四令食官廄

牧長謁者以下公侯置郎中令一卿

（通典）齊王國諮議文學等官公侯置郎中令一人

（唐六典注）宋齊諸王領藩鎮者有長史一人梁陳公府並有一人

（隋書百官志）梁皇弟皇子府置師長史司馬從事中郎諮議參軍及掾屬中錄事中記室中直兵等參軍功曹史錄事記室中兵等參軍文學主簿正參軍行參軍長兼行參軍等員嗣王府則減皇弟皇子府師友文學長兼行參軍藩王府則又減嗣王從事中郎諮議參軍椽屬錄事記室中兵參軍等員○王國置郎中令將軍常侍官又置典祠令廟長陵令典醫丞典府丞典書令學官令食官長中尉侍郎執事中尉司馬謁者典衞令舍人中大夫大農等官嗣王國則惟置郎中令中尉常侍大農等官藩王則無常侍

（通典）梁王國置傅相（公以下則臺各爲選置之皆掌知百姓事）郎中令將軍常侍典書令典衞長（伯子無典衞）典祀以下自選備上諸官多同前代若王加將軍開府則置

長史司馬及記室椽屬祭酒主簿錄事等官屬嗣王則惟置郎中令中尉常侍大農藩王則無常侍制與後漢同○陳親王起家則爲侍中若將軍方得有佐吏無將軍則無府止有國官皇弟皇子府置師長史司馬從事中郎諮議參軍友椽屬記室等官其嗣王藩王府則遞減之王國置郎中令將軍常侍典祠令舍人等官其嗣王藩王則遞減其員

(玉海)齊竟陵王子良開西邸招文學梁武帝與沈約謝脁王融蕭琛范雲任昉陸倕等並游焉號曰八友梁皇弟皇子友各一人

謹案魏晉以降王國之官大率依仿漢制宋皇子皇弟雖非都督亦置記室參軍自此以降諸王既置國官又別置府官後世王府官實始於此

北魏

(魏書官氏志)諸王師第三品上諸王友從第四品下王家尉第七品中王家史從第九品下太和二十三年高祖復次職令諸王師第三品皇子

長史皇子司馬從第三品始蕃王長史始蕃王司馬第四品皇子諮議參
軍事皇子友二蕃王長史二蕃王司馬從第四品皇子之開府從事中郎
始蕃王諮議參軍事三蕃王長史二蕃王諮議參軍事三蕃王司馬第五
品皇子之開府掾屬皇子郎中令皇子錄事參軍事三蕃王諮議參軍事
皇子文學皇子功曹記室戶曹倉曹中兵參軍事皇子功曹史從第五品
始蕃王錄事參軍皇子大農第六品二蕃王錄事參軍皇子主簿皇子列
曹參軍事始蕃王功曹記室戶曹倉曹中兵參軍事功曹史二蕃王功曹
記室戶曹倉曹中兵參軍事功曹史三王錄事參軍皇子之開府祭酒王
公國郎中令皇子中尉從第六品皇子參軍事皇子列曹行參軍始蕃王
主簿列曹參軍事三蕃王功曹記室戶曹倉曹中兵參軍事功曹史二蕃
王主簿列曹參軍事皇子行參軍始蕃王列曹行參軍三蕃王主簿列曹
參軍事王公國大農第七品皇子常侍二蕃王參軍事二蕃王列曹行參
軍事始蕃王行參軍三蕃王參軍事三蕃王列曹行參軍侯伯國郎中令

皇子侍郎從第七品二蕃王行參軍王公國中尉第八品侯伯國大農皇子長兼行參軍皇子上中下將軍皇子中大夫王公國常侍子男國郎中令皇子典書令從第八品王公國侍郎侯伯國中尉太子參軍督護始蕃王長兼行參軍皇子典祠令皇子學官令皇子典衞令王公國上中下將軍王公國中大夫第九品始蕃王參軍督護二蕃王長兼行參軍子男國大農從第九品

北齊

隋書百官志後齊王置師一人餘官大抵與梁制不異○皇子王國置郎中令大農中尉常侍各一人侍郎二人上中下三將軍各一人上中大夫各一人防閤四人典書典祠學官典衞等令各一人齋帥四人食官廄牧長各一人典醫丞二人典府丞一人執書二人謁者四人舍人十人諸王國則加有陵長廟長常侍各一人而無中將軍員上中大夫各減一人諸公又減諸王防閤齋帥典醫丞等員侯伯子男國又減諸公國將軍大夫

員

謹案魏時及北齊諸王皆有府官國官魏志所載諸王師友文學長史司馬諮議參軍事掾屬錄事參軍事主簿祭酒功曹記室戶曹倉曹中兵參軍事功曹史列曹參軍事列曹行參軍行參軍長兼行參軍督護皆府官也郎中令中尉大農常侍侍郎上中下將軍中大夫典書令典祠令典衞令學官令廄長皆國官也隋志言後齊王置師一人餘官與梁同者府官也郎中令以下國官也

後周

〔通典〕後周皇弟皇子置友及學士等員

隋

〔隋書百官志〕皇伯叔昆弟皇子爲親王置師友各一人文學二人郡王則無師友長史司馬諮議參軍事掾屬各一人主簿二人錄事功曹記室戶倉兵等曹騎兵城局等參軍事東西閤祭酒各一人參軍事四人法田水鎧士

等曹行參軍各一人行參軍六人長兼行參軍八人典籤二人嗣王郡王無主簿錄事參軍東西閤祭酒長兼行參軍等員而加參軍事爲五人行參軍爲十二人○諸王置國官有令大農各一人尉各二人典衞各八人常侍各二人侍郎各四人廄長學官長各一人食官廄牧長丞各一人典府長丞各一人舍人各四人等員上柱國柱國公減典衞二人無侍郎員侯伯又減典衞二人食官廄牧長各一人子男又減尉典衞常侍舍人各一人上大將軍大將軍公同柱國子男其侯伯減公典衞侍郎廄牧丞各一人子男無令無典衞又減舍人一人上開府開府公同大將軍子男其侯伯又無常侍無食官廄牧丞子男又無侍郎廄牧長上儀同儀同公同開府子男其侯伯又無尉無學官長子男又無廄長食官長二王後置國官與諸王同郡王與上柱國公同國公無上開府以上官者上開府公同散郡公與儀同侯伯同散縣公與儀同子男同

謹案隋時自典籤以上府官也令大農之屬國官也

唐

（通典）唐親王府各置官屬領親事帳內二府及國官

（新唐書百官志）王府官傅一人從三品掌輔正過失諮議參軍事一人正五品上掌訏謀議事友一人從五品下掌侍遊處規諷道義侍讀無定員文學二人從六品上掌校典籍侍從文章東西閣祭酒各一人從七品上掌禮賢良導賓客自祭酒以上為王官武德中置師一人常侍二人侍郎二人皆掌表啓書疏贊相禮儀舍人四人掌通傳引納謁者二人舍人二人諮議參軍事友皆正五品下文學祭酒皆正六品下高宗中宗時相王府長史以宰相兼之魏璀衛王府以尙書兼之徐韓二王為刺史府官同外官資望愈下永淳以前王未出閤則不開府天授二年置皇孫府官元宗諸子多不出閤王官益輕而員亦減景雲以後改師曰傅開元二年廢尋復置廢常侍侍郎謁者舍人開成元年諸王侍讀改奉諸王講讀大中初復舊○長史一人從四品上司馬一人從四品下皆掌統府寮紀綱職務椽一人掌通判功曹倉曹戶曹事屬一人皆正六品上掌通判兵曹騎曹法曹士曹事主簿一人掌覆省書教記室參軍事二人掌表啓書疏錄事參軍事一人皆從六品上掌付事勾稽省署抄目錄事一人從九品下功曹參軍事掌文官簿書考

課陳設倉曹參軍事掌祿廩廚膳出內市易漁畋芻藁戶曹參軍事掌封戶僮僕弋獵過所兵曹參軍事掌武官簿書考課儀衛假使騎曹參軍事掌廏牧騎乘文物器械法曹參軍事掌按訊決刑士曹參軍事掌土功公廨自功曹以下各一人正七品上參軍事二人正八品下行參軍四人從八品上皆掌出使雜檢校典籤二人從八品下掌宣傳書教武德中改功曹以下書佐法曹行書佐士曹佐皆曰參軍事長兼行書佐曰行參軍廢城局參軍事又有鎧曹參軍事二人掌儀衛兵仗田曹參軍事一人掌公廨職田弋獵水曹參軍事一人掌舟船漁捕芻草皆正七品下家吏二人百司問事謁者一人正七品下司閤一人正九品下貞觀中廢鎧曹田曹水曹武后時家吏以下皆廢自典籤以上爲府官郡王嗣王不置長史○親事府典軍二人正五品上副典軍二人從五品上皆掌校尉以下守衛陪從兼知鞍馬校尉五人從六品上旅帥從七品下隊正從八品下隊副從九品下皆掌領事帳內陪從自旅帥以下視親事多少乃置○帳內府典事二人正五品上副典事二人從五品上自校尉以下員品如親事府初典軍以武官及流外爲之領執杖帳內等秦王齊王府置左右六護軍府左右親軍府左右帳內府左一右一護軍府護軍各一人副護軍各二人長史錄事參軍事倉曹兵曹鎧曹參軍事各一人統軍各五人別將各一人左二

右二護軍府左三右三護軍府減統軍三人別將六人左右親軍府統軍各一人長史各一人錄事參軍事兵曹鎧曹參軍事左列將右列將各一人帳內府職員與護軍府同又有庫直隸親事府驅咥直隸帳內府選材勇爲之貞觀中庫直以下皆廢親事府有府一人史二人執杖親事十六人執弓杖執乘親事十六人掌供騎乘親事三百三十人帳內有府一人史一人帳內六百六十七人

○親王國令一人從七品下大農一人從八品下掌判國司尉一人正九品下丞一人從九品下學官長丞各一人掌教授內人食官長丞各一人掌營膳食廏牧長丞各二人掌畜牧典府長丞各二人掌府內雜事長皆正九品下丞皆從九品下有典衛八人掌守衛陪從舍人四人錄事一人府四人史八人

（唐六典）親王國令一人大農二人從八品下掌通判國司事尉二人正九品下掌分判國司事丞一人從九品下錄事一人府五人史十人掌付事勾稽省置抄目監印給紙筆事典衛八人掌守衛居宅事舍人四人掌供引納驅策事學官長一人掌教授內人事食官一人工正一人掌營造膳食事廏牧長二人丞二人掌畜牧牛馬事典府長二人丞二人

（玉海）侍讀袁承序晉王友兼徐齊聃潞王文學沛王侍讀齊聃侍讀四王邸袁利正周王侍讀徐岱正元初太子諸王侍讀傅

陸德明以經授中山王狄兼謨爲益王傅文宗將立魯王爲太子謹選師傅庾敬林以戶侍爲燕王傅

友 王宏直爲荊王友郎餘令授霍王府參軍從父知年爲王友元軌爲二賢入府

祭酒 馬嘉運正觀初越王東閣祭酒韋陂温王府東閣祭酒任敬臣以孝行爲越王西閣祭酒許王文學

諮議 張後嗣爲燕王諮議

典籤 裴耀卿爲相王府典籤與掾邱悅文學韋利器更直備顧問府中號學直唐休璟爲吳王府典籤

司馬 劉禕之拜相王府司馬帝曰朕子賴卿以師矩

錄事參軍 蘇瓌擢豫王府錄事參軍

修撰 沛王召王勃爲府修撰次平臺秘略

謹案唐時諸王亦有府官國官而又以祭酒以上爲王官府官又別置親事帳內二府視前代設官爲尤多而親事帳內則明時王府護衛之所由昉也漢初封建子弟參用三代之法故備置國官自景帝後諸侯王不復治民與初制已大殊迄於魏晉諸王猶有分土東晉以後諸王率不之國封國徒爲虛名至唐中葉以後則出閤者亦鮮矣而猶仍漢制多置國官冗員糜祿是亦秕政之一也

五季

（司馬光資治通鑑）後唐長興四年四月言事者請爲親王置師傅宰相

長秦王從榮不敢除人請令王自擇秦王府判官太子詹事王居敏薦兵部侍郎王瓚於從榮從榮表請之以瓚爲祕書監秦王傅前襄州支使魚崇遠爲記室

宋

（宋史職官志）親王府傅長史司馬諮議參軍友記室參軍王府教授小學教授傅及長史司馬有其官而未嘗除太平興國八年諸王出閤楚王府置諮議參軍二員翊善二員陳王府置諮議翊善各一員韓王冀王益王置翊善各一員後又置記室及諸王府侍講一員並以常參官兼充其後多不置諮議翊善記室或止一員大中祥符九年仁宗初封壽春郡王置友二員亦以常參官兼充天禧二年進封昇王友遷諮議仍置記室一員又皇姪皇孫侍教南北伴讀無定數凡諸宮皆置有教授初無定員是年英宗以宗室自率府副率以上八百餘人奉朝請者四百餘人而教官纔六員乃詔增置教授官凡皇族年三十以上者百一十三人置講書四員年十五以上者

百十三人置講書四員年十五以上者三百九人增置教授五員案此當云年二十以上者百一十三人置講書四員年十五以上者三百九人增置教授五員而誤二十為三十又衍年十五以下一十五字年十四以下者別置小學教授十二員並舊六為二十七員以分教之其子弟不率教俾教授官本位尊長具名申大宗正司量行戒責教授官不職大宗正司密訪以聞舊制親賢宅置講書紹興十二年改為府教授掌教親賢宅南班宗子淳熙十二年詔建魏惠憲王府置小學教授二員以館職兼充掌訓皇孫既長趨朝謁則不以小學名而講習如故自後皇姪皇孫皆置

教授

（玉海）太平興國四年九月丁亥楊可法為皇子侍講八年三月己巳王遹為王府諮議戴元翊善可法姚坦等為皇子翊善邢昺諸王府侍講雍熙二年五月辛未命王龜從畢士安等四人為王府記室上諭曰諸子生長深宮資良士贊導為善使日聞忠孝之道至道元年正月皇姪皇孫以教授為名孫蠙為之咸平元年正月癸酉始令諸王府記室翊善侍讀等

兼南北宅教授咸平四年九月壬子劉士元爲南宮侍讀祥符二年五月丁卯以講書終篇宴廣平公德彝等三年七月壬寅詔南宮北宅大將軍已下各赴書院講讀經史天聖三年上曰教授非止講經宜選履行端愨者七月以張維翰爲允弼宅教授慶曆五年二月戊子朔大宗正司請置翊善記室侍講詔楊中和爲侍講三月己未詔大宗正司曰朕建置宗官開敞居第臨遣儒士往授經訓宜令睦親南北宅諸院教授且聽習經典文辭書翰功課以聞元豐三年二月七日辛丑改諸王宮侍講爲講書元祐五年喬執中徐王府侍講八年二月六日詔皇弟大寧郡王以下出就外學於親王舊第置學舍置諸王說書二員三月二十三日賜九經孟荀揚子崇寧四年改教授爲博士政和七年八月甲申改諸王府侍讀侍講爲贊讀直講紹興三十年三月二十八日建王府置贊讀直講小學教授三十二年九月四日鄧王以劉度贊讀何俌直講慶王以陳良祐贊讀唐堯封直講恭王以程大昌贊讀林栗直講乾道七年二月八日魏王封寧

國府十六日置長史司馬記室

謹案唐諸王有府官國官然自明皇以後諸王多不出閤意國官亦已漸廢矣至宋而諸王惟置府官不置國官可謂得損益之衷故其後因之而不變焉

遼

〔遼史百官志〕王傅府王傅蕭惟信重熙十五年爲燕趙王傅○親王內史府內史道宗太康三年見內史吳家務原作吳家奴今據字面改○長史參軍諸王文學館諸王教授姚景行重熙中爲燕趙國王教授○諸王伴讀聖宗太平八年長沙郡王宗允等奏選諸王伴讀

金

〔金史百官志〕親王府屬官傅正四品掌師範輔導參議可否若親王在外亦兼本京節鎮同知府尉從四品本府長史從五品明昌三年改掌警嚴侍從兼總統本府之事司馬從六品同檢校門禁總統府事文學二人

從七品掌贊導禮義資廣學問記室參軍正八品掌表牋書啓之事大定七年八月始置二十年不專除令文學兼之

元

（元史百官志）內史府秩正二品內史九員正二品中尉六員正三品司馬四員正四品諮議二員從五品記室二員從六品照磨兼管勾承發架閣庫從八品掾史八人譯史四人知印通事各二人宣使五人典吏二人至元二十九年封晉王於太祖四鄂爾多（蒙古語宮殿也原作斡耳朵今改正）之地改王傅爲內史秩從二品置官十四員延祐五年陞正二品給印分司京師並分置官屬○延慶司秩正三品掌王府祈禳之事使三員正三品同知二員正四品典簿一員從七品令史二人譯史知印通事一人奏差二人至元二十七年置○斷事官秩正三品理王府詞訟之事斷事官一十六員正三品經歷知事各一員令史三人○典軍司秩從七品掌控鶴百二十有六人典軍二員副使二員大德四年置○諸王傅官庫春布哈（蒙古語庫春力也布

（哈牝牛也原作寬徹不花今改正）太子至齊王位下凡四十五王每位下各設王傅尉司馬三員傅尉惟庫春布哈額布根（蒙古語老人也原作也不干今改正）鄂爾昆（地名原作斡羅温今改正）三王有之自此以下皆稱府尉列於王傅之下司馬之上而三員並設又多寡不同或少至一員或多至三員者齊王則又獨置王傅一員

明

〔明史職官志〕王府長史司左右長史各一人（正五品）其屬典簿一人（正九品）所轄審理所審理正一人（正六品）副一人（正七品）典膳所典膳正一人（正八品）副一人（從八品）奉祠所奉祠正一人（正八品）副一人（從八品）典樂一人（正九品）典寶所典寶正一人（正八品）副一人（從八品）紀善所紀善二人（正八品）良醫所良醫正一人（正八品）副一人（從八品）典儀所典儀正一人（正九品）副一人（從九品）工正所工正一人（正八品）副一人（從八品以上各所副官嘉靖四十四年並革）伴讀四人（從九品後止設一人）教授無定員（從九品）引禮舍人三人（後革二人）倉大使副使各一人庫大使副使各一人（倉庫副使後俱革）郡王府教授一人（從九品）典膳一人（正八品）鎮國將軍教授一人（從九品）

長史掌王府之政令輔相規諷以匡王失率府僚各供乃事而總其庶務焉凡請名請封請婚請恩澤及陳謝進獻表啓書疏長史爲王奏上若王有過則詰長史曾經過犯之人毋得選用是職審理掌推按刑獄禁詰橫暴無干國紀典膳掌祭祀賓客王若妃之膳羞奉祠掌祭祀樂舞典寶掌王寶符牌紀善掌諷導禮法開諭古誼及國家恩義大節以詔王善良醫掌醫典儀掌陳儀式工正掌繕造修葺宮邸廨舍伴讀掌侍從起居陳設經史教授掌以德義迪王校勘經籍凡宗室年十歲以上入宗學教授與紀善爲之師引禮掌接對賓客贊相威儀洪武三年置王相府左右相各一人正一品左右傅各一人從二品參軍府參軍一人正五品錄事二人正七品紀善一人正七品各以其品秩列朝官之次又置典籤司諮議官尋以王府武相皆勳臣令居文相上王相府官屬仍與朝官更互除授是年置王教授四年更定官制左右相正二品文武傅從二品參軍從五品錄事正七品審理正正六品副正正七品紀善正七品各署典祠正典寶正典儀正典膳正典服正工正醫正並正七品副並從七品牧正正八品副從八品引禮舍人省注九年改參軍爲長史罷

王傅府及典籤司諮議官增設伴讀四人選老成明經慎行之士任之侍讀四人收掌文籍少則缺之尋改王相府所屬奉祠典寶典膳良醫工正各所正並紀善俱正八品副從八品十三年並罷王相府陞長史司爲正五品置左右長史各一人典簿一人定王府孳牲所倉庫等官俱爲雜職二十八年置靖江王府諮議所諮議記室教授各一人建文中增置親王賓輔二人伴讀伴講伴書各一人長史三人郡王賓友二人教授一人記室二人直史一人左右直史各一人吏目一人典印典祠典禮典饌典藥五署官各一人典儀二人引禮舍人二人儀仗司吏目一人其賓輔三伴賓友教授進見時侍坐稱名而不稱臣禮如賓師成祖初復舊制改靖江王府諮議所爲長史司萬曆閒周府設宗正一人後各府亦置郡王府增設教授一人○王府護衛指揮使司設官如京衛王府儀衛司儀衛正一人正五品儀衛副二人從五品典仗六人正六品儀衛掌侍衛儀仗護衛掌防禦非常護衛王邸有征調則聽命於朝明初諸王府置護軍府洪武三年置儀衛

司司設正副各一人秩比正副千戸司仗六人秩比百戸四年改司仗爲典仗五年置親王護衞指揮使司每王府設三護衞衞前後左右中五所所千戸二人百戸十人又設圍子手二所每所千戸一人九年罷護軍府建文中改儀衞司爲儀仗司增置吏目一人成祖初復舊制

謹案元明諸王就封於外皆承宋制但置府官而明時諸王府官實參用唐以前府官國官之制如長史在前代本爲府官而典膳奉祠典儀舍人之屬則皆前代國官之職也至護衞之設則又酌唐時親事帳內二府之制而用之明初王府長史多選耆舊爲之有入爲王朝官者其從長史諸官無復遷擢而王府體制漸替士大夫多不願爲王府官惟世宗以興邸入承大統府寮多獲顯用第明之於藩王處之既非其道所置王官雖曰翊護實資鈐束形格勢禁法立而弊生焉我

朝展親之誼超軼曩代分封諸王列邸京師葳置官屬體制崇備而諸

皇子

皇孫出府者於府官外
特命內務府大臣總其府事而所設官府又皆由部引
見簡授職雖係於藩邸爵實列於
皇朝無樹私植黨之嫌其頒祿之制自漢以來或領於司農或取諸王國而
總以今制爲善蓋漢時諸侯王世有國土其所食邑皆各爲私奉養不
領於天下之經費甚至鑄山煮海富埒天家則其僚屬之俸給自不復
頒自朝廷逮後累代宗藩有爵號而無分土通典所載諸王府屬並給
士力白直防閤庶僕俸料則悉由朝給矣沿及前明載於會典戶部條
下者有王府文武官吏俸祿按月支給之文則以明之諸王雖就藩於
國不得收其賦稅歲給祿米各於所封國內府分放支而本色折色折
鈔之法紛然日出所司因以爲姦其弊殆不可勝詰我
朝定制凡王府官屬各按品食俸於戶部支領銀米兩給所以優其身家
而策其宣力者法良意美爲萬禩常昭之令典矣

公主府官附

國朝官制

固倫公主府長史一人三品頭等護衞一人二等護衞二人三等護衞二人典儀二人六品

和碩公主府長史一人四品二等護衞二人三等護衞一人典儀二人六品一人七品一人

長史掌府中之政令護衞典儀各庀其政以聽于長史舊例由內務府于閑散內

奏派補授乾隆五十一年定制凡府員不必拘定陪嫁人戶聽公主于該府家人隨便補放以告內務府而註冊焉

歷代建置

三代經籍未見

謹案帝乙歸妹見於易象王姬下嫁載在風詩而其時館甥之選多在侯國故設官之制典籍無聞也

秦末置

漢

〔漢書百官公卿表〕公主所食曰邑

〔後漢書皇后紀〕漢制皇女皆封縣公主其尊崇者加號長公主諸王女皆封鄉亭公主李賢注續漢志曰諸公主家令一人六百石丞一人三百石其餘屬吏增減無常漢官儀曰長公主傅一人私府長一人食官一人永巷長一人家令一人秩皆六百石各有員吏而鄉公主傅一人秩六百石僕一人六百石家令一人三百石也

謹案漢公主屬官其祿秩視後代最優至其設傅一人則亦倣太子及諸王而立制者也

三國

〔杜佑通典〕魏公主有家令僕丞行夜督郵○魏官第七品公主及諸國丞萬戶以上典書令及家令第八品公主家令第九品公主家僕

晉

（通典）晉官第八品公主家令第九品公主家丞

宋齊梁陳

（通典）宋公主有傅令傅令不得朱服齊與晉宋同陳置九等公主有家令之制

北魏

通典後魏官第九品公主家令

謹案北魏公主皆嫁于賓附之國朝臣子弟雖名族英彥不得尚焉然考太常博士常景奏云婦人無專國之理婦人爲君男子爲臣古禮所不載則當時公主下嫁亦必有置邸設官之事而所謂公主家令亦仍列於朝臣也

北齊

（隋書百官志）後齊諸公主置家令丞主簿錄事等員

〔通典〕北齊正九品公主家令

後周未置

隋

〔隋書百官志〕大長公主長公主公主並置家令丞各一人主簿謁者舍人各二人郡王惟減主簿員○公主家令視正九品

唐

〔新唐書百官志〕公主邑司令一人從七品下丞一人從八品下掌公主財貨稟積田園主簿一人正九品下錄事一人從九品下督封租主家財貨出入有史八人謁者二人舍人二人家史二人

謹案唐神龍二年閏正月敕公主府設官屬或儀比親王或惟不置長史而餘並同親王若公主非皇后生官員減半其出降外藩者或特置司馬至景龍中始依舊爲邑司家令丞錄事各一人出降者不置蓋唐時公主官屬較多而神龍之制則又加隆者也新書主簿一人而舊書

職官志作二人又舊志作家吏二人而新志作家史當有一訛也

五代未置

宋

（宋史職官志）公主邑令丞邑司錄事皆存其名而罕除

遼未置

金未置

元未置

明

（明史職官志）洪武七年公主府設家令一人正七品司丞一人正八品錄事一人正九品二十三年改家令司爲中使司以內使爲之

謹案公主官屬自宋存其名而不除明初亦備官而其後改用奄寺若遼金元則並其名不著然固倫公主和碩公主均爲

皇女體敵藩封一切統制宜從周渥我

朝定制酌古準今不襲漢唐之繁宂亦不同宋元以來之缺略其取人即求諸本府僕人副其事事充其材真不易之良法置員旣少證古亦多缺故不別著爲表而依前史志例類敘于王府各官之後以昭
國家敦睦之所推暨云爾

欽定歷代職官表卷六十九

新疆各官表

	伊犁將軍
三代	
秦	
漢	西域都護
後漢	西域都護
三國	
晉	
宋齊梁陳	
北魏	
北齊	
後周	
隋	
唐	安西大都護 鎮西節度使
五季	
宋	
遼	
金	
元	巴實伯里行尚書省
明	

參贊大臣	辦事大臣	協辦大臣
都護副校尉	屯田校尉戊己校尉	
護西域副校尉	戊己校尉宜禾都尉伊吾司馬	
副大都護	北庭節度使伊西節度使	
	巴實伯里等處宣慰使都元帥	副元帥

領隊大臣	總管	協領
	西域都護千人	
將兵長使 西域長使	西域都護千人	
	甘朵等萬戶府	

參領	佐領	印房章京	筆帖式
		西域都護長史 西域都護丞 戊己校尉丞	
		西域都護長史	西域都護掾
		西域都護參軍	安西都護錄事

管理糧餉官	卡倫侍衛	辦事郡王回部伯克
	西域都護候 戊己校尉候	
	西域都護候	西域大都尉
安西都護戶曹參軍 倉曹參軍		

新疆各官

國朝官制

總統伊犂等處將軍一人參贊大臣一人裁設無定領隊大臣五人印房司官二人筆帖式二人糧餉處司官二人筆帖式一人駝馬處司官一人筆帖式一人卡倫侍衛十二人

將軍統掌新疆之軍政山北山南皆聽節制參贊大臣參贊軍務與將軍同駐伊犂領隊大臣分統游牧駐惠寧城者一駐惠遠城者四

總管六人副總管七人協領十有二人佐領一百有八人防禦五十有六人驍騎校一百有八人署理營務筆帖式十人

總管分理營務錫伯一副一索倫達呼爾一副一爾二副二額魯特二副

三協領分理滿洲蒙古官兵駐惠寧城　四駐惠遠城　八佐領惠寧城十六惠遠城十四錫伯八索倫達呼爾八察哈爾十六額魯特二十防禦惠寧城十六惠遠城四十驍騎校各如其佐領之數署理營務筆帖式滿

洲蒙古二錫伯二索倫達呼爾二察哈爾二額魯特二俱經制之缺由伊

犂所屬諸旗揀補又有領催委署前鋒校或給七品頂帶或給六品頂帶

在卡倫侍衛上行走者舊無定額

總理回務頭等台吉三品阿奇木伯克一人四品伊什罕伯克一人五品噶𠀾

納齊伯克二人五品商伯克二人六品哈子伯克一人六品都官伯克一人七

品密喇布伯克六人七品明伯克六人七品什和勒伯克一人七品帕察沙布

伯克一人七品玉資伯克一人

阿奇木伯克總理回務伊什罕伯克副之噶𠀾納齊伯克掌理田賦商伯

克掌征輸哈子伯克掌詞訟都官伯克掌遞送兵馬糧餉文卷一切官物

及分攢差務密喇布伯克掌水利明伯克掌千戶之徵輸一切雜務什和

勒伯克掌驛館薪芻諸務帕察沙布伯克掌巡緝牢獄諸務玉資伯克掌

伯戶之徵輸一切雜務

烏魯木齊都統一人副都統一人

掌烏魯木齊之軍政滿洲綠旗官兵皆屬焉舊惟設安西提標綠旗五營

乾隆三十六年始以滿洲兵駐防設參贊大臣一人三十八年又設領隊

大臣二人四十二年始定爲今制

協領六人佐領二十有四人防禦二十有四人驍騎校二十有四人九品筆帖

式二人卡倫侍衛三人

乾隆三十七年設管理額魯特官兵總管一人副總管一人佐領四人驍

騎校四人四十二年移駐塔爾巴哈台又有管理臺站屯政廠務各員或

由陝西甘肅三省除派或由伊犂調撥無定額

庫爾喀喇烏蘇領隊大臣一人

舊以侍衛駐劄屬於烏魯木齊不得自奏事其文移亦由烏魯木齊轉行

不給印信乾隆三十五年始請給印信仍屬烏魯木齊三十一年始定爲

今制

管理糧餉官一人

又有管理臺站屯政文武各員或由陝西甘肅二省除派或由伊犂烏魯木齊調撥無常員

塔爾巴哈台參贊大臣一人領隊大臣一人一管四營一管額魯特

乾隆三十年設初駐雅爾後移駐今治

總管一人副總管一人佐領八人驍騎校八人卡倫副衛十二人印房章京三人筆帖式三人管理糧餉官一人

總管舊駐烏魯木齊乾隆四十二年移駐

巴里坤領隊大臣一人協領二人佐領八人防禦八人驍騎校八人印房筆帖式一人

乾隆三十七年原設參贊大臣一人領隊大臣一人協領四人佐領防禦驍騎校各十六人筆帖式二人後改參贊大臣爲領隊大臣而以領隊大臣一人移駐古城協領以下等官亦分其半隨駐

古城領隊大臣一人協領二人佐領八人防禦八人驍騎校八人印房筆帖式

一人

並乾隆三十九年自巴里坤移駐

謹案巴里坤今爲鎮西府治已列在郡縣且原隸版圖不在新疆之數

以其爲新疆北路之門戶而分置駐防亦與新疆一例故以領隊大臣

列新疆表中至其文武諸官則各見本門茲不復載

總理烏什等處參贊大臣一人協理大臣一人裁設阿克蘇領隊大臣一人無定

掌烏什之政令兼統賽喇木拜城其阿克蘇一城舊別設辦事大臣乾隆

三十一年亦倂隸烏什而裁舊設副都統一人改設參贊大臣以阿克蘇

大臣移駐其領隊大臣則自喀什噶爾移駐

印房章京二人筆帖式三人管理糧餉官一人

印房章京乾隆三十一年設筆帖式舊設一員乾隆二十一年增二員管

理糧餉官舊調用陝甘三省典史一員亦乾隆三十一年改用部員其換

防屯田等官由陝甘二省自副將以下除派舊無常員

協領一人佐領二人防禦二人驍騎校二人護送伯克侍衛一人卡倫侍衛十有一人軍臺委署筆帖式十人

佐領防禦驍騎校俱乾隆三十一年由烏魯木齊巴里坤調撥移駐卡倫侍衛則舊所設也

管理回民五品阿奇木伯克一人六品哈子伯克一人七品明伯克一人七品密喇布伯克一人分理阿克蘇三品阿奇木伯克一人四品伊什罕克伯一人五品噶帀納齊伯克一人五品商伯克一人六品哈子伯克一人六品巴濟吉爾伯克一人六品伯克二人七品訥克布伯克一人七品都官伯克三人七品莫提色布伯克一人七品木特幹里伯克一人七品明伯克二人七品阿爾巴布伯克一人七品帕察沙布伯克一人七品什和勒伯克二人七品伯克三人分理阿克蘇所屬六品阿奇木伯克一人喀勒喀勒六品阿奇木伯克一人七品哈子伯克一人七品密喇布伯克一人七品明伯克二人雅爾巴什七品密喇布伯克一人七品明伯克一人庫車巴什七品密喇布伯克一人七品明伯

克一人阿克雅爾七品密喇布伯克一人七品明伯克一人哈喇塔勒七品密喇布伯克一人七品明伯克一人哈爾噶額密什七品密喇布伯克一人雅爾賽喇木七品明伯克一人愛庫爾七品密喇布伯克一人英額阿里克七品明伯克一人赫色勒七品明伯克一人分理賽哩木三品阿奇木伯克一人四品伊什罕伯克一人五品噶帀納齊伯克一人六品哈子伯克一人七品密喇布伯克一人七品明伯克一人分理拜城四品阿奇木伯克一人五品伊什罕伯克一人六品噶帀納齊伯克一人七品密喇布伯克一人七品哈子伯克一人七品明伯克一人

巴濟吉爾伯克掌稅務訥克布伯克掌營建莫提色布伯克掌回衆之教法不與政事木特斡里伯克掌售授田產與其稅務阿爾巴布伯克掌差役六品伯克掌修壩管臺七品伯克掌採銅餘伯克與伊犂同名者其所掌並同

謹案此皆乾隆三十年平定逆回後重定之制與初制稍有異同今不

具載

葉爾羌辦事大臣一人協辦大臣一人

乾隆二十六年設領隊大臣二人尋省以協辦大臣兼理領隊事務

印房章京二人筆帖式三人委署筆帖式二十人管理糧餉官一人佐領二人驍騎校二人聽差坐卡侍衛十有三人

佐領驍騎校並乾隆三十六年設由伊犂烏魯木齊等處調撥侍衛乾隆二十六年設初定十五員後減二員

管理回民三品阿奇木伯克一人四品伊什罕伯克一人四品商伯克一人五品密喇布伯克一人五品訥克布伯克一人五品木特斡里伯克一人五品哈喇都官伯克一人五品帕察沙布伯克一人五品哈子伯克一人六品巴濟吉爾伯克一人六品明伯克一人六品都官伯克一人六品莫提色布伯克一人六品什和勒伯克一人六品帀布梯墨克塔布伯克一人六品巴黑瑪塔爾伯克一人六品哲博伯克一人六品阿爾巴布伯克二人六品賽特里伯克一人

分理托古斯哈特五品阿奇木伯克一人六品哈子伯克一人六品明伯克一人分理英額齊盤五品阿奇木伯克一人六品密喇布伯克一人六品明伯克一人分理哈爾噶里克五品阿奇木伯克一人六品哈子伯克一人六品密喇布伯克一人六品明伯克一人分理和什阿喇布五品阿奇木伯克一人分理伯什恰特五品密喇布伯克一人分理薩納珠五品阿奇木伯克一人分理舒帖五品密喇布伯克一人六品明伯克一人分理裕勒阿里克六品阿奇木伯克一人分理色哩克郭勒五品阿奇木伯克一人六品伊什罕伯克一人六品商伯克一人六品哈子伯克一人六品阿爾巴布伯克一人七品什和勒伯克一人七品巴帀爾伯克一人分理巴爾楚克六品阿奇木伯克一人分理塔克布依六品阿奇木伯克一人分理坡斯恰木六品哈子伯克一人分理阿喇巴特齊六品密喇布伯克一人分理鄂湍楚魯克六品密喇布伯克一人

帀布梯墨克他布伯克掌教習經館巴克瑪塔爾伯克掌果園哲博伯克掌修造甲械賽特里伯克掌巡察街道園林果木諸務巴帀爾伯克掌市

肆細務餘與伊犁諸處同名者所掌並同

和闐辦事大臣二人委署筆帖式二人

管理回民三品阿奇木伯克一人四品伊什罕伯克一人五品哈什伯克一人五品木特斡里伯克一人六品哈喇都官伯克一人七品訥克布伯克一人七品莫提色布伯克一人七品木特斡里伯克一人七品都官伯克一人七品哈喇都官伯克一人七品什和勒伯克一人分理額勒齊五品噶帀納齊伯克一人六品哈子伯克一人七品帕察沙布伯克一人七品明伯克一人分理額勒齊屬境七品密喇布伯克一人七品明伯克三人分理玉隴哈什四品阿奇木伯克一人五品商伯克一人六品哈子伯克一人分理玉瓏哈什屬境七品密喇布伯克二人七品明伯克二人分理哈喇哈什四品阿奇木伯克一人五品商伯克一人六品哈子伯克一人七品帕察沙布伯克一人七品都官伯克一人分理哈喇哈什屬境七品密喇布伯克三人七品明伯克一人分理齊喇四品阿奇木伯克一人六品哈子伯克一人七品密喇布伯克一人七品明伯克

一人分理塔克四品阿奇木伯克一人六品哈子伯克一人分理克勒雅四品阿奇木伯克一人六品哈子伯克一人分理克勒雅屬境七品密喇布伯克一人七品明伯克二人

哈什伯克掌採玉哈喇都官伯克掌安設臺站修整兵械餘與伊犂諸處同名者所掌並同

喀什噶爾辦事大臣一人協辦大臣一人

乾隆二十四年設參贊大臣一人總理各回城事務又設領隊大臣一人三十一年移駐烏什改設辦事大臣專司境內之事其協辦大臣則仍二十四年所舊設也

印房章京一人辦理回務章京一人筆帖式一人委署筆帖式六人軍臺委署筆帖式一人管理糧餉官一人

印房章京辦理回務章京俱乾隆二十六年設筆帖式二十七年設管理糧餉官亦二十六年設又有駐防滿洲領隊官無常員

總管一人參領二人防禦一人驍騎校三人聽差守卡侍衛十有三人

總管等官俱乾隆二十四年設侍衛乾隆二十六年設初十五員三十五
年移駐塔爾巴哈台二員

管理回民三品阿奇木伯克一人四品伊什罕伯克一人四品噶帀納齊伯克一人四品商伯克二人五品哈子伯克一人五品訥克布伯克一人五品莫提色布伯克一人五品木特斡里伯克一人六品巴濟吉爾伯克一人六品明伯克一人六品都官伯克一人六品阿爾巴布伯克一人六品帕察沙布伯克一人六品克呼克雅喇克伯克一人六品什和勒伯克一人六品巴克瑪塔爾伯克一人七品明伯克一人分理牌租巴特四品阿奇木伯克一人七品明伯克一人分理塔什巴里克四品阿奇木伯克一人分理阿斯屯阿喇圖什五品阿奇木伯克一人六品哈子伯克一人七品明伯克五人分理玉斯屯阿喇圖什六品阿奇木伯克一人六品哈子伯克一人七品明伯克一人分理伯什克呼木五品阿奇木伯克一人六品哈子伯克一人六品密喇布伯克一人六品明

伯克一人分理提斯袞五品密喇布伯克一人分理阿喇古六品阿奇木伯克一人六品哈子伯克一人分理鄂玻勒六品阿奇木伯克一人分理汗阿里克六品密喇布伯克一人六品哈子伯克一人七品明伯克一人分理霍爾干六品密喇布伯克一人六品明伯克一人分理克色勒布依六品密喇布伯克一人分理塞爾滿六品密喇布伯克一人分理托庫薩克六品密喇布伯克一人分理托普魯克七品明伯克一人分理岳普囉克七品明伯克一人分理英吉沙爾四品阿奇木伯克一人六品哈子伯克一人六品密喇布伯克一人總理英吉沙爾五處卡倫伯克一人英吉沙爾屬賽哩克七品密喇布伯克一人

克埒克雅喇克伯克掌商賈貿易收其稅入餘與伊犂諸處同名者所掌

並同

庫車辦事大臣一人

兼轄沙雅爾乾隆二十四年設

印房章京一人筆帖式二人委署筆帖式三人辦理糧餉官一人

並乾隆三十一年設章京原設二員三十四年裁一員辦理糧餉官乾隆二十四年設二十六年定以陝甘二省縣丞典史差充

管理回民三品阿奇木伯克一人四品伊什罕伯克一人五品噶帀納齊伯克一人五品商伯克一人六品哈伯克一人七品密喇布伯克二人七品訥克布伯克一人七品明伯克一人七品都官伯克三人七品木特斡里伯克一人七品莫提色布伯克一人七品阿爾巴布伯克一人七品帕察沙布伯克一人七品採銅伯克一人分理沙雅爾三品阿奇木伯克一人四品伊什罕伯克一人五品噶帀納齊伯克一人五品商伯克一人六品哈子伯克一人七品密喇布伯克一人七品訥克布伯克一人七品都官伯克二人七品莫提色布伯克一人七品採銅伯克一人

哈喇沙爾辦事大臣一人

印房筆帖式六人管理糧餉官一人

又有管理屯政等官由陝西甘肅二省以參將遊擊除派無常員

管理庫爾勒回民三品阿奇木伯克一人四品伊什罕伯克一人五品噶帀納齊伯克一人五品商伯克一人六品哈子伯克一人七品明伯克一人七品訥克布伯克一人七品玉資伯克一人六品伯克一人七品伯克一人管理布古爾回民三品阿奇木伯克一人四品伊什罕伯克一人五品噶帀納齊伯克一人五品商伯克一人六品哈子伯克一人七品明伯克一人七品訥克布伯克一人七品玉資伯克一人六品伯克一人七品伯克一人

自阿奇木伯克至玉資伯克所掌皆與伊犂諸處同其六品伯克則專司查臺七品伯克則專司採銅均乾隆三十一年設旋因移回戶於庫轍滿裁六品哈子伯克一員增四品阿奇木伯克一員併移五品噶帀納齊伯克一員七品玉資伯克一員前往治之後回戶仍移歸庫爾勒官制亦仍如舊額

吐魯番辦事大臣一人

辦事大臣初駐闢展統綠旗兵三百名乾隆四十二年改定今制移駐吐

魯番

參領二人佐領十有五人驍騎校十有五人印房章京一人正八品筆帖式一人委署筆帖式六人

乾隆二十六年設印房筆帖式一員後改設章京二員四十一年裁一員其筆帖式一員四十年設委署筆帖式二十六年初設十三員後裁七員

又有聽差各員于內地鎮營員弁內派撥無定額

總理回務扎薩克郡王一人協理回務圖撒拉克齊二人分駐羅布淖爾五品伯克三人六品伯克七人詳見藩屬

哈密辦事大臣二人

掌哈密之屯政與其儲積之數故其印文稱哈密辦理糧餉大臣而地方諸務亦並治焉

印房章京一人驍騎校一人筆帖式六人

總理回衆郡王一人詳見藩屬

管轄五堡回民屯衆諸務以聽於大臣

謹案吐魯番哈密雖舊有之地以其爲新疆南路之門戶故與巴里坤一例均列于新疆之中

歷代建置

謹案西域自漢武帝時始通中國特爲置官領護其後又置都護及戊己校尉屯田車師前王庭當時自譯長城長且渠當戶而上佩漢印綬者三百七十六人然不過虛奉名號而已非能有其土宇設官以治之也建武中西域諸國復遣使內屬光武以天下初定未遑遠馭閉關謝之永平十六年始置宜禾都尉明年復置都護永初以降或設都護或僅設校尉廢置不常唐初西州特置都護府設大都護以領之後復改爲節度使亦聊示羈縻不能制其要領迨宋而靈夏之間方爲敵境遠撫長馭非所與聞遼代起自滑鹽方事南征未專西顧僅置夏州蕃落諸使元代勃興始滅西域四十餘國其後又遣將入乞石迷至富郎而

還於是西域之地盡歸統攝然大抵以諸王駙馬爲行營統軍以鎮之
亦未能郡縣其地比於諸路也迨明而嘉峪設守啓閉不時哈密迤西
棄同甌脫河套之議舉國震驚無論陽關以外形勢孱弱蓋不足言也
我
皇上御極以來德威遠播聲教遐通薄海內外悉主悉臣近者蕩平準部戡
定回疆
天戈所指歸仁恐後由是天山南北數萬里而遙悉歸版宇
皇上明操金鏡因地制宜列戍開屯設官分職使綱目相繫臂指相維巴里
坤烏魯木齊諸地已置郡縣而列學校其他亦皆屹然重鎮鞏固萬年至山
南回部諸官自三品以至七品仍其舊名而寵以
天朝之品秩賞罰黜陟悉與內地諸官同
威德之昭宣
經綸之遠大豈惟漢唐以來所未睹抑亦三皇五帝所莫可比倫矣謹條列

縷分用彰
膚功之盛至歷代沿革謹擇其稍近今制者姑存一二見建置之所起而已
其係名西域而未嘗實治其地受爵中朝而未嘗真設以官者則概不
濫載益以見
聖代規模鴻闊爲載籍之所未聞焉

三代未置

秦未置

漢

〔漢書百官公卿表〕西域都護加官宣帝地節二年初置以騎都尉諫大夫使護西域三十六國有副校尉秩比二千石丞一人司馬侯千石各二人

〔荀悅漢紀〕鄭吉使護鄯善西南道以攻破車師日逐王請降于吉遂將詣京師封日逐王爲歸德侯吉爲安遠侯使吉并護車師以西北道故號

都護都護之號自吉始也於是吉始中西域爲立幕府治烏壘城鎮撫諸國漢之號令頒於西域始自張騫而成於鄭吉

謹案都護之設在神爵二年通鑑考異謂漢百官公卿表作地節二年西域傳作神爵三年皆誤也又考西域傳云宣帝時遣衞司馬鄭吉使護鄯善以西數國及破姑師未盡殄分以爲車師前後王及山北六國時漢獨護南道未能盡幷北道其後日逐王畔單于將衆來降護鄯善以西使者鄭吉迎之既至封日逐王歸德侯乃因使言幷護北道故曰都護又鄭吉傳吉既破車師降日逐威震西域遂幷護車師以西北道故號都護師古曰並護南北二道故謂之都今西域庫車爲古之車師南道也伊犂在庫車西北北道也今伊犂將軍總轄南北二道則正漢都護之職矣

（漢書百官公卿表）戊己校尉武帝初元元年置有丞司馬各一人侯五人秩比六百石

謹案戊己校尉漢官儀云戊己中央鎮覆四方後漢書西域傳注云開渠播種以爲厭勝故稱戊己王彥賓云戊己土也屯田以耕土爲事故取爲名顏師古則謂甲乙丙丁壬癸皆有正位唯戊己寄治耳今所置校尉亦無常居故取戊己爲名馬融傳稱校隊按部前後有屯甲乙相伍戊己爲堅注謂戊己居中爲中堅諸說不同然其爲將兵屯種之職則無異說也

〔漢書西域列傳〕元帝時復置戊己二校尉屯田車師前王庭

謹案顏師古百官表注云有戊校尉己校尉則戊己當是兩官考漢武帝時始置校尉領護田卒但以屯田校尉爲稱後乃爲戊己校尉表初不言戊校己校兩官徧考前書紀傳如徐普刁護郭欽皆兼戊己爲官稱獨烏孫傳云徙己校屯烏壘是特兵有戊校己校之分耳顏師古亦謂戊己兩校爲兵而於表云兩尉殆見後漢書西域傳元帝置戊己二校尉遂爲此說蓋范蔚宗亦以後漢有戊校尉因謂元帝所置爲二尉

其實兩都設官之制不同後漢有戊己校尉戊校尉而各以校兵爲名前漢有戊校己校之兵而尉之官稱則仍兼戊己也考通鑑載竇固奏復置西域都護戊己校尉以陳睦爲都護司馬耿恭爲戊己校尉屯後王部金蒲城謁者關寵爲戊己校尉屯前王柳中城耿恭關寵一時並爲校尉各屯一庭而不分戊己然則後漢雖設二尉尚得通稱戊己又何疑於前漢之制乎

〔漢書西域列傳〕自貳師將軍伐大宛之後西域震懼多遣使來貢獻漢使西域者益得職於是自敦煌西至鹽澤往往起亭而輪臺渠犂皆有田卒數百人置使者校尉領護以給使外國者征和中搜粟都尉與丞相御史奏言故輪臺以東捷枝渠犂皆故國地廣饒水草有溉田五千頃以上處温和田美可益通溝渠種五穀與中國同時熟臣愚以爲可遣屯田卒詣故輪臺以東置校尉三人分護各舉圖地形通利溝渠務使以時益種五穀

謹案漢焉耆國治員渠城去長安七千三百里卽今哈喇沙爾之地漢書稱其國近海水多魚北史亦言焉耆土田良沃穀有稻菽粟麥去海千餘里有魚鹽蒲葦之饒今自哈喇沙爾至漢輪臺渠犂屯田處約四百餘里在庫車以東所謂廣饒水草有漑田五千頃以上者也更以水經注考之輪臺最西卽所謂龜茲東川水東南流逕於輪臺之東者也連城稍東卽所謂有水西南流逕連城別注裂以爲田者也渠犂更東卽所謂水又屈而南逕渠犂國西又東南流逕渠犂城漢武帝屯渠犂卽此處也則其地實毗連相去不過幾百里在今哈喇沙爾之西南庫車之東南其耕墾所及視今日殊爲狹隘以其爲西域屯田設官之始錄之以備緣起而已

〔唐六典〕漢宣帝置都護長史一人

謹案都護長史蓋都護官屬之領袖如今印房章京之職又漢書西域傳稱班超遣掾甘英窮臨西海而還則都護又有掾亦如今筆帖式之

類倂附著於此

（樂史太平寰宇記）樓蘭國王數遮殺漢使時帝遣平樂監傅介子往勑其王懸首北闕乃立其弟屠耆爲王更名其國爲鄯善王自請天子曰身在漢久今歸單弱而前王有子在恐爲所殺國中有伊循城其地肥美願漢遣一將屯田積穀令臣得依其威重於是漢遣司馬一人吏士四十人田伊循以鎭撫之其後更置都尉伊循官置始此矣

（後漢書西域列傳）永平十六年明帝乃命將帥北征匈奴取伊吾盧地置宜禾都尉以屯田遂通西域于窴諸國皆遣子入侍西域自絕六十五載乃復通焉

李吉甫元和郡縣志納職縣後漢明帝曾於此置宜禾都尉

謹案當時未置都護則宜禾都尉專制一方如今之辦事大臣矣是亦官制之緣起故附著之

（袁宏後漢紀）永平十七年冬十月竇固耿恭將萬餘騎帥擊車師王請

降於是固奏置西域都護戊己校尉陳穆爲都護耿恭爲戊己校尉關寵爲戊己校尉恭屯金蒲城寵屯柳中城相去千餘里恭乃移檄烏孫大昆彌宣喻威德皆遣使獻馬求入侍天子○永元四年十二月龜茲姑墨温宿國皆降乃以班超爲西域都護徐幹爲長史復置戊己校尉

（後漢書西域列傳）永平十七年始置都護戊己校尉

（司馬光資治通鑑）永元三年復置西域都護騎都尉戊己校尉官以班超爲通護

謹案後漢凡兩置都護皆如前漢爲加官帶騎都尉銜蓋如今伊犂將軍之職至永初以後僅置護西域副校尉一人則又如今參贊大臣之職也

（後漢書班超列傳）拜超爲將兵長史假鼓吹幢麾

（班勇列傳）延光二年以勇爲西域長史將兵五百人出屯柳中

謹案長史本都護之屬吏惟班超稱將兵長史班勇爲西域長史亦稱

將兵則似即今領隊大臣之職蓋名同而官異也

（後漢書西域列傳）永建六年置伊吾司馬一人

謹案伊吾司馬專制一方亦似今之辦事大臣

（後漢書西域列傳）建武五年河西大將軍竇融承制立莎車王康爲建功懷德王西域大都尉弟賢代立復遣使奉獻請都護帝乃因其使賜賢西域都護印綬敦煌太守裴遵上言不可更賜以漢大將軍印綬

謹案都尉將軍當如今總理回衆扎薩克郡王他如漢書西域列傳稱都護韓宣奏烏孫大吏大祿大監賜金印紫綬以尊輔大昆彌當亦如今圖撒拉克齊之比然昆彌既不授漢官則其臣仍各尊其主與圖拉撒克齊爲郡王之屬者不同故不列於表

三國未置

謹案唐書地理志稱魏時涼州刺史領戊己校尉護西域如漢故事魏志稱龜茲于闐康居烏孫之屬無歲不奉朝貢然以涼州刺史領戊己

校尉則特繫以虛銜坐鎮邊境與漢之戊己校尉異故今不列於表

晉未置

謹案唐六典稱魏晉之閒有都護左右軍都護將軍之號遂廢都護之名晉書稱晉沿魏制置戊己校尉領護西域似卽以校尉攝都護之職總之虛名無實亦與魏相等矣

宋齊梁陳未置

北魏未置

謹案魏書官氏志護羌戎中郎將護羌戎校尉從第三品考西域自魏晉以來互相吞併至是時分爲四域自葱嶺以南流沙以西爲一域葱嶺以西海曲以東爲一域者舌以南月氏以北爲一域兩海之閒水澤以南爲一域總計一十六國小渠長以百數與漢時出兩道者異太延中遣散騎侍郎董琬高明等多齎金帛出鄯善招撫諸國則校尉中郎將之設當在是時然諸國雖奉朝貢實未能有其土地人民屯田積穀

如漢之校尉都尉故亦不列於表

北齊未置

後周未置

隋未置

謹案鄭樵通志稱煬帝時遣侍御史韋節司隸從事杜行滿使於西國復令聞喜公裴矩於武威張掖間往來以引致之大業中相率來朝者四十餘國帝因置西戎校尉以應接之則亦但司朝貢之使臣而已非能設官於其地也

唐

（新唐書百官志）大都護府大都護一人從二品副大都護二人從三品副都護二人正四品上長史一人正五品上司馬一人正五品下錄事參軍事一人正七品上錄事二人從九品上功曹參軍事倉曹參軍事戶曹參軍事兵曹參軍事法曹參軍事各一人正七品下參軍事三人正八品

下上都護一人正三品副都護二人從四品上長史一人正五品上司馬一人正五品下錄事參軍事一人正七品下功曹參軍事倉曹參軍事戶曹參軍事兵曹參軍事各一人從七品上參軍事三人從八品上都護掌統諸蕃撫慰征討敘功罰過總判府事

〔李衞公兵法〕太宗曰朕置瑤池都督以隸安西都護番漢之兵如何處置靖曰天之生人本無番漢之別然地遠荒漠必以射獵而生此常習戰鬭若我恩信撫之衣食周之則皆漢人矣陛下置此都護臣請收漢戍卒處之內地減省糧餽兵家所謂治力之法也但擇漢吏有熟番情者散守堡障此足以經久或遇有警則漢卒出焉

謹案唐大都護即漢西域都護之制至此不復爲加官即以都護專稱矣其職如今伊犂將軍但皆以親王遙領不置正員於其地爲不同耳考地理志載建中二年以守北庭李元忠守安西郭昕並爲大都護龜茲傳載田揚名郭元振張孝嵩杜暹並爲安西都護以政績稱安西亦

大都護也權德輿忠武渾公神道碑以工部尚書爲單于大都護則大都護不盡以親王爲之矣蓋親王遙領者厥後定制也故著于百官志而用惟其人唐初固常以重臣領之未嘗拘以親王遙領之例也又唐六典大都護府功曹倉曹屬有府二人史二人戸曹屬有府三人史三人帳史一人兵曹法曹屬有府三人史四人百官志皆不載蓋史闕漏也

（唐會典）貞觀十四年平高昌於西州置安西都護府

謹案高昌傳貞觀十四年克高昌更置都護府龜茲傳貞觀二十三年滅龜茲始徙安西都護於其都則安西都護之置當在貞觀年間而唐六典謂永徽中始置四大都護府與會要及新舊唐書俱不合未詳孰是

（舊唐書地理志）安西節度使撫寧西域統龜茲焉耆于闐疏勒四國

（冊府元龜）太宗旣破龜茲移置西安都護府于其國城以郭孝恪爲都

護兼統于闐疏勒碎葉謂之四鎮

謹案新唐書方鎮表先天元年以北庭都護領伊西節度等使自是安西有節度之號然尚爲兼銜開元十五年伊西北庭分置二節度而節度始爲守官不復稱都護矣其制略如今辦事大臣也

（杜佑通典）鎮西節度使統龜茲焉耆于闐疏勒國

謹案安西節度使自開元十二年後或稱磧西或稱四鎮至肅宗至德元載更名鎮西故有鎮西節度之號又王應麟玉海乾元三年以葉護曜爲同四鎮節度副使當如今之參贊大臣也自漢以後元以前惟唐於西域設官之地較闊然僅自南山抵葱嶺亦未能跨越山北兼以通絕不常羈縻著號則所謂設官其地者僅稍勝空名一等耳總未足以方

昭代之盛也

（新唐書吐蕃列傳）沙州首領張義潮奉瓜沙伊肅甘等十一州地圖以

獻擢義潮沙州防禦使俄號歸義軍遂爲節度使

〔元和郡縣志〕高昌王文泰漸失臣禮貞觀十四年詔兵部尚書侯君集統薛萬鈞牛進達等總兵討之文泰病死子智盛立八月君集進兵破之下其二十二城獲戶八千列其地爲西州並置西安都護以統之庭州顯慶中重修置以來濟爲刺史理完葺焉請州所管諸蕃奉敕皆爲置州府以其大首領爲都督刺史司馬又置參將一人知表疏等事

謹案此亦今回部扎薩克之類以非常設之官故不列於表他如資治通鑑載龍朔元年六月癸未以吐火羅嚈噠罽賓波斯等十六國置都督府八並隸安西都護府考諸新唐書地理志時自于闐以西波斯以東凡十六國各以其王爲都督府吐火羅爲月支都督府嚈噠爲大汗都督府阿達羅支爲條支都督府解蘇爲天馬都督府骨咄施爲高附都督府罽賓爲修鮮都督府帆延爲寫鳳都督府石汗那爲悅般州都督府護時犍爲奇沙州都督府怛沒爲姑墨州都督府烏拉喝爲旅獒

州都督府勒建爲崑墟州都督府俱密爲至拔州都督府護密多爲烏飛州都督府久越得犍爲王庭州都督府波斯爲波斯都督府通鑑言置都督府八者蓋謂月支大汗條支天馬高附修鮮寫鳳波斯八都督府其餘悅般奇沙等府不與也然皆以虛名羈縻仍以其王爲都督與臨以王官者迥異故亦不列於表

五季未置

宋未置

遼未置

金未置

謹案金史地理志金之壤地西歷葭州出臨洮府會州積石之外與先羌地相錯而夏人界隔橫山盡有武威張掖酒泉諸郡自玉門陽關而外皆以絕遠不通故金史外國傳祇有西夏而西域則未隸版圖焉

元

（元史憲宗本紀）諾海蒙古語大也原作納懷今改達蘭蒙古語七十數也原作塔剌今改哈瑪爾蒙古語鼻也原作海麻今改蘇庫滿洲語皮也原作速忽今改等充巴什百里回地名原作別失百里今改行尙書省事（地理志）至元二十年立巴什伯里河州等處宣慰司（河源附錄）至元二十一年徹迪爾原作察帶今改二城置噶嚕噶齊二十三年遣侍衛新附兵千人屯田巴什伯里置元帥府卽其地以統之

謹案元代版圖雖奄有西域然所滅諸國大抵以諸王駙馬爲行營統軍專鎭一方各有分地迫中葉以後山川綿邈道路不通與朝廷或不相知聞史氏亦不能舉其世系名字則幅員雖廣亦略與唐之羈縻州等特有其地者尙屬天潢之支派爲小異耳其稍近內地者乃有行省尙書有宣慰司行省尙書略如今辦事大臣宣慰司掌一方之政有軍旅之事則兼都元帥其次則止爲元帥府略如今領隊大臣而已豈如

我

國家統馭得宜規模詳備使天山南北二萬餘里如臂指之相維也歟

明末置

謹案明洪武初陝西行省員外郎許允德出使西番繼又命河州衛遣官招諭諸番稍稍內屬然雖受爵中朝而賦稅不上於天子其後哈密赤斤諸衛爲土魯番所侵不能藩蔽中國而河套諸部密邇邊陲者尤患在肘腋禍迫門庭二百餘年之中議勦議撫迄無成效卒致邊防弛壞寇鈔相尋計其左支右詘之狀幾幾乎河隴內外求一安枕之地而不得又烏敢議天山兩道三十六國之舊跡哉蓋統馭之遠近視乎德澤之厚薄威力之強弱德威不足以控御則爲明代之自救不遑德無所不育威無所不行則爲我

朝之因明舊疆日啓版宇至我

皇上而拓地二萬餘里使蔥嶺以東納賦供役悉隸臣僕建官守土一如郡縣敬觀今所列之職制因回思前史所載有明一代之邊患同一西陲而盛衰治亂之相懸有不可以道里計者然後知

聖天子揆文奮武之軌超軼前代萬萬也

欽定歷代職官表卷七十

藩屬各官

朝代	漠南科爾沁等部札薩克以下官
三代	
秦	
漢	
後漢	烏桓王侯君長鮮卑率衆王
三國	魏烏丸王鮮卑歸義王附義王
晉	鮮卑拓拔猗盧封代王鮮卑慕容廆拜鮮卑都督鎮軍將軍封公鮮卑段務勿塵拜撫軍大將軍親晉王封遼西公
宋齊梁陳	
北魏	
北齊	
後周	
隋	
唐	
五季	
宋	
遼	諸國大王裕悅左相右相以下等官諸部節度使副使以下等官詳袞司等官
金	
元	
明	

漠北喀爾喀等部札薩克以下官
高車王封西海郡開國公
蒙古察罕圖嚕冊圖烈部王

青海四部札薩克以下官

吐谷渾王封澆河公隴西公河南王

吐谷渾王拜大將軍將軍封西秦王西平王西海郡開國公

珍倣宋版印

藩屬各官

國朝官制

外藩蒙古科爾沁等二十五部五十一旗喀爾喀四部八十五旗青海四部二十九旗阿拉善額魯特一旗烏蘭烏蘇額魯特二旗額濟訥土爾古特一旗都爾伯特十六旗每旗札薩克一人協理旗務二人或四人管旗章京一人副章京二人或一人參領每六佐領則一人佐領每百丁或二百丁或二百五十丁則一人驍騎校每佐領下則一人

札薩克掌治一旗之政令或由世襲或由簡任不拘爵秩蒙古科爾沁等部五十一旗及青海四部落二十九旗每旗札薩克以王貝勒貝子公台吉爲之惟喀喇沁添設一旗以一等塔布囊喀爾喀等部八十五旗及都爾伯特十六旗每旗札薩克以汗王貝勒貝子公台吉爲之阿拉善額魯特以王及公烏蘭烏蘇額魯特以貝子額濟訥土爾古特以貝勒協理旗務掌佐札薩克之政亦以台吉以上爲之自管

旗章京以下至驍騎校皆掌統其所屬之衆以聽於札薩克惟青海達喇嘛察漢諾們汗所屬蒙古分四佐領不統於各旗給印令達喇嘛管轄每旗按丁數編爲佐領設佐領一人驍騎校一人領催六人驍騎五十人六佐領設參領一人佐領多者設管旗章京一人副章京二人十佐領以下設章京副章京各一人並於每旗台吉內遴選以原爵兼任如台吉內無人於參領內遴選參領於佐領內遴選佐領於驍騎校內遴選以次遞升

謹案外藩蒙古設官雖同而分地各異其大別有三一爲漢南科爾沁等部一爲漢北喀爾喀四部一爲青海四部若阿拉善額魯特額濟訥土爾古特皆在寧夏甘肅邊外亦漢南地都爾伯特在喀爾喀疆理之內烏蘭烏蘇又喀爾喀賽因諾顏部所轄也故於表以漢南漢北青海等部別而爲三因以上推歷代建置之異庶彼此各有區別云

回部哈密一旗札薩克一人協理旗務一人管旗章京一人副章京一人參領二人佐領十三人土爾番一旗札薩克一人協理旗務二人管旗章京一人副

章京二人參領二人佐領十五人伯克十人

凡回部之久經內屬者一如蒙古之制編爲旗分設札薩克以下等官哈密札薩克以功晉郡王貝勒土爾番晉郡王

謹案哈密土爾番二部雖並膺王封而實佐我駐劄大臣共理庶事故互見於新疆各官篇而其屬則冠以天朝之品秩仍存諸部之舊稱謹具列於此至於德威遐布西域蕩平二萬餘里安屯置郡土爾扈特後率衆輸忱全部歸順其閒量材授職品秩昭然而悉簡大臣往臨其政故專列新疆表中而識其區別如右云

歷代建置

謹案自古外藩設官羈縻不絕叛服無常弱則稽顙來王強則稱兵擾塞未有能使之畏威懷德心悅誠服者也我國家誕膺

天命中外一統武功戡定文德懷柔冰天月窟悉主悉臣蒙古漠南漠北諸郡
以暨回城君長莫不傾心向化獻琛奉摯永爲不侵不叛之臣因爲之
設官分職蒙古各部暨回部之久經內附者皆設札薩克以理旗務又
悉置都統以下等官一如八旗之制而回城伯克亦皆被以
天朝之品秩此實亘古以來之盛事求之史冊罕有倫比今纂集兩漢以來
西北裔國之受中國爵號者以備此表云

三代

（書益稷謨）外薄四海咸建五長

（禮記曲禮）其在東夷北狄西戎南蠻雖大曰子於內自稱曰不穀於外
自稱曰王老（鄭康成注）謂九州之外長也天子亦選其諸侯之賢者以
爲之子子猶牧也雖有侯伯之地本爵無過子

謹案爾雅九夷八蠻七戎六狄謂之四海曲禮之東夷北狄西戎南蠻
即虞書之所謂四海其地在九州之外亦擇其諸侯之賢者以爲之長

如中國之牧伯此卽唐虞咸建五長之法也今漠南哈密青海之地在唐虞三代時皆爲荒服其設官之法見於益稷謨及曲禮者大略如此若其詳則不可考矣

秦未置

漢

〔漢書趙充國列傳〕羌若零離留且種兒庫共斬先零大豪猶非楊玉首及諸豪弟澤陽雕良兒靡忘皆帥煎鞏黃羝之屬四千餘人降漢封若零弟澤二人爲帥衆王離留且稱二人爲侯兒庫爲君陽雕爲言兵侯良兒爲君靡忘爲獻牛君初置金城屬國以處降羌

謹案青海之地漢爲西羌自晉至隋爲吐谷渾青海古曰西海亦曰鮮水王莽置西海郡漢書趙充國傳罕开在鮮水上又云治湟陿中道橋令可至鮮水是也羌爲充國屯田所困諸豪帥皆降悉封爲侯王君長然自安國未屯田之先義渠安國行視諸羌已有歸義侯楊玉則其受

漢封爵久矣

（漢書西域列傳）凡國五十自譯長城君監吏大祿百長千長都尉且渠當戶將相至侯王皆佩漢印綬凡三百七十七人而康居大月氏安息罽賓烏弋之屬皆以絕遠不在數中

謹案西漢時西域五十國置都護以統領之惟康居大月氏安息條支罽賓烏弋山離諸國不屬都護餘國之屬於都護者其王皆佩漢印綬其強大而親近者又略爲署置官吏傳中所言王侯將相且渠當戶以下等官皆漢所加位號也

（後漢書百官志）四夷國王率衆王歸義侯邑君邑長皆有丞比郡縣

（晉書匈奴列傳）後漢建安中魏武帝始分其衆爲五部立其中貴者爲帥選漢人爲司馬以監督之

謹案漢自宣帝以後匈奴稱臣入朝然單于自稱其爵號如故未嘗加以漢爵其印文曰匈奴單于璽不冠以漢字蓋不以純臣待之也後漢

光武立南匈奴亦用前漢呼韓邪故事至建安立五部帥始加以中國官爵矣然漢初匈奴兼有漠南漠北之地武帝命將出征攘卻匈奴而漠南無王庭後漢時南匈奴款塞處漠南北匈奴在漠北至建安所立五部帥皆在太原郡境非復匈奴之故地矣今故於後漢及魏晉匈奴之置官第附著之而不以列於表云

（後漢書烏桓列傳）建武二十五年遼西烏桓大人郝旦等九百二十二人率衆向化詣闕朝貢於是封其渠帥爲侯王君長者八十一人皆居塞內布於緣邊諸郡

（後漢書鮮卑列傳）建武三十年鮮卑大人於仇賁等率種人朝賀慕義內屬帝封於仇賁爲王

（袁宏後漢紀）建武三十一年秋九月鮮卑大人於仇賁率其種人貢獻封賁爲王鮮卑別居鮮卑山因號焉

（三國魏志烏丸列傳注）魏書曰漢安帝時烏丸稍復親附拜其大人戎

末廆爲都尉至順帝時戎末廆率將王侯咄歸去延等從烏丸校尉耿煜出塞擊鮮卑有功還皆拜爲率衆王賜束帛

〔陳琳爲袁紹拜烏丸三王爲單于版文〕使持節大將軍督幽青幷領冀州牧阮鄉侯紹承制詔遼東屬國率衆王頒下烏桓遼西率衆王蹋頓右北平率衆王汗盧維乃祖慕義遷善款塞內附北捍獫狁東拒濊貊世守北陲爲百姓保鄣雖時侵犯王略命將徂征厥罪率不旋時悔愆變改方之外夷最又聰慧者也始有千夫長百夫長以相統領用能悉乃心克有勳力於國家稍受王侯之命自我王室多故公孫瓚作難殘夷厥土之君以侮天慢王是以四海之內並執干戈以衛社稷三王奮氣裔土忿奸憂國控弦與漢兵爲表裏誠甚忠孝朝所嘉焉然而虎兕長蛇相隨塞路王官爵命否而無聞夫有勳不賞俾勤者怠今遣行謁者楊林齎單于璽綬車服以對爾勞其各綏靜部落教以謹慎無使作凶作慝世復爾祀位長爲百蠻長厥有咎有不臧者泯於爾祿而喪於乃庸可不勉乎

謹案漢時鮮卑在遼東塞外烏丸在上谷漁陽右北平遼東遼西五郡塞外卽今蒙古科爾沁敖漢奈曼喀爾喀左翼喀喇沁蘇尼特等部落之地也

（後漢書馬援列傳）遣羌豪楊封譬說塞外羌皆來和親

（後漢書鄧訓列傳）燒當羌豪東號稽顙歸死餘皆款塞納質

謹案後漢西羌屢叛爲國大患安帝時至僭大號然自光武置護羌校尉而馬援鄧訓傳皆言羌豪和親款塞必有受漢爵者特史文不具耳

（後漢書西域列傳）建武五年河西大將軍竇融承制立莎車王康爲漢莎車建功懷德王西域大將軍康死弟賢代立十七年賜賢西域都護印綬敦煌太守裴遵上言夷狄不可假以大權又令諸國失望詔書收還都護印綬更賜賢以漢大將軍印綬○和帝永元二年大將軍竇憲破北匈奴車師震慴前後王各遣子奉貢入侍並賜印綬金帛

（太平寰宇記）莎車國後漢光武建武五年西河大將軍竇融承制立其

王康爲漢莎車建功懷德王西域大都尉五十五國皆屬○扞彌國陽嘉初燉煌太守徐由遣疏勒發兵擊之破于闐遂立拘彌王○焉耆國和帝永元六年都護班超發諸國兵討之殺其王超乃立焉耆左侯元孟爲王

謹案後漢復通西域莎車車師二國皆受漢爵號賜印綬見於史傳其餘國之屬於都護者其王當亦受漢封爵如西漢時矣又考莎車王康之爲漢莎車建功懷德王與今之札薩克王同其爲西域大都尉其子賢爲漢大將軍以藩王加漢爵統領多國實兼今新疆各官之職故於新疆各官卷內互載之

三國

（晉書匈奴列傳）後漢建安中始分其衆爲五部部立其中貴者爲帥魏末復改帥爲都尉

（三國魏志烏丸列傳注）魏略曰景初元年右北平烏丸單于寇婁敦遣弟阿羅獎等詣闕朝貢封其渠帥三十餘爲王

（三國魏志鮮卑列傳）鮮卑步度根既立建安中遣使獻馬帝拜爲王青龍元年步度根將泄歸泥及部衆悉保比能寇鈔幷州殺略吏民帝遣驍騎將軍秦朗征之歸泥叛比能將其部衆降拜歸義王○軻比能本小種鮮卑衆推以爲大人延康初遣使獻馬文帝立比能爲附義王○素利彌加厥機皆爲大人在遼西右北平漁陽塞外建安中因閻柔上貢獻通市太祖皆表寵以爲王厥機死又立其子沙末汗爲親漢王文帝立素利彌加爲歸義王

（册府元龜）魏文帝漢延康元年封鮮卑素利彌加爲歸義王○黃初元年更授匈奴南單于呼廚泉魏璽綬賜青蓋乘輿寶玉玦是年鮮卑步度根拜爲王○明帝太和三年以大月氏王波調爲親魏大月氏○景初元年右北平烏丸單于寇婁敦遣弟阿羅槃等詣闕朝貢封其渠帥三十餘人爲王

謹案魏文帝外國遣使奉獻詔曰西戎卽敘氐羌來王詩書美之頃者

西域並款塞內附其遣使者撫勞之但云撫勞之則文帝時未嘗封西域諸國如烏桓鮮卑可知其以大月氏王爲親魏大月氏則在明帝三年但云大月氏亦非若附義歸義之特加王號也

晉

（司馬光資治通鑑）初匈奴劉猛死劉虎代領其衆號鐵弗氏與白部鮮卑皆附於漢劉琨將討之遣使卑辭厚禮說拓跋猗盧以請兵猗盧使其弟弗之子鬱律帥騎二萬助之遂破劉虎白部琨與猗盧結爲兄弟表爲大單于以代郡封之爲公建興三年詔進猗盧爵爲王置官屬食代常山二郡

（晉書慕容廆載記）曾祖莫護跋魏初從宣帝伐公孫氏有功拜率義王父涉歸以全柳城功進拜鮮卑單于涉歸有恨於宇文鮮卑廆將修先君之怨表請討之武帝弗許廆怒入寇遼西帝遣幽州諸軍討廆廆衆大敗後遣使來降拜爲鮮卑都督建興中愍帝遣使拜廆鎮軍將軍昌黎遼東

二國公建元初元帝承制拜廆假節散騎常侍都督遼左雜夷流人諸軍事龍驤將軍昌黎公

（晉書段匹磾列傳）父務弗塵遣兵助東海王越征討有功王浚表爲親晉王封遼西公懷帝卽位以務弗塵爲大單于匹磾爲左賢王率衆助國征討假撫軍大將軍

宋齊梁陳

（北史吐谷渾列傳）阿豺遣使通宋獻其方物宋少帝封爲澆河公未及拜受文帝元嘉三年又加除命會暴病死慕璝立又奉表通宋文帝又授隴西公慕璝死弟慕利延立又通宋宋封爲河南王慕利延死拾寅立又受宋封爵號河南王

（冊府元龜）宋文帝元嘉七年正月以吐谷渾慕璝爲征南將軍沙州刺史慕璝遼東鮮卑也兄阿豺晉末譙縱之亂遣使上表獻方物詔爲安西將軍沙州刺史澆河公阿豺死慕璝立奉表故有是命九年六月以征西

將軍沙州刺史吐谷渾慕璝爲征西大將軍西秦河二州刺史十五年三
月以平東將軍吐谷渾慕延爲鎮西將軍西秦河二州刺史十六年六月
改封隴西王吐谷渾慕延爲河南王二十九年九月以平西將軍吐谷渾
拾寅爲安西將軍西秦河二州刺史孝武卽位初安西將軍西秦河二州
刺史吐谷渾拾寅進號鎮西大將軍開府儀同三司明帝泰始三年十月
鎮西大將軍西秦河二州刺史河南王吐谷渾拾寅進號征西大將軍後
廢帝元徽三年九月征西大將軍河南王吐谷渾拾寅進號車騎大將軍
○南齊太祖建元元年五月詔持節散騎常侍都督秦河沙三州諸軍開
府儀同三司領護羌校尉西秦河二州刺史河南王吐谷渾拾寅進號驃
騎大將軍武帝永明三年六月以河南王拾寅世子吐谷渾易度侯爲使
持節都督西秦河沙三州諸軍事鎮西將軍領護羌校尉西秦河二州刺
史○梁高祖天監三年九月以河南王世子伏連籌爲鎮西將軍西秦河
二州太守河南王中大通元年三月以河南王伏連籌子呵羅真爲寧西

將軍護羌校尉西秦河二州刺史

謹案晉自永嘉擾亂遂失中原迄於梁陳偏安江左聲教不通於北裔惟吐谷渾兼事南北兩朝宋齊梁時皆嘗稱臣奉貢其地在青海之上即今額魯特等部落之所居也

後魏

（北史吐谷渾列傳）魏太武時遣使者策拜慕璝爲大將軍西秦王太延二年慕璝死弟慕利延立拜鎮西大將軍儀同三司改封西平王慕利延死樹洛干子拾寅立太武遣使拜爲鎮西大將軍沙州刺史西平王拾寅死子度易侯立死子伏連籌立孝文拜伏連籌使持節都督西陲諸軍事征西將軍領護西戎中郎將西海郡開國公吐谷渾王

（北史高車列傳）伊匐遣使奉表於是遣使者拜爲鎮西將軍西海郡開國公

（北史高昌列傳）魏熙平二年麴嘉遣使朝貢延昌中以嘉爲持節平西

將軍瓜州刺史泰臨縣開國伯私署王如故嘉死子堅立普泰中遣使朝貢除平西將軍瓜州刺史泰臨縣開國伯王如故又加衞將軍至永熙三年特除儀同三司進爲郡公大統十四年詔以其子元嘉爲王恭帝二年又以其田地公茂嗣位

謹案元魏時蠕蠕強盛統率北方雖遣使朝貢未嘗稱臣而高車王伊匐明帝時常受封爵其地在北海之上即漢之丁零在今爲鄂羅斯地尚在喀爾喀諸部之北若其時西域則受朝命者惟高昌一國其餘但通貢使而已

北齊未置

後周未置

謹案魏時北狄之高車西域之高昌皆嘗受封爵而吐谷渾則世受朝命至正光時不絕周齊之際蠕蠕滅而突厥興與中國抗衡而高車自東魏之末已爲蠕蠕所破自後無聞焉吐谷渾自魏末莫折念生反於

秦州河西路絶貢獻不通其王夷呂立自稱可汗後雖於周齊皆嘗通
貢而爵命自此絶矣若高昌則史亦但言武成保定中嘗通貢獻而已
蓋自魏氏既分東西搆難中國多故故聲教所及遠遜魏氏至周武平
齊之後歷年無多亦未暇遠略也

隋未置

（隋書突厥列傳）沙鉢略遣第七兒窟舍真奉表拜窟舍真爲上柱國封
安國公○處羅侯立爲葉護可汗遣其母弟褥但特勒獻于闐玉杖上拜
褥但爲柱國康國公
（北史吐谷渾列傳）隋開皇初遣上柱國諧率步騎數萬擊之夷吾遠遯
其名王十三人各率部落而降上以其高寧王移茲裒素得衆心拜大將
軍封河南王以統降衆
（冊府元龜）隋開皇十九年四月突厥利可汗內附以爲啓可汗煬帝大
業五年高昌王麴伯雅來朝朝拜左光祿大夫車師太守封弁國公

謹案隋時突厥臣伏啓民可汗乃其所立然亦自稱其爵號與漢之呼韓邪南單于無異惟沙鉢略子窟舍真處羅侯弟褥但特勤常受柱國國公之號乃因其奉使貢獻而嘉寵之非若設官有常職者也吐谷渾自夷呂既叛雖屢被征討終未嘗受爵命如魏時移茲裒之爲河南王特以統其降衆而已亦與舉國稱藩者不同故今並附錄於此而不以著於表

唐

（新唐書北狄契丹列傳）貞觀二年摩會來降明年入朝帝伐高麗悉發酋長與奚首領從軍帝還過營州以窟哥爲左武衛將軍大酋辱紇主曲據又率衆歸卽其部爲元州拜曲據刺史未幾窟哥舉部內屬乃置松漠都督府以窟哥爲使持節十州諸軍事松漠都督封無極男（奚列傳）太宗伐高麗大酋蘇支從戰有功不數年其長可度者內附帝爲置饒樂都督府拜可度者使持節六州諸軍事饒樂都督封樓煩縣公開元二年奚

酋李大酺使奧蘇悔落丐降封饒樂郡王左金吾衛大將軍饒樂都督（黑水靺鞨列傳）黑水靺鞨居肅愼地貞觀二年臣附以其地爲燕州開元十年其長倪屬利稽來朝元宗卽拜勃利州刺史於是安東都護薛泰請置黑水府以部長爲都督刺史朝廷爲置長史監之（渤海列傳）渤海本粟末靺鞨地武后封乞四比羽爲許國公乞乞仲象爲震國公仲象死其子祚榮建國自號震國王中宗時遣子入侍睿宗先天中遣使拜祚榮爲左驍衛大將軍渤海郡王

（新唐書突厥列傳）頡利既敗乃舉衆來漠南地遂空帝度朔方地建爲都督府擢酋豪爲將軍郎將者五百人奉朝請者且百員乃以突利可汗爲順州都督令率其下就部○思摩頡利族人也武德初數以使者來高祖嘉其誠封和順郡王及諸部納款思摩獨留與頡利俱禽太宗以爲忠授右武侯大將軍化州都督統頡利故部居河南徙懷化郡王

（舊唐書回紇列傳）貞觀二十年遣使入貢以破薛延陀功賜宴內殿太

宗幸靈武受其降款因請迴鶻以南置郵遞通管北方太宗以回紇爲瀚海府拜其俟利發吐迷度爲懷化大將軍兼瀚海都督

（新唐書西域列傳）焉耆貞觀六年其王龍突騎支始遣使來朝十二年俟君集討高昌突騎支引兵佐唐西突厥臣屈利啜爲弟娶突騎支女遂相約不朝貢安西都護郭孝恪討之執突騎支而還立突騎支弟婆伽利爲王以其地爲焉耆都督府婆伽利死國人請還前王突騎支高宗許之拜左衛大將軍歸國○龜茲王訶黎布失畢貞觀二十一年兩遣使朝貢帝怒其助焉耆叛發兵討之執訶黎布失畢獻太廟拜左武衛中郎將始徙安西都護於其都統于闐疏勒碎葉號四鎮○疏勒國天寶十二載首領裴國良來朝授折衝都尉○于闐王伏闍信入見天子授右衛大將軍子葉護玷爲右驍衛將軍上元初以其地爲毗沙都督府○康貞觀五年請臣高宗永徽時以其地爲康居都督府卽授其王拂呼縵爲都督○安治阿濫謐城東安治喝汗城亦曰䉶斤顯慶時以阿濫爲安息州卽以其

王昭武殺爲刺史篾斤爲木鹿州以其王昭武閉息爲刺史○石顯慶三年以瞰羯城爲大宛都督府授其王噉土屯攝舍提於屈昭穆都督○米顯慶三年以其地爲南謐州授其君昭武開拙爲刺史○何永徽時以其地爲貴霜州授其君昭武婆達地刺史○史顯慶時以其地爲佉沙州授其君昭武失阿喝刺史○寧遠顯慶三年以渴塞城爲休循州都督授阿了參刺史○吐火羅顯慶中以其阿緩城爲月氏都督府析小城爲二十四州授王阿史那都督○帆延顯慶二年以羅爛城爲寫鳳都督府縛時城爲悉萬州授王葍寫鳳州都督管內五州諸軍事○識匿開元十二年授王布遮波資金吾衛大將軍天寶六載王跌失迦延從討勃律戰死擢其子都督左武衛將軍給祿居藩○護蜜顯慶時以其地爲鳥飛州王沙鉢羅頡利發爲刺史○波斯龍朔初天子遣使者到西域分置州縣以疾陵城爲波斯都督府卽拜畢路斯爲都督咸亨中入朝授右武衛將軍

（李衛公兵法）太宗曰近契丹奚皆內屬置松漠饒樂二都督統于安北

都護朕用薛萬徹何如靖曰萬徹不如阿史那社爾及執失思力契苾何力此皆番臣之知兵者也臣嘗與之言松漠饒樂山川道路番情逆順遠至於西域部落十數種歷歷可信臣教之以陳法無不點頭服義望陛下任之勿疑若萬徹則勇而無謀難以獨任

（程大昌北邊備對）貞觀初突厥已亡惟回紇與薛延陀爲最雄強已而回紇攻薛延陀併有其地遣使獻功太宗爲幸靈州次涇陽受其功乃以回紇部爲瀚海部督多覽葛部爲燕然部督凡六部督天寶初回紇之臣裴羅襲破拔密自稱骨咄祿毗伽疑可汗天子以爲奉義王居突厥故地

（樂史太平寰宇記）罽賓國唐明慶三年列其城爲修鮮都督府龍朔初授其王修鮮等一十一州諸軍事兼修鮮都督○康居國顯慶三年高宗遣果毅董寄生列其所居城爲康居都護府仍以其王拂呼縵爲都護萬歲通天元年則天封其大首領篤娑鉢提爲王鉢提尋卒又冊其子泥涅師師神龍中泥涅卒國人又立突昬開元初累使貢獻鎖子甲水精珠越

諸及侏儒人胡旋女子兼狗豹之屬開元十九年其王烏勒上表請封其子咄曷爲曹國王默啜爲米國王上許之至二十七年烏勒卒遣使册咄曷襲其父位至天寶中又封爲欽化王化母可敦封爲郡夫人○曹國天寶元年其王哥羅僕遣使朝貢三年詔下封其王爲懷德王○史國顯慶三年遣果毅董寄生列其所治爲佉沙州以其王昭武阿曷爲刺史開元二十七年其王延屯卒册其子阿𢦏鉢爲王○波斯國龍朔元年其國王卑路斯奏云頻被大食侵擾請兵救援其時詔遣隴南田縣令王名遠充使西域分置州縣因列其地疾陵城爲波斯都督府授卑路斯爲都督是後累遣使朝貢咸亨中卑路斯自來朝貢高宗厚加恩異授右武衛將軍○吐火羅國高宗永徽三年其葉護那使烏涇波奉表告立高宗遣置州縣使王名遠到其國以所理阿緩大城爲月氏都督府各分其小城爲二十四州以烏涇波爲都督王名遠請於吐火羅國立碑以記聖德帝從之五年烏涇波遣子伊室達官弩朝龍朔元年授烏涇波使持節月氏等二

十五州諸軍事月氏都督○石國顯慶三年列其地噉羯城爲大宛都督
府仍以其王噉吐屯攝舍提於屈昭穆爲都督開元初其蕃王莫賀咄吐
屯有功封石國王加特進尋又冊爲順義王二十九年其王伊捺吐屯屈
勒上表曰奴身千代以來忠赤於國只如突厥騎施可汗赤忠之日部落
安貼后背天可汗脚底火起今突厥屬天可汗在於西頭爲患惟有大食
莫踰突厥伏乞天恩不弃突厥部落打破大食諸國自然安貼天寶初累
遣使朝貢至五年封其王子那俱車鼻施爲懷化王幷錫鐵券
謹案唐自太宗平突厥西北諸番及蠻夷稍稍內屬卽其部落建號設
官版籍貢賦不上戶部聲教所暨皆邊州都督都護所領自漢以來外
藩服屬此爲最盛西域自魏晉以後頗通貢獻然不過數國蠕蠕盛時
則屬於蠕蠕突厥既與多屬於突厥唐自突厥既平北庭帖然西域亦
皆平定高昌伊吾等既皆列爲郡縣復開四鎮置都護而史米何石吐
火羅諸國漢時爲康居大夏條支及罽賓大秦地不屬都護者亦皆通

朝貢受爵命故史謂唐之疆域視漢盛時東不及而西則過之也至安史之亂藉回紇以平內難其可汗雖受唐封冊寖以驕倨非復藩臣之禮渤海自開元後強大雖通朝貢而私立年號不稟正朔契丹則陰附回紇靺鞨則役屬渤海而吐蕃乘中國多故薦食西鄙安西陷沒四鎮皆失唐志所列爲西北蕃夷羈縻之州大抵有其名而無其實茲故不詳述云

五季

（宋史西域于闐列傳）晉天福中其王李聖天自稱唐之宗屬遣使來貢高祖遣供奉官張鄴持節策爲大食于闐國王（回鶻列傳）後唐同光中嘗冊其國王仁美爲英義可汗仁美卒其弟仁裕立冊爲順化可汗晉天福中又改爲奉化可汗（沙州列傳）沙州本漢燉煌故地唐末陷於西戎大中五年張義潮以州歸順詔建沙州爲歸義軍以義潮爲節度使朱梁時張氏之後絕州人推長史曹義金爲帥義金卒子元忠嗣周顯德二年

來貢授本軍節度檢校太尉同中書門下平章事鑄印賜之

（馬端臨文獻通考）回鶻五代之際有居甘州西州者嘗見中國而甘州回鶻數至梁乾化元年都督周易言等來史不見其長君名號梁拜易言等官爵遣還唐莊宗時王仁美遣使者來貢玉馬自稱權知可汗莊宗遣使冊爲英義可汗天成二年權知國事王仁裕遣使來朝明宗冊爲順化可汗晉高祖時又加冊命

（冊府元龜）後唐莊宗同光元年賜陰山府都督白承福于中山北石門爲柵號寧朔奉化兩府以都督爲節度使○二年四月回鶻權知可汗仁美遣使來貢封爲英義可汗○明宗天成三年二月命使冊回鶻權知可汗仁裕爲順化可汗○末帝淸泰元年七月癸丑檢校刑部尚書瓜州刺史慕容歸盈轉檢校尚書左僕射○晉高祖天福三年十月封于闐國王李聖天爲大寶于闐國王○四年封回鶻可汗仁美爲奉化可汗

謹案五代時中國土宇旣狹喪亂相尋又契丹旣與東北諸國皆役屬

之不復與於王會然自唐大中時平河湟西陲清晏五代相去未遠承

其餘烈故于闐回鶻沙州等國尚能奉貢獻受冊封也

宋

（宋史西域于闐列傳）嘉祐八年遣使羅撒温獻方物以其國王爲特進

歸忠保順斫鱗黑韓王（回鶻列傳）大中祥符元年夜落紇寶物公主及

沒孤公主婆温宰相各遣使來貢東封禮成以可汗王進奉使姚進爲寧

遠將軍寶物公主進奉使曹進爲安化郎將天聖元年甘州夜落隔通順

遣使阿葛之王文貴來貢方物詔通順特封歸忠保順可汗王（大食列

傳）開寶元年遣使來朝貢四年又貢方物以其使李訶末爲懷化將軍

熙寧六年都蕃首保順郎將蒲陀婆離慈表令男麻勿奉貢物乞以自代

而求爲將軍詔但授麻勿郎將（沙州列傳）沙州曹元忠建隆三年加兼

中書令子延恭爲瓜州防禦使元忠卒子延祿遣人來貢授延祿本軍節

度弟延晟爲瓜州刺史延瑞爲衙門都虞候咸平四年封延祿爲譙郡王

五年延祿延瑞爲從子宗壽所害宗受權知留後而以其弟宗允權知瓜州表求旌節乃授宗壽節度使宗允檢校尙書左僕射知瓜州宗壽賢順爲衙內都指揮使大中祥符末宗壽卒授賢順本軍節度使延惠檢校刑部尙書知瓜州

謹案宋承五代之後混一海內而契丹雄峙北方夏人崛強西陲東北諸部旣皆服屬於遼而西域亦與中國隔絕其受朝命者惟党項吐蕃于闐回鶻大食沙州等國而已党項吐蕃別見土司表中回鶻強盛時盡得古匈奴地至唐武宣後衰亂部落離散五代及宋時通中國者特其諸部之居甘涼西鄙者非復唐時之舊且其受中國冊命亦皆仍其可汗之號第如漢匈奴呼韓邪隋突厥啓民之比而大食在宋時亦但爵其使人其國王未嘗受職故今於五代之回鶻宋時之回鶻大食但附載其入貢受封之事而不以著於表又宋時西夏嘗受封爵然西夏雖出於党項而在唐末及五代實爲中國之藩鎭未可待以純夷而自

元昊以來帝制自爲又與中國抗衡尤未可以外藩例之今並不載云

遼

（遼史百官志）遼制屬國屬部官大者擬王封小者准部使命其酋長與契丹人分別而用恩威兼制得柔遠之道○屬國職名總目某國大王某國裕悅官名原作于越今據字面改正某國左相某國右相某國特哩袞蒙古語頭也原作惕隱今改正亦曰司徒某國太師某國太保某國司空○某國某部節度使司某國某部節度使某國某部節度副使○某國詳袞官名原作詳穩今據字面改正司某國詳袞某國都監某國將軍某國小將軍○大部職名並同屬國○諸部職名並同部族

（金史世紀）昭祖稍以法度爲治遼以特哩袞官之○五國佛寧滿洲語犁也原作蒲聶今改正部節度巴哩美蒙古語執也原作拔乙門今改正叛遼景祖襲而擒之獻于遼主遼主以爲生女直部族節度使遼人呼節度使爲太師金人稱太師者自此始

謹案遼時屬國大者曰某部授以大王及裕悅以下等官小者曰某部授以節度使以下等官至西夏雖嘗授封遼史厠諸屬國之列然實自帝一方今亦不以列於表云

金

〔元聖武親征記〕金遣丞相完顏襄帥兵追叛者北走上因起兵自鄂諾蒙古語黃羊也原作斡難今改正河迎討金主授帝察罕圖嚕猶華言招討使也○蒙古語察罕白色也圖嚕頭目也原作察兀禿魯今改正並冊圖烈蒙古語燒柴也原作脫烈今改正部長托和蒙古語半大堪達漢也原作脫黑今改正爲王

謹案金時外藩設官不見於史觀此則當時漠北諸部皆受封爵矣

元

元未置

謹案元起北方有天下以領北爲和寧路龍岡爲上都路而諸王分地亦碁布其間漠南漠北並無他族雜處又自太祖盡平西域悉以封諸王駙馬亦與今之外藩王公迥異而青海之地爲貴德州及土蕃朵甘

思等處皆屬於吐蕃宣慰司蓋唐時突厥回紇吐谷渾西域羈縻等州皆爲天子宗親之所鎮守國家官司之所統治版籍隸於司徒賦稅等於內地不可以外藩例之矣

明

（明史外國韃靼列傳）永樂二年阿嚕岱（蒙古語阿嚕山陰也岱有也原作阿魯台今改正）奏瑪哈穆特（蒙古語五行之行也原作馬哈木今改正）等弒其主願輸誠內附請爲故主復仇天子義之封爲和寧王自是歲一貢或二貢以爲常○諳達（滿洲語伙伴也原作俺荅今改正）有孫曰巴罕納古爾（蒙古語巴罕小也納古爾池也原作把漢那吉今改正）率其屬阿爾噶（滿洲語術也原作阿力哥今改正）等來降大同巡撫方逢時受之以告總督王崇古詔授巴罕指揮使阿爾噶正千戶諳達方西掠土蕃聞之亟引還約諸部入犯崇古遣譯者鮑崇德往言朝廷待巴罕甚厚第能縛送板升諸叛人趙全等旦送至巴罕即夕返矣諳達大喜發使與崇德來乞封且請輸馬與中國鐵鍋布帛互市隨執趙全李自馨等數人來獻崇古乃以帝命遣巴罕歸諳達

得孫大喜上表謝詔封諳達爲順義王〇瓦剌列傳瓦剌在韃靼西元亡其強臣孟克特穆爾（蒙古語孟克經常之常也特穆爾鐵也原作猛克帖木兒今改正）據之死衆分爲三其渠曰瑪哈穆特曰太平曰巴圖博囉（蒙古語巴圖堅固也博囉青色也原作把禿孛羅今改正）永樂六年瑪哈特穆等遣阿南達達實（阿南達蒙古語佛名也達實唐古特語吉祥也原作暖荅失今改正）等來朝貢馬仍請封明年夏封瑪哈穆特爲特進金紫光祿大夫順寧王太平爲特進金紫光祿大夫賢義王巴圖博囉爲特進金紫光祿大夫安樂王賜印誥〇額森（蒙古語平安也原作也先今改正）諸子哈喇哈達（蒙古語哈喇黑色也哈達山峯也原作火兒忽荅今改正）等徙居剛剛（滿洲語雁鳴也原作干提今改正）河弟巴圖（蒙古語解見前原作伯都今改正）王姪烏爾古訥（蒙古語滋生也原作兀忽訥今改正）等往依哈密巴圖王英宗三年哈密爲請封詔授巴圖王都督僉事烏爾古訥指揮僉事

謹案明時漠南漠北皆爲蒙古之地自成祖時有和寧順寧賢義安樂四王之封然其後屢爲邊患雖嘗置衛所設都督都指揮等官亦徒存其名耳至諳達以孫故納款始受朝廷封爵於是邊境稍靖而明運亦

將季矣我

朝德威懷畏鱗集仰流自

與京肇建之前科爾沁貝勒明安即遣使通好自後蒙古諸部落向風內

屬朝貢不絕今具載於篇至我

皇上綏輯遠人準部回部以次底定玉關以西二萬餘里置吏耕屯徧設郡

縣其詳具載新疆各官篇茲不復綴由今溯古無外之模迥非前代所

可及也

欽定歷代職官表卷七十一

欽定歷代職官表卷七十二

土司各官

	土府知府以下等官
三代	
秦	
漢	
後漢	長貴爲越巂太守
三國	
晉	爨深爲興古太守楊國爲武都太守
宋齊梁陳	西陽爨田義之等爲宋安等郡太守南平寧猛力爲寧趙太守
北魏	
北齊	
後周	
隋	南寧爨翫爲昆州刺史南平寧長真襲爲刺史
唐	
五季	吐蕃權知西涼府孫超授涼州刺史
宋	吐蕃首領爲刺史西南諸蠻夷州刺史
遼	
金	
元	
明	土府知府以下官

土州知州以下等官	土縣知縣以下等官
	羈縻縣縣令
土州知州以下官	土縣知縣以下官

指揮使	同知	僉事	千戶	副千戶	百戶
西陽蠻田益之等爲輔國將軍					
吐蕃權知西涼府孫超充河西軍節度留後					
吐蕃首領充指揮使副指揮使					

宣慰使	副使
宣慰司宣慰使同知副使僉事	

宣撫使	副使
宣撫司宣撫使同知副使僉事	

安撫使	副使	長官	副長官
南平寧長眞爲安撫大使			
		巒峒知峒	
安撫司安撫使同知副使僉事			
安撫司安撫使同知副使僉事		長官司長官副長官	

土司各官

國朝官制

甘肅土指揮使八人正三品指揮同知七人從三品指揮僉事八人正四品土千戶九人正千戶一人正五品副千戶二人從五品土百戶九人正六品青海千戶一人百戶二十四人百長二十六人○西藏百戶十六人百長十人

甘肅土指揮使河州衛一人狄道州一人平番縣三人西寧縣三人指揮同知河州衛一人平番縣一人西寧縣一人碾伯縣四人指揮僉事平番縣一人西寧縣二人碾伯縣三人洮州廳二人土千戶河州保安撒喇四房一人保安撒喇族五一人平番縣一人武威縣一人永昌縣一人古浪縣一人碾伯縣一人大通縣一人正千戶平番縣一人副千戶平番縣一人洮州廳一人土百戶河州癿藏一人平番縣二人碾伯縣二人岷州四人青海奇可巴彥南稱族千戶一人阿里克族百戶二人格爾吉族百戶三人蒙果爾津族邕希葉布族百戶各一人玉樹族百戶四人蘇魯克族

尼牙木錯族庫固察族稱多族百戶各一人札武族百戶二人下札武族下阿拉克沙族上隆壩族下隆壩族蘇爾莽族多倫尼拉克安都族百戶各一人葉爾吉族阿薩克族列玉族阿永族拉爾吉族丹巴族巴彥南稱界綽庫爾族桑博爾族隆東族百長各一人洞巴族百長三人上隆壩族百長一人下隆壩族百長三人阿拉克碩族百長四人附住玉樹界內噶爾布族附住札武界內班石族白利族哈爾受族吹冷多爾族巴彥南稱界內拉布庫克百長各一人西藏納克書貢巴族納克書色爾查族納克書畢魯族納克書奔頻族納克書拉克什族納克書達格魯克族勒納騣爾族邛布納克魯族騣爾族百戶各一人邛布噶魯族邛布色爾查族百戶各二人格魯克族山岡噶魯族騣爾遜提嘛爾族百戶各一人白臘岡札嘛爾族撲錯族三查族三納拉巴族上阿查克族下阿查克族上多爾樹族下多爾樹族騣爾彭他嘛族騣爾拉塞族百長各一人乾隆十三年覆准清理西寧玉樹納克書等番字分界安插其千人以上之部落設千

戶一人百人以上之部落設百戶一人千戶之下設百長五人或四人百戶之下設百長三人或四人各給號紙凡土司各掌其所屬番夷軍民之政自知府以下至典史爲文職隸於吏部驗封司自宣慰指揮使以下至千戶百戶爲武職隸於兵部武選司而各省文武大員統轄焉各以其土之所有爲貢或三年一貢或五年一貢其承襲按其支派宗圖定其當襲者不容混冒順治初定土司承襲由督撫具題將該土司宗圖親供司府州鄰印信甘結及舊敕印號紙送部親身赴京兵部查驗明確方准承襲康熙十一年題准土司襲職子弟年滿十五歲方許承襲未滿十五歲者督撫報部將土司印信事務令本族土舍護理待年滿督撫題請承襲又題准土官襲職傳其親身赴京取具地方官保結並宗圖呈報該督撫保送到日許其承襲雍正三年覆准各處土司文武官員嫡長子孫承襲本職其支庶子弟有馴謹能辦事者俱許本職土官詳報督撫具題請旨酌量給與職銜令其分掌地方事務其所授職視土官各降二等如文職土

官係知府則所分者給通判職銜係通判則所分者給縣丞銜武職係指揮使則所分者給指揮僉事銜本土官係指揮僉事則所分者給與正千戶銜四年覆准土司土目有隨師效力應行議敘之員止就原土職加銜如宣慰使司宣撫使司安撫使司則有各司使副使同知僉事等員招討司則有招討使副招討使長官司則有長官副長官等銜指揮司則有指揮使同知僉事正千戶副千戶百戶等銜均照原官品級以次陞授遞加至宣慰使指揮使而止如有餘功准其隨帶仍令以本土職管事及襲替時亦以原職承襲各員額淨國初以來隨時置設亦時有裁改今以現在部冊爲定各省並同

四川土通判二人土知事一人土巡檢二人土副巡檢一人宣慰使五人副使一人宣撫使五人副使三人安撫使二十人副使三人長官三十有七人副長官三人千戶四十人土千總二人土百戶一百六十有三人

四川龍安府土通判一人土知事一人石砫土通判一人水草坪牟托土巡檢各一人竹木坎土副巡檢一人□軍民宣慰使司一曰明正長河西

魚通寧遠宣慰使一人宣慰使司五曰董卜韓胡曰布拉克底曰巴旺曰梭磨各宣慰使一人曰德爾格忒宣慰使副使各一人宣撫使司五曰卭部曰沙罵曰綽斯甲並宣撫使一人曰裏塘宣撫使一人副使二人曰巴塘宣撫使一人副使一人安撫司二十曰長寧曰加渴瓦寺曰沃日曰瓜別曰木裏曰單東革什咱曰巴底曰瓦速餘科曰竹窩曰綽倭曰霍耳綽倭曰霍耳章谷曰霍耳孔撒曰霍耳甘孜磨書曰霍耳咱獲曰霍耳林蔥曰上納奪各安撫司一人曰喇滾曰下瞻對曰春科各安撫使一人副使一人長官司三十有七曰阿都長官一人副長官一人曰靜州曰隴木曰岳希曰實大關曰松岡曰卓克塞曰黨壩曰威龍州曰普濟州曰昌州曰沈邊曰冷邊曰瓦述崇喜曰瓦述毛丫曰瓦述曲登曰瓦述色他曰瓦述更平曰霍耳納林沖曰霍耳白利曰霍耳東科曰春科高日曰上瞻對曰蒙葛結曰中瞻對茹色曰泥溪曰平茶洞曰平夷曰蠻夷曰沐川曰九姓曰河東曰嘉克杜時述曰石耶峒曰邑梅各長官一人曰地壩曰馬喇各

副長官一人曰哨哩曰松坪曰雙則紅凹寨曰班佑寨曰川柘寨曰余灣
寨曰祈命寨曰寒盼寨曰商巴寨曰谷爾壩郍浪寨曰竹當寨曰包子寺
寨曰甲多寨曰壘蒼寨曰阿強寨曰呷竹寺曰丢谷寨曰雲昌寺曰沙壩
曰阿思洞寨曰峨眉喜寨曰七布寨曰毛革阿按寨曰麥雜余灣寨曰松
林地曰暖帶密曰暖帶田壩曰酥州曰黎溪州曰迷易所曰鹽井衞中所
曰左所曰右所曰古柏樹曰瓦述寫達曰瞻對峪納曰上納奪曰中郭羅
克押落寨曰中阿樹曰上瞻對撒敦土千戶各一人曰河西曰雷波千萬
貫土千總各一人曰沙卡阿業曰木噶嗎寺猛呷阿他曰瓦七立曰惡落
曰白桑曰惡熱曰上八義曰下八義曰沙悞石曰作蘇策曰八哩籠壩曰
上渡噶喇佳寨曰中渡亞出卡曰他咳曰索窩籠巴曰惡拉曰八烏籠曰
拉里曰姆朱曰樂壤曰上渣壩惡疊曰上渣壩卓泥曰中渣壩熱錯曰中
渣壩業窪石曰中渣壩沱曰下渣壩莫藏石曰扒桑曰木轆曰格窪卡巴
曰呷那工弄曰吉增卡桑阿籠曰魯密東谷曰普共碟曰郭宗曰結藏曰

初把曰祖卜柏哈曰昌拉曰堅貞曰達嗎曰格桑曰本滾曰長結杵尖曰長結松歸曰白隅曰梭布曰達則曰卓籠曰窪黑曰阿招曰膩乃窠曰旁阿孤曰明州樂曰油石洞㞦希曰大羊腸曰幹田壩曰麻柳灞曰輸沃曰冷紀曰阿細柘弄寨曰巴細蛇任壩寨曰上作革寨曰合壩獨雜寨曰轄幔寨曰下作革寨曰物藏寨曰熱當寨曰磨下寨曰甲凹寨曰阿革寨曰郎惰安出寨曰下泥巴曰熱霧曰拈佑曰疊溪闇外曰沙壩曰大姓黑水曰小姓黑水曰疊溪闇內小姓曰松坪曰料林坪曰野豬塘曰白石村曰前後山曰六翁曰老鴉漩曰阿得橋曰白路曰虛郎曰苗出曰大村曰糯白瓦曰窩卜曰迤東大鹽井曰熱卽哇曰中村曰架州曰三大支曰河西地曰繼事田曰長村曰大石頭曰者保白紅卜苴曰普隆曰披沙曰鹽井衞前所曰後所曰上撒路曰中撒路曰下撒路曰崇路各謨寨曰作路生納寨曰上勒凹曰下勒凹曰瓦述更平曰瓦述墨科曰霍爾孔撒科則曰蘇述曰霍耳圖根滿楪曰籠壩曰雜谷馬竹卡曰瓦述色他曰上郭羅克

曰下郭羅克曰上阿樹曰下阿樹曰小阿樹曰鵲箇寨曰雲多曰儀蓋曰麻林曰瓴述毛茂丫曰上臨卡石曰下臨卡石曰岡裏曰桑隆曰上蘇阿曰下蘇阿曰郭布曰桑阿籠百戶各一人曰三舍羊峒曰瓦述更平東撒曰雜竹卡曰東署曰華齋曰下華齋曰黎州大田百戶各二人曰上納奪黎窩百戶三人曰上華齋百戶四人

廣西土知州二十六人土州同一人土州判一人土知縣四人土巡檢十二人長官二人副長官一人

廣西土州知州二十六人曰南丹州那地州田州歸德州果化州忠州萬承州全茗州憑祥州下石西州太平州安平州茗盈州結安州佶倫州龍英州都結州鎮遠州江州思州上下凍州下雷州上映州思陵州向武州都康州土州同一人曰上蘭州土州判一人曰陽萬州土知縣四人曰忻城曰羅陽曰羅白曰上林土巡檢十二人曰上龍司曰湖潤寨曰白山司曰興隆司曰那馬司曰定羅司曰舊城司曰下旺司曰安定司曰都陽司

曰占雲司曰遷隆峒長官司二曰永順長官一人副長官一人曰永定長官一人

雲南土知府四人土同知一人土通判二人土知事一人土經歷一人土知州四人土州同四人土州判二人土縣丞五人土主簿二人土巡檢十有九人土典史一人土驛丞三人宣慰使一人指揮使二人宣撫使五人副宣撫使二人安撫使三人長官三人副長官三人土守備四人土千總二十有八人土把總五十有五人

雲南土知府四人曰景東府曰永寧府曰蒙化府曰孟定府土同知一人曰廣南府土通判二人曰麗江府曰鶴慶府土知事一人曰景東府土經歷一人曰開化府土州知州四人曰富州曰北勝州曰灣甸州曰鎮康州土州同四人曰姚州曰順州曰北勝州曰鎮南州土州判二人曰新興州曰鎮南州土縣丞五人曰雲南曰平彝曰新平曰南澗曰楚雄土主簿二人曰雲南曰定遠土巡檢十九人曰練象關曰南平關曰定西嶺曰青索

鼻曰鳳羽鄉曰上江觜曰下江觜曰箭杆場曰蒲陀崆曰納更山曰三岔
河曰保甸曰猛麻曰猛猛曰觀音山曰鎮南關曰阿雄關曰回蹬關曰沙
矣舊土典史一人曰浪穹土驛丞三人曰板橋驛曰在城驛曰觀音山軍
民宣慰使司宣慰使一人曰車里指揮使二人曰整欠曰孟艮宣撫使司
宣撫使五人曰干崖曰隴川曰南甸曰耿馬曰孟連副宣撫使二人曰盞
達曰遮放安撫使司安撫使三人曰潞江曰猛卯曰芒市長官司長官二
人曰戶撒曰臘撒副長官三人曰十二關曰邦樓茶甸曰虧容甸土守備
四人曰儒林等里一人麗江府二人迭巴二人土千總二十八人曰儒林
等里曰永豐等里曰斗門磨沙曰喇溥曰猛遮曰普藤曰檜溪阿興曰六
庫曰老窩曰江邊曰格咱曰泥西曰魯掌登埂曰鎮遠各一人曰寶寧縣
曰麗江府曰神翁曰奔子欄曰阿墩子各二人曰元江府四人土把總五
十五人曰納更司曰寶寧縣曰永豐等里曰定南等里曰岩旺曰他旦曰
老是達曰猗邦茶山曰猛臘曰易武曰猛阿曰猛龍曰打羅曰猛海曰猛

混曰頂針曰猛旺曰整董曰猛烏曰耿馬曰洗馬溪曰槽潤曰臨城曰瀾滄江曰其宗喇普曰奔子欄曰阿墩子曰次竹曰古勇曰明光關曰鎮遠曰橄欖壩曰烏得各一人曰六困曰大塘關曰威遠各二人曰迭賓十六人

貴州土同知二人土通判一人土推官一人土吏目一人土縣丞五人土主簿二人土巡檢二人長官司長官六十六人副長官二十一人

貴州鎮遠府土同知土通判土推官各一人獨山司土同知一人重安司土吏目一人安化縣土縣丞土主簿土巡檢各一人餘慶縣土縣丞土主簿各一人印江縣甕水司草塘司土縣丞各一人盤江司土巡檢一人長官司六十五曰爛土曰麻嚮曰豐寧上曰豐寧下曰上馬橋曰方番曰臥龍番曰小龍番曰金石曰大龍番曰程番曰小程番曰羅番曰韋番曰養龍曰大平伐曰小平伐曰新添曰沙營曰施溪曰邦水曰樂平曰平定曰楊義曰八舟曰中林驗洞曰古州曰新化曰亮寨曰頂營曰蠻夷曰募役

曰虎墜曰大谷龍曰小谷龍曰羊場曰平伐曰岩門曰宣化曰龍里長官各一人曰盧番曰都坪曰都素曰黃道溪長官各二人曰木瓜曰底寨曰白納曰都勻曰歐陽曰湖耳曰省溪曰烏羅曰邛水十有五洞蠻夷曰提溪曰沿河佑溪曰朗溪曰潭溪曰洪州泊裏曰乖西曰平頭著可各長官一人副長官一人曰偏橋長官一人左右副長官二人曰石阡曰新西堡曰康佐副長官各一人思南府隨府屬辦事長官一人

歷代建置

謹案三代之時嶺嶠未開而禹貢梁州之域遠界黑水周師伐商庸蜀八國與擐甲胄但設官之法其詳已不可聞漢時開蠻夷置官吏而王侯君長率因其故號授之則後世土官昉此矣晉宋梁陳北魏往往有蠻夷刺史唐時羈縻州有都督府有州有縣宋亦有羈縻州縣自都督以下官皆即以番夷酋長爲之元時蠻夷之地有宣慰司都元帥府有宣慰司軍民萬戶府有宣慰司兼管軍萬戶府有宣撫司有安撫司有

招討司有軍民總管府有軍民府有散府有州有縣有長官司萬戶府千戶所百戶所自宣慰司都元帥府宣慰使以下雖亦參用流官然以番夷酋長爲之者實多明因元制而損益之於是有土官之稱我
朝幅員無外聲教暨訖往昔蠻荒之地莫不隸版籍於司徒輸琛賮於外
府
國初因前代舊制設立土官蓋以諸夷土俗不同而土官世爲之長習於其風土人情此先王修其教不變其俗齊其政不易其宜之意也其後諸夷向化日多增置益廣其或土官以貪暴虣秩以跳梁干誅亦或有
願爲
王民納土辭職因而改設流官者亦復不少蓋我
朝土官之設雖沿明制然明時綱紀不振諸土官或魚肉苗民或弁髦王法朝廷姑息成風多置之度外與唐宋羈縻之州無異今各土官畏威懷德奉法維謹自金川蕩平以來安屯置戍永爲樂土又定諸土司輪

年入

覲之制而優其章服以示懷來此豈前代所可及哉

三代

（胡渭禹貢錐指）武王伐紂誓于牧野諸侯會師者稱之曰友邦冢君而庸蜀羌髳微盧彭濮八國則稱之曰人不以諸侯待之傳曰八國蠻夷戎狄屬文王者正義曰此皆西南夷也通典曰梁州當夏殷之間爲蠻夷之國所謂巴賨彭濮之人由是觀之殷周之世禹貢梁州之山川無一入職方者大抵如唐宋之羈縻州元明以來之土司簡其政令寬其賦斂以馴擾之使爲不侵不叛之人而已故終殷周之世梁州不復置也

秦

（樊綽蠻書）秦惠王幷巴蜀以巴夷爲蠻夷君尚女

漢

（後漢書南蠻列傳）長沙武陵蠻秦昭王使白起伐楚略取蠻夷始置黔

中郡漢與改爲武陵歲令大人輸布一匹小口二丈是爲賨布○巴郡南郡蠻秦惠王幷巴中以巴氏爲蠻夷君長世尙秦女其民爵比不更劉攽曰巴氏之君可有爵耳民何故輒有之明衍民字有罪得以爵除其君長歲出賦二千一十六錢三歲一出義賦八百錢其民戶出幏布八丈二尺鷄羽三十鍭漢與南郡太守靳彊請一依秦故事○板楯蠻夷高祖爲漢王發夷人還伐三秦秦地既定乃遣還巴中復其渠帥羅樸督鄂度夕龔七姓不輸租賦餘戶乃歲入賨錢口四十

（漢書西南夷列傳）建元六年使番陽令唐蒙風曉南粵蒙上書說上通夜郎道爲置吏上許之乃拜蒙吕中郎將將千人食重萬餘人從巴莋關入見夜郎侯多同諭以威德約爲置吏使其子爲令夜郎旁小邑皆貪漢繒帛聽蒙約還報迺吕爲犍爲郡發巴蜀卒治道自僰道指牂柯江蜀人司馬相如亦言西夷邛莋可置郡使相如吕中郎將往諭皆如南夷爲置一郡尉十餘縣屬蜀○平南夷爲牂柯郡冉駹皆震恐請臣置吏吕邛都

爲越巂郡莋都爲沈黎郡冉駹爲文山郡廣漢西白馬爲武都郡○滇舉國降請置吏入朝於是以爲益州郡

（後漢書百官志）四夷國王率衆王歸義侯邑君邑長皆有丞比郡縣

（後漢書南蠻西南夷列傳）哀牢夷建武二十七年王賢栗等詣越巂太守鄭鴻降請內屬光武以賢栗等爲君長自是歲來朝○平都夷王莽時郡守枚根調邛人長貴爲軍候建武十四年長貴遣使上三年計天子即授越巂太守印綬○永初二年青衣道夷邑長令田與徼外三種夷舉土內屬安帝增令田爵號爲奉邑君

（魏書氐列傳）氐者西夷之別種號曰白馬漢武帝遣中郎將郭昌衛廣滅之以其地爲武都郡

謹案秦漢時開蠻夷皆因其君長以治之而漢爲置太守都尉以統領之徵其賦稅平其爭亂此即後世土司之所自起也青衣道屬蜀郡而別有夷邑長此即後世流官土官參治之法也徵賨布出義錢此即後

世土司納貢之法也漢高帝用板楯蠻平三秦後漢熹平時發板楯蠻擊平西南諸夷此卽後世調土兵征討之法也長貴爲越嶲太守此卽後世土府土州之制也

三國

（三國蜀志馬良列傳）先主東征遣良入武陵招納五溪蠻夷蠻夷渠帥皆受印號咸如意指

（三國蜀志諸葛亮列傳注）漢晉春秋曰亮至南中所在戰捷孟獲者爲夷漢所服募生致之既得縱使更戰七縱七擒而亮猶遣獲獲止不去曰公天威也南人不復反矣遂至滇池南中平皆卽其渠帥而用之

（常璩華陽國志）移南中勁卒靑羌萬餘家於蜀爲五部所當無前號爲飛軍分其羸弱配大姓焦雍婁爨孟量毛李爲部曲置五部都尉號五子故南人言四姓五子也以夷多剛狠不賓大姓富豪乃勸令出金帛聘策惡夷爲家部曲得多者奕世襲官于是夷人貪貨物以漸服屬于漢成夷

漢部曲亮收其俊傑建寧爨習朱提孟琰及獲爲官屬習官至領軍琰輔漢將軍獲御史中丞

謹案蜀漢時諸葛亮平南中皆即其渠帥而用之又先主時五陵蠻夷受印號正今土司頒給敕印號紙所自始也

晉

（四川通志）晉用興古爨深作本郡太守

（華陽國志）武都王楊茂搜奉貢稱臣

（宋書氐胡列傳）略陽清水氐楊毅稱藩于晉以毅爲征南將軍三年毅族兄初襲殺毅並有其衆穆帝以初爲使持節征南將軍雍州刺史平羌校尉仇池公初子國爲鎮東將軍武都太守

謹案晉武帝置南蠻校尉於襄陽西戎校尉於雍州南夷校尉於寧州江左改置南蠻校尉於江陵及安帝又置寧蠻校尉於襄陽皆所以統領羌蠻晉初氐叟有侯王見於李特載記雖永嘉後氐羌少與王會然

略陽楊氏恆受封爵蜀自永康後爲李氏割據而寧州尚爲晉土蜀亦至永和復平西南夷君長必多有授王官者而史文不著至南蠻寧蠻二校尉所領爲荆湘雍郢司諸州之蠻自晉以後南朝宋齊及梁北朝魏周諸蠻酋往往授刺史太守云

宋齊梁陳

（南史夷貊列傳）武興國本仇池楊難當自立爲秦王宋文帝遣裴方明討之難當奔魏其兄子文德又聚衆葭蘆宋因授以爵位○齊永明中魏南涼州刺史仇池公楊靈珍歸齊齊武帝以爲北梁州刺史仇池公○荆雍州蠻盤瓠之後也種落布在諸郡宋時因晉於荆州置南蠻雍州置寧蠻校尉以領之孝武初罷南蠻併大府而寧蠻如故蠻之附順者一戶輸穀數斛其餘無雜調○豫州蠻廩君後也明帝初卽位四方反叛及南賊敗于鵲尾西陽蠻田益之田義之田光興等起義攻郢州克之以益之爲輔國將軍都統四山軍事又以蠻戶立宋安光城二郡以義之爲宋安太

守光與爲光城太守

（南齊書蠻列傳）蠻種類繁多言語不一咸依山谷布荆湘雍郢司五州界宋世封西陽蠻梅蟲生爲高山侯田治生爲威山侯梅加羊爲扞山侯太祖卽位有司奏蠻封應在解例詔特留以治生爲輔國將軍虎賁中郎轉建寧郡太守將軍侯如故永明六年除督護北遂安左郡太守田駟路爲試守北遂安左郡太守前寧朔將軍田驢王爲試守新平左郡太守皆郢州蠻也

（唐書南蠻列傳）南平獠有寧氏世爲南平渠帥陳末以其帥猛力爲寧趙太守

（冊府元龜）宋高祖永初三年封仇池公楊威爲武都王〇文帝元嘉二年十一月以武都王世子楊元爲秦州刺史襲封武都王〇七年以仇池氐冠軍將軍楊難當爲北秦州刺史封武都王〇明帝泰始四年五月以仇池氐寧朔將軍武都王楊文度爲北秦州刺史〇順帝昇明元年十二

月寧朔將軍北秦州刺史武都王楊文度進號征西將軍○二年六月以輔國將軍楊文宏爲北秦州刺史封武都王○南齊太祖建元二年以氐楊後起爲秦州刺史○武帝永平元年又進秦州刺史楊後起號冠軍將軍○四年楊後起卒詔以輔國將軍北秦州刺史武都王楊集始爲持節輔國將軍北秦州刺史平羌校尉武都王○明帝建武二年七月以氐楊馥之爲北秦州刺史仇池公

謹案南史載南蠻事於宋齊以後不詳以北史及魏書考之齊有直閤將軍田益宗梁有沔東太守田清喜永寧太守文雲生龍驤將軍樊石廉義州刺史文僧明鐵騎將軍邊城太守田官德定州刺史田超秀若西南夷則惟陳時猛力爲寧趙太守見於唐書而他亦無聞焉蓋由紀載之略耳

北魏

（魏書蠻列傳）泰常八年蠻王梅安率渠帥數千朝京師求留質子以表

忠款始光中拜安侍子豹爲安遠將軍江州刺史與光中蠻王文武龍請降詔拜南雍州刺史延與中大陽蠻酋桓誕遣使內屬高祖嘉之拜誕征南將軍東荊州刺史聽自選郡縣（獠列傳）宣武後朝廷以梁益二州控攝險遠乃立巴州以統諸獠後以巴酋嚴始欣爲刺史又立隆城鎮所綰獠二十萬戶彼謂北獠歲輸租布又與外人交通貿易巴州生獠並皆不順諸頭王每於時節謁見刺史而已

（冊府元龜）西魏恭帝二年蠻酋宜人王母田與彥款附以爲開府儀同三司

北齊未置

後周

（周書異域列傳）大統五年蔡陽蠻王魯起明內屬以爲南雍州刺史仍世襲焉十一年蠻酋梅勒特來貢其方物其後蠻帥杜清和自稱巴州刺史以州入附朝廷因其所稱而授之（氐列傳）楊法深與其種人楊崇集

楊陳侳各擁其衆遞相攻討趙䂂時督成武沙三州諸軍事成州刺史遣使和解之法深等從命乃分其部落更置他郡以處之

（馬端臨文獻通考）黔州古蠻夷之國通謂之五溪後周武帝時蠻帥以其地歸附遂置奉州後改爲黔州

隋

（隋書史萬歲列傳）南寧夷爨翫來降拜昆州刺史

（唐書南蠻列傳）西爨白蠻隋開皇中遣使朝貢命韋世沖以兵戍之置恭州協州昆州○南平獠帥猛力死子長真襲刺史隋討林邑長真出兵攻其後又率部落數千從征遼陽煬帝召爲鴻臚卿授安撫大使遣還又以其族人寧宣爲合浦太守

（冊府元龜）隋開皇五年党項拓拔寧叢等各率所部詣旭川內附授大將軍其部下各有差

唐

（新唐書西域列傳）党項漢西羌別種其地吉析支也拓拔赤辭內附以其地爲懿嵯麟可三十二州以松州爲都督府擢赤辭西戎州都督貢職遂不絕又有白蘭羌吐蕃謂之丁零武德六年使者入朝明年以其地爲維恭二州永徽時特浪生羌卜樓大首領凍就率衆來屬以其地爲劍州白蘭春桑及白狗羌天授中內附以其地爲朝吳浮歸十州上元二年歸順乾封歸義順化和寧和義保善寧定羅定朝鳳凡十州部落納款丐節印詔可

（唐書南蠻列傳）兩爨蠻貞觀三十三年內屬以其地爲傍望覽邱求五州貞元中置都督府領羈縻州十八○咸亨三年昆明十四姓率戶二萬內附析其地爲殷州總州放州以安輯之其後又置盤麻等四十一州皆以首領爲刺史西爨之南有東謝蠻貞觀二年其酋元深入朝以地爲應州卽拜元深刺史又有南謝首領謝彊亦來朝以其地爲莊州授彊刺史東謝西有西趙蠻貞觀中首領趙酋摩率所部萬餘戶來附以其地爲明

州授酋摩刺史松外蠻尚數十百部凡數十姓貞觀中松外蠻叛左武侯將軍梁建方進討諭降者七十餘部戶十萬九千署首領蒙和爲縣令二十二年西洱河大首領楊同外東洱河大首領楊斂松外首領蒙羽皆入朝受官秩黎州領羈縻奉上等州二十六開元十七年又領羈縻夏梁卜貴等州三十一雅州西有通吐蕃道三曰夏陽曰夔松曰始陽皆諸蠻錯居凡部落四十六皆羈縻州也以首領襲刺史

(蠻書)浪穹詔主豐時卒子羅鐸立羅鐸卒子鐸羅望立爲浪穹州刺史○蒙舍詔主邏盛炎開元初卒其子盛邏皮立朝廷授特進臺登郡王知沙壺州刺史長男閣羅鳳授特進兼楊瓜州刺史次男成節度蒙舍州刺史次男崇江東刺史次男成進雙祝州刺史初炎閣未有子養閣羅鳳爲子閣羅鳳復歸蒙咩故名承炎閣後亦不改天寶四載閣羅鳳長男鳳伽異入朝宿衛授鴻臚少卿七載蒙歸義卒案唐書蒙歸義卽皮羅閣乃唐所賜名也閣羅鳳立朝廷冊襲雲南王矣伽異大卿兼楊瓜州刺史○初爨歸王爲南寧州都

督理石城歸王凡兄子崇道陰害歸王雲南王歸義抗疏奏聞其子守偶遂代歸王爲南寧州都督○獨錦蠻烏蠻苗裔也在秦臧南去南寧兩日程天寶中爲歸州刺史○弄棟蠻則白蠻苗裔也本姚州弄棟縣部落其地舊爲褒州嘗有部落首領爲刺史

〔武經總要〕保州雪山郡本維州定廉縣南至吐蕃爲夷落之極塞唐開元以來董氏世襲刺史霸州靜戎郡唐天寶中招慰生羌置郡亦許世襲○烏蠻姚州戎瀘州界唐武德後開拓山洞置四十八州安輯夷獠迄今許世襲○羈縻州西南漢牂柯郡地唐置費玲莊琰播郎牂夷等諸州今謂之黔內者六羈縻者十皆以黔州控扼之其領郡者或以土豪或補以牙職而一方恬然此本朝規制之得也

〔樂史太平寰宇記〕党項唐貞觀五年詔遣使開其河曲地爲六十州內附者三十萬口有羌酋拓拔亦詞者世爲渾主伏乞所暱與之結婚屢抗官軍後與其從孫子頭並率服與諸首領歸款列其地爲懿嵯麟可等三

十二州以松州爲都督府羈縻存撫之拜亦詞爲西戎州都督又有白狗春桑白蘭等諸羌自龍朔以後並爲吐蕃所破而服屬焉在西北邊者天授三年內附凡二十萬口分其地置朝吳浮歸等一十一州仍散抅靈下界內自至德以後常爲吐蕃所誘密以官誥授之以爲之偵導故時或侵叛尋亦底定迨至寶應初其首領來助國共靈州軍食優詔獎美其在涇龍州者後上元元年率其衆十餘萬人詣鳳翔節度使崔光遠乞降寶應元年十二月歸順州部落乾封州部落歸義州部落順化州部落和寧州部落和義州部落保善州部落寧定州部落羅雲州部落朝鳳州部落並詣山南西道都防禦使梁州刺史臧希讓請州印希讓奏聞制旨允許之

〔文獻通考〕松州廣德元年沒吐蕃其後松當悉靜柘恭保具霸乾翼維等爲行州以部落首領世爲刺史司馬

謹案唐開羌蠻置羈縻州縣卽授其酋長爲刺史縣令卽今土司之職也

五季

（宋史外國列傳）吐蕃唐末衰弱部族分散天成中權知西涼府留後孫超遣大將拓跋承誨來貢即授超涼州刺史充河西軍節度留後乾佑初超卒州人推其士人折逋嘉施權知留後遣使來貢即以嘉施代超爲留後（蠻夷列傳）唐天成二年牂柯清州刺史宋朝化等一百五十人來朝

宋

（宋史外國列傳）党項五代嘗入貢建隆三年代州刺史折也埋來朝雍熙二年七月賜宥州界咩兀十族首領都指揮使遇也布等九人敕書以安撫之淳化五年兀泥族首領黃羅內附以爲懷化將軍昭州刺史至道元年四月勒浪大首領馬尾等內附以爲歸德大將軍領息州刺史首領没崖爲安化郎將副首領兀遇爲保順郎將咸平二年五月以咩通族開道使泥埋領費州刺史以勒浪族大首領馬泥領本州團練使五年咩逋族泥埋遣子城逋入貢上嘉泥埋數與繼遷戰鬬有勞授錦州團練使以

其族弟屈子爲懷化將軍充本族指揮使城逋爲歸德將軍充本族都巡檢使餘首領署軍主以下名職者凡十數人六年三月環州酋長蘇尙娘擊賊有勞以爲臨州刺史七年涇原鈐轄曹瑋請署熟羌百帳以上大首領爲大族軍主次指揮使又次副指揮使百帳而下爲本族指揮使從之○吐蕃咸平元年河西軍左廂副使歸德將軍折逋遊龍鉢來朝獻馬二千匹詔以龍鉢爲安遠大將軍二年以儀州延蒙八部都首領渴哥領化州刺史四年知鎭戎事李繼和言西涼州六谷都首領潘羅支願戮力討繼遷請授以刺史以爲鹽州防禦使兼靈州四面都巡檢使又以龍鉢領宥州刺史六族首領褚下箕等三人爲懷化郎將○唃廝囉大中祥符九年數使人至秦州求內屬明道初卽授廝囉寧遠大將軍受州團練使

（宋史蠻夷列傳）西南諸蠻夷重山複嶺雜厠荆楚巴黔巫中隋置辰州唐置錦州獎州溪州巫州敘州皆其地也唐季之亂蠻酋分據其地自署爲刺史馬希範據有湖南蠻猺保聚依山阻江殆十餘萬太祖既下荆湖

建隆四年知溪州彭元林前溪州刺史田洪贇等列狀歸順詔以元林爲溪州刺史洪贇爲萬州刺史乾德三年七月珍州刺史田景千內附十二月詔溪州宜充五溪團練使刻印以賜之壯江蠻酋最大者曰彭氏有二十州皆置刺史而以下溪州刺史兼都誓主十九州皆隸焉謂之誓下州州將承襲都誓主率羣酋合議子孫若弟姪親黨之當立者具州名移辰州爲保證申鈐轄司以聞乃賜敕告印符熙寧中南江之舒氏北江之彭氏梅山之蘇氏誠州之楊氏相繼納土創立城砦使之比內地爲王民南江諸蠻自辰州達于長沙邵陽各有溪峒曰敘曰峽曰中勝曰元則舒氏居之曰樊曰錦曰懿曰晃則田氏居之曰富曰鶴曰保順曰天賜曰古則向氏居之皆受朝命○梅山峒蠻舊不與中國通其地東接潭南接邵其西則辰其北則鼎灃熙寧五年詔招納之大田諸蠻納款于是遂檄諭開梅山蠻猺爭闢道路以待得其地置新化縣幷二州隸邵州○誠徽州唐溪峒州宋初楊氏居之號十峒首領以其族姓散掌州峒太平興國四年

首領楊藴始來內附八年楊通寶始入貢命爲誠州刺史○南丹州蠻亦溪峒之種開寶七年奉表求內附九年復來貢求賜牌印詔刻以給之紹興二十四年廣西經略安撫使呂愿中諭降諸蠻三十一種得地二十七縣一百三十五砦四十峒一百七十九及一鎭二十二團皆爲羈縻州縣○撫水州在宜州南有縣四曰撫水曰京水曰多建曰古勞唐隸黔南其酋長皆蒙姓大中祥符九年曹克明爲宜融等州都巡檢安撫使擊破之詔以撫水州爲安化州撫水縣爲歸仁縣京水縣爲長寧縣自是閱歲朝貢不復爲邊患○環州蠻區氏州隸宜州羈縻領思恩都亳二縣鎭寧州亦隸宜氏○西南諸夷漢牂柯郡地宋以來有龍蕃方蕃張蕃石蕃羅蕃號五姓蕃皆常奉職貢受爵命○南廣蠻在敘州慶符縣以西爲州十有四大觀三年有夷酋羅永順楊元榮李世恭等各以其地內屬詔建滋純祥三州後皆廢○威州保霸蠻者唐保霸二州也政和中開拓置官吏以保州地爲祺州霸州地爲亨州後皆爲砦○茂州諸部落蠻自推一人爲

州將治其衆而常詣茂州受約束政和五年以其地內屬詔建壽建寧軍未幾皆廢○渝州蠻者唐南平獠也大觀二年內屬詔建溱播二州後皆廢○清水蠻者羈縻五十州岡蠻也雜種夷獠散居溪谷中慶曆初烏蠻王子得蓋居其地願得州名以長夷落詔建姚州以得蓋爲刺史鑄印賜之

（武經總要）烏蠻本朝慶曆中烏蠻王得蓋自言十年彈壓人不入漢界爲過因乞州名符印卽詔名姚州卽雲南國之地也○咸平中轉運使丁謂招撫蠻人每有城諭並令歃血爲盟置鐵柱以誌其事條制甚多蠻酋三十人悉補砦將○西高州舊名珍州蠻酋田氏世襲乾德中改今名○富州蠻酋向氏世襲刺史天禧初向通漢來朝官至五溪十洞都防禦使

（王偁東都事略）咸平四年西涼府六谷都首領潘羅支願戮力討繼遷張齊賢請封羅支爲六谷王兼招討使真宗曰羅支已爲酋帥欲授以刺史則太輕況未領節制加以王爵非順也又招討使號不可假外夷乃以

爲鹽州防禁使兼靈州西面都巡檢○唃廝囉三子皆被恩命曰瞎氈曰
磨氈曰董氈爲唃廝囉嗣瞎氈子瞎欺丁木征爲瞎藥鷄羅所誘據近塞
青唐族立文法朝廷以爲河州刺史熙寧中王韶經營熙河木征降賜姓
名曰趙思忠授榮州團練使遷合州防禁使董氈遣使來以爲河州刺史
明年拜河西軍節度使封武威郡王以其養子阿里骨爲肅州團練使董
氈卒阿里骨爲河西軍節度使西蕃邈川首領阿里骨卒子瞎征承襲國
人迎董氈妭溪巴温欲復其國姓巴溪温之子隴拶稱王子朝廷以重兵
臨之隴拶出降徽宗卽位以隴拶爲河西軍節度使知府州折氏世襲鄯
州瞎征授懷遠軍節度使賜隴拶姓名曰趙懷德建中靖國元年以懷德
知湟州自鄯湟棄羌人迎隴拶之弟溪賒羅撒復國授西平軍節度使西
蕃邈川首領
〔沈括夢溪筆談〕唃廝囉死子董氈立朝廷復授以爵命
〔王圻續文獻通考〕初西蕃既衰其苗裔曰董氈其子曰巴氈角始附宋

賜姓趙名忠順子永吉永吉子世昌皆受宋官爲左武大夫遙領來州防禦使襲把羊族長

〔文獻通考〕楊正巖以十洞稱徽誠二州宋熙寧九年十洞酋長楊通蘊送款內附楊通寶來貢朝廷以通寶爲誠州刺史其子瑥復爲誠州刺史○思州宋初爲羈縻州大觀元年蕃部長田祐恭願爲王民始建州○徽宗時大駱解上下族帥駱世華駱文貴獻其地立珍州○播州宋大觀二年南平夷人楊友貴等獻其地建爲州○夷州宋爲羈縻州大觀三年酋長獻其地建爲承州

〔范成大桂海虞衡志〕儂智高反朝廷討平之因其疆域參唐制分析其種落大者爲州小者爲縣又小者爲洞凡五十餘所推其長雄者首領有知州權州監州知縣知洞皆命于安撫若監司給文帖朱記其次有同發遣權發遣之屬謂之官典各命於其州每州團又推一人爲長謂之主戶餘民皆稱提陀猶言百姓也

謹案宋史所載蠻夷有黎峒有黎州諸蠻黎峒爲今廣東瓊州之地現無土司而黎州諸蠻十二種在宋時或本未受朝命或但因其至中國朝貢而爵之未嘗設有定職亦與今土司不同今並不載云

遼　未置

金　未置

元

（元史百官志）宣慰司掌軍民之務分道以總郡縣行省有政令則布于下郡縣有請則達于省有邊鄙軍旅之事則兼都元帥府其次則止爲元帥府其在遠服則又有招討安撫宣撫等使司秩如下州達嚕噶齊長官副長官參用其土人爲之

（元史世祖本紀）至元十四年閏月羅氏鬼國王阿榨西南蕃王韋昌盛並內附詔阿榨昌盛各爲其地安撫使佩虎符二十七年九月金竹府知府掃閭貢馬及兩氈具言金竹府雖內附蠻民多未服近與趙堅招降三

十餘寨乞立縣設長官總把參用土人從之二十九年以行播州軍民宣撫使楊漢英爲紹慶珍州南平等處沿邊宣慰使行播州軍民宣撫使播州等處管軍萬戶府仍佩虎符（成宗本紀）元貞二年十一月以蠻洞將領彭安國父子討田知州有功賜安國金符子爲蠻夷官大德元年六月平伐九寨來降立長官司（武宗本紀）至大三年四川行省紹慶路所隸蠻田墨施什用來降立黃沙寨以田墨施什用爲千戶雲南威楚路之蒲蠻猛吾來朝貢願入銀爲歲賦詔爲置散府一及土司三十三所皆賜金銀符（順帝本紀）元統二年四川大盤洞蠻謀谷什用遣其男謀者什用來貢方物卽其地立盤順府命謀谷什用爲知府

謹案明時土官曰宣慰司曰宣撫司曰安撫司曰招討司曰長官司皆沿元時之制也然元時宣慰使內地邊地皆設之其設于邊陲者則曰宣慰司都元帥府或曰宣慰司兼管軍萬戶府與宣撫安撫招討使長官皆參用流官土官而百官志無明文今兼採元史本紀中設立土官

之事可與志相證者以見一代之制焉

明

〔明史職官志〕土官宣慰司宣慰使一人從三品同知一人正四品副使一人從四品僉事一人正五品經歷司經歷一人從七品都司一人正八品○宣撫司宣撫使一人從四品同知一人正五品副使一人從五品僉事一人正六品經歷司經歷一人從八品知事一人正九品○安撫司安撫使一人從五品同知一人正六品副使一人從六品僉事一人正七品其屬吏目一人從九品○招討司招討使一人從五品副招討一人正六品其屬吏目一人從九品○長官司長官一人正六品副長官一人從七品其屬吏目一人未入流蠻夷長官司長官副長官各一人品同上又有蠻夷官苗民官及千夫長等官○軍民府土州土縣設官如府州縣洪武七年西南諸蠻夷朝貢多因元官授之稍與約束定征徭之法漸爲宣慰司者十一爲招討司者一爲宣撫司者十爲安撫司者十九爲長官司者百七十有三其府州縣正貳屬官或土或流大率宣慰等司經歷皆流官府州縣

佐貳多流官皆因其俗使其附輯諸夷謹守疆土修職貢供征調無相攜貳有
相繼者疏上聽命于天子又有番夷都指揮使司三衛指揮使司三百八
十五宣慰司三招討司六萬戶府四千戶所四十一站七地面七寨一並
以附地寨番夷官其地焉

（明會典）四川等處承宣布政使司軍民府四宣撫司一宣慰司一安撫
司三長官司十六○廣西等處承宣布政使司土官知府二土官知州三
十六土官知縣六軍民府一長官司四○雲南等處承宣布政使司土府
知府七土州知州九土縣知縣一軍民府土官知府二宣慰司七宣撫司
三長官司二十七○貴州等處承宣布政使司宣慰司一安撫司二長官
司七十五

謹案明代土官設有定職與兩漢蠻夷君長唐宋羈縻州縣微有不同
而亦參用流官今以會典所載參考明史及各省通志四川軍民府四
皆土官世襲也廣西土府二土州三十六雲南土官知府七土官知州

九土縣一軍民府土知府二惟貴州府州縣皆流官而同知通判州判縣丞之類多以土官爲之也

（明史西域列傳）西番卽西羌元封駙馬章庫（滿洲語長把刀也原作章古今改正）爲寧濮郡王鎮西寧於河州設吐番宣慰司以洮岷黎雅諸州隸之統治蕃衆洪武二年太祖定陝西卽遣官齎詔招諭明年五月吐蕃宣慰使司索諾木諾爾布（唐古特語索諾木福也諾爾布財也原作鎖南普今改正）等以元所授金銀牌印宣敕來上會鄧愈克河州遂詣軍前降其鎮西武靖王布達拉（蒙古語普陀山也原作卜納剌今改正）亦以吐蕃諸部來納款冬索諾木諾爾布等入朝四年正月設河州衛命爲指揮同知予世襲知院多爾濟（唐古特語金剛也原作朵兒只今改正）汪家努（原作汪家奴今據字面改正）並爲指揮僉事設千戶所八百戶所七皆命其酋長爲之布達拉亦至京師爲靖南衛指揮同知其儕桑節（唐古特語佛也原作桑加今改正）多爾濟爲高昌衛（謹案地理志及會典並無高昌衛疑係永昌衛之誤）指揮同知皆帶刀侍衛自是蕃酋日至尋以降人馬梅汪威喇（蒙古語威喇近也原作瓦兒今改正）並爲河州衛指揮僉事又遣西寧州同

知李南格（原作南哥今據字面改正）等招撫其酋長至者亦悉授官乃改西寧州爲衛以南格爲指揮

謹案明史以諸蠻夷屬于布政司都指揮者爲土司傳而西番諸衛及四川徼外自長河西魚通寧遠以西訖於朶甘西藏則列爲西域傳蓋以其雖受朝命僅予羈縻不可悉以內地郡縣之法治之也然西番諸衛如河州衛則屬於陝西都司永昌衛西寧衛則屬於陝西行都司是亦與內地各衛無異而西番之烏思藏朶甘董卜韓胡之屬則別自爲司非各省都司行都司所領是其地固有遠近之殊而其治之亦有詳略之異矣今則甘肅土官指揮使以下暨青海西藏之千戶百戶百長統於甘省董卜韓胡明正各土司統于川省內外綱維遐邇壹體蓋威德所播無遠弗屆往古羈縻之地受爵納賦無異甸服洵萬世隆平之極軌矣

西元二〇二〇年四月一日重製一版

歷代職官表 冊四（清 永瑢 等撰纂）

平裝四冊基本定價參仟捌佰元正
（郵運匯費另加）

發行人：張敏君
發行處：中華書局
臺北市內湖區舊宗路二段一八一巷八號五樓（5FL., No. 8, Lane 181, JIOU-TZUNG Rd., Sec 2, NEI HU, TAIPEI, 11494, TAIWAN）
客服電話：886-2-8797-8396
公司傳真：886-2-8797-8909
匯款帳戶：華南商業銀行西湖分行
179100026931
印刷：維中科技有限公司
海瑞印刷品有限公司

No. N1029-4

國家圖書館出版品預行編目(CIP)資料

歷代職官表 / (清)永瑢等撰纂. -- 重製一版. --
臺北市 : 中華書局, 2020.04
冊 ; 公分
ISBN 978-986-5512-07-1(全套 : 平裝)

1.職官表 2.中國

573.4024 109003709